CONTENTS

的中!? 山かけ表付

本書ご購入者限定 Special Web コンテンツ

- 令和５年度と令和４度年の本試験問題 / 解答・解説
- いつでも、どこでも！スマホで一問一答
- ここが知りたかった！解説動画コンテンツ

※Special Web コンテンツへのアクセスには簡単なアンケートに回答いただく必要がございます。

宅建学院 → 「らくらく宅建塾シリーズのご案内」 → 直前模試編ご購入者限定 Special Web コンテンツはこちら

書籍パスワード 20244804

※本サービスの提供期間は10月31日まで（予定）

法改正特別講座

宅建試験の受験対策として、法令等の改正（以下「法改正」という）を押さえることは大変重要だ。法改正を無視して本試験問題が作成されることはないからだ。

法改正対策として、キチンと改正後の内容で書いてある最新のテキストで勉強すれば大丈夫と思うかもしれないが、それは間違いだ。確かに、改正前の間違った知識を覚える心配はない。しかし、一体どこが改正されたのかが、それだけでは分からないだろう。

どこが改正されたか分からなければ、法改正対策をしたことにはならない。特に**新しい制度**ができた場合などは、要

注意だ。新しい制度に関する問題は、過去問に存在しないので、過去問を完璧にマスターしていても、身に付かないからである。

そこで、この講座では、改正法の内容を紹介していく。この講座を読んで改正点のポイントを押さえれば、本試験で必ずプラスアルファの得点ができるはずである。これによって、合格をより確実にしてもらいたい。

なお、この講座では、今年の改正点だけでなく、昨年の改正点までさかのぼり、引き続き出題可能性が高い項目や、法改正後本試験であまり出題されていない項目もピックアップして紹介する。

本試験では、法改正された年に、いきなり改正内容オンパレードの問題が出題されるわけではない。そのような問題を作ると、全体をしっかり勉強していなくても、改正点をつまみ食い的に勉強しただけで得点できてしまう可能性がある。これでは、真の実力をはかることができない。出題者側としては、そのような合格者を望まないだろう。

だから、改正直後よりも、むしろ改正されてから少し経過したときのほうが対策の必要性が高いということもできるのである。その意味でも、この講座で昨年の法改正点のうち未出題のポイントなどを押さえることは、大変有意義なのである。

本講座においては、改正点に関する例題も適宜出題していく。インプット(改正点に関する知識を身につける)だけではなく、アウトプット(問題を解けるようになる訓練)も同時に行ってしまおうというわけだ。

この講座を活用することによって、本試験での得点アップをはかり、一人でも多くの読者が合格することを願っている。

権利関係

民法

（1）相隣関係

ライフラインの設備の設置・使用権

電気・ガス・水道水（ライフライン）の設備は、生活に不可欠だ。そこで、改正により次の規定が新設された。

1 土地の所有者は、他の土地に設備を設置し、又は他人が所有する設備を使用しなければ電気・ガス・水道水の供給その他これらに類する継続的給付を受けることができないときは、継続的給付を受けるため必要な範囲内で、他の土地に設備を設置し、又は他人が所有する設備を使用することができる。

2 他の土地に設備を設置し、又は他人が所有する設備を使用する者は、あらかじめ、その目的・場所・方法を他の土地等の所有者及び他の土地を現に使用している者に通知しなければならない。

3 他の土地への設備設置工事や他人所有の既存の設備への接続工事の際に一時的に損害が発生した場合には、償金を支払う必要がある。また、設備の設置により土地が継続的に使用することができなくなることによって他の土地に生じた損害についても償金の支払いが必要である。

（2）共有

1 共有物の使用

共有者が共有物を使用する場合の注意義務について、「共有者は、善良な管理者の注意をもって、共有物の使用をしなければならない」という規定が新設された。

2 共有物の管理・変更

これまで、共有物の変更行為は、共有者全員の同意を要すると定められていたが、法改正により変更行為を重大変更と軽微変更に分け、重大変更は全員の同意が必要だが、軽微変更は共有者の持分価格の過半数で決することができるようになった。軽微変更と重大変更は、形状又は効用の著しい変更を伴うかどうかで区別される。区分所有法の共用部分の変更に関する規定と同じになったと覚えればよい。

保存行為		各共有者が単独でできる
管理行為	利用・改良行為	持分価格の過半数で決定
	軽微変更	
重大変更（軽微変更を除く変更行為）・処分行為		共有者全員の合意で決定

コメント

また、共有物を賃貸借する場合、短期の賃貸借は利用行為として持分価格の過半数で決定することができるのに対し、長期の賃貸借は処分行為として共有者全員の合意が必要とされていたが、長期と短期の区別がハッキリしなかった。そこで、下記のとおり、短期の賃貸借の範囲を明確にする規定が新設された。

1 樹木の植栽・伐採目的の山林の賃貸借　10年以内

2 1以外の土地の賃貸借　5年以内

3 建物の賃貸借　3年以内

※2と3の数字は覚えよう

例題

Q 共有物の変更（その形状又は効用の著しい変更を伴わないもの）は、共有者全員の同意が必要である。

Ａ　共有者全員の同意が必要な重大変更とは、共有物の形状又は効用の著しい変更を伴わないもの「を除く」変更行為である。形状又は効用の著しい変更を伴わないものは軽微変更であるから、持分価格の過半数で決することができる。よって、誤り。

（3）所有者等不明不動産問題への対処

所有者等不明不動産問題に対処するため、次のような規定が新設された。これらの規定は少し細かいので、軽く押さえておけばよい。

1　所在等不明共有者の不動産の持分

不動産の共有者の中に所在等不明共有者がいる場合、他の共有者は、裁判所の決定を得て、**所在等不明共有者の持分を取得**することができる。また、他の共有者は、裁判所の決定を得て、所在等不明共有者の持分を譲渡する権限を得ることができる。

2　所有者不明不動産管理命令

所有者を知ることができず、又はその所在を知ることができない土地・建物（所有者不明土地・建物）について、裁判所は、利害関係人の請求を受けて、その土地・建物（所有者不明土地・建物）を対象として、**所有者不明土地管理人・所有者不明建物管理人**による管理を命ずる処分（所有者不明土地管理命令・所有者不明建物管理命令）をすることができる。

3　管理不全不動産管理命令

所有者による管理が不適当であることによって他人の権利又は法律上保護される利益が侵害され、又は侵害されるおそれがある土地・建物（管理不全土地・建物）について、裁判所は、利害関係人の請求を受けて、その土地・建物（管理不全土地・建物）を対象として、**管理不全土地管理人・管理不全建物管理人**による管理を命ずる処分（管理不全土地管理命令・管理不全建物管理命令）をすることができる。

借地借家法

一般定期借地権の特約、取壊し予定の建物の賃貸借の特約、定期建物賃貸借の契約は、いずれも書面で行う必要があるが、その特約の内容を記録した**電磁的記録**によって行われたときは、書面によってされたものとみなされることになった。

また、定期建物賃貸借の場合、建物の賃貸人は、契約締結前に賃借人に対して、「契約の更新がなく、期間満了で終了する」旨を記載した書面を交付して説明する必要があるが、書面の交付に代えて、賃借人の承諾を得て、書面に記載すべき事項を**電磁的方法**により提供することができるようになった。

コメント

上記のうち、定期建物賃貸借の事前説明だけは、賃借人の承諾がないと電磁的方法によることができない点に注意。

例題

Q　定期建物賃貸借をしようとするときは、建物の賃貸人は、あらかじめ、建物の賃借人に対し、建物の賃貸借は契約の更新がなく、期間の満了により当該建物の賃貸借は終了することについて、その旨を記載した書面を交付して説明しなければならないが、建物の賃貸人は、書面の交付に代えて、建物の賃借人の承諾を得て、当該書面に記載すべき事項を電磁的方法により提供することができる。

A　記述のとおりである。賃借人の承諾を得れば、定期建物賃貸借の事前説明を書面の交付に代えて、電磁的方法により提供することができる。

不動産登記法

（1）　相続登記の義務化

これまで相続による権利取得を含め権利に関する登記をすることは、当事者の任意とされていたが、下記のとおり、**相続登記については登記申請義務が課される**ことになった。

1　所有権の登記名義人について相続の開始があったときは、当該相続により所有権を取得した者は、自己のために相続の開始があったことを知り、かつ、当該所有権を取得したことを知った日から**3年以内に所有権移転登記を申請**しなければならない。遺贈（相続人に対する遺贈に限る）により所有権を取得した者も、同様とする。

2　上記の相続登記の申請義務を負う者は、登記官に対し、①登記簿上の所有者（所有権の登記名義人）について相続が開始したこと、および、②自らがその相続人であることを申し出ることができ、この申出をすれば相続登記の申請義務を履行したものとみなされる。

例題

Q　相続により不動産の所有権を取得した者は、相続の開始があった日から3年以内に所有権移転登記を申請しなければならない。

A　相続登記の申請は、相続の開始があった日からではなく、自己のために相続の開始があったことを知り、かつ、当該所有権を取得したことを知った日から3年以内に行うものとされている。よって、誤り。

宅地建物取引業法

（1）　重要事項として説明すべき事項

建物が既存建物であるときは、建物状況調査を実施しているかどうか、及びこれを実施している場合におけるその結果の概要を重要事項として説明する必要がある。この建物状況調査は、建物の種類を問わず「実施後1年を経過しないものに限る」とされていたが、「実施後**1年（鉄筋コンクリート造又は鉄骨鉄筋コンクリート造の共同住宅等は2年）**を経過していないものに限る」という規定に改正された。

例題

Q　宅地建物取引業者は、既存建物（鉄筋コンクリート造の共同住宅）の売買契約を媒介する場合において、1年半前に実施された建物状況調査があるときは、その結果の概要を買主に重要事項として説明しなければならない。

A　鉄筋コンクリート造又は鉄骨鉄筋コンクリート造の建物の場合は、実施後2年を経過しない建物状況調査があるときは、その結果の概要を説明しなければならない。よって、正しい。

（2）　押印義務の廃止

改正前は重要事項の説明書面と37条書面には、宅建士の記名押印が必要とされていたが、法改正により、押印義務が廃止され、宅建士の**記名だけでよい**ことになった。

コメント

媒介契約書には、宅建業者の記名押印が必要とされているが、この点は改正されていない。現在も、媒介契約書には宅建業者の記名だけでなく、押印も必要だ。

（3） 電磁的方法による提供

法改正により、次の書面は電磁的方法で提供できるようになった。

1 重要事項説明書
2 37条書面
3 媒介契約書
4 指定流通機構への登録を証する書面
5 住宅瑕疵担保履行法における供託所の所在地等の説明書面

コメント

いずれも電磁的方法により提供するためには、相手方等の承諾が必要である点に注意。相手方が承諾していないのに、一方的に電磁的方法で提供することはできないのだ

例題

Q 重要事項説明書は、相手方の承諾を得て電磁的方法により提供することができるが、媒介契約書は、相手方の承諾があっても電磁的方法により提供することはできない。

A 媒介契約書も、相手方の承諾があれば、電磁的方法により提供することができる。よって、誤り。

法令上の制限

建築基準法

（1） 建築副主事

1 **建築副主事という機関が新たに設けられた。**
大規模建築物以外の建築物に係るものについては、建築副主事も**建築確認**を行えることになった（中間検査や完了検査なども同様）。

2 **建築副主事が新たに設けられたことに伴い「特定行政庁」の定義も変更になった。**
特定行政庁とは、建築主事を置く市町村の区域については当該市町村の長をいい、その他の市町村の区域については都道府県知事をいうとされていたのが、「**建築主事又は建築副主事を置く市町村の区域**」については**当該市町村長**をいい、その他の市町村の区域については**都道府県知事**をいうことになった。

（2） 居室の採光

住宅等の居室には、採光のための窓その他の開口部を設け、その採光に有効な部分の面積は、その居室の床面積に対して、原則として7分の1以上としなければならないとされていたが、法改正により、床面において**50ルックス以上**の照度を確保できるよう照明設備を設置している居室は、**10分の1以上**であればよいとされるようになった。

例題

Q 住宅の地上階における居住のための居室には、採光のための窓その他の開口部を設け、その採光に有効な部分の面積は、床面において50ルックス以上の照度を確保することができるよう照明設備を設置している居室にあっては、その居室の床面積に対して、7分の1以上としなければならない。

Ⓐ　床面において50ルックス以上の照度を確保できる照明設備が設置されている場合は、採光のための開口部の面積は、居室の床面積の10分の1以上あればよい。よって、誤り。

（3）　容積率不算入（ノーカウント）の部分

容積率の算定の基礎となる延べ面積に算入しないものとして、これまで、一定の昇降機の昇降路（シャフト）の部分と共同住宅・老人ホーム等の共用廊下、共用階段、エントランスホール、エレベーターホールなどが定められていたが、法改正により、新たに**住宅・老人ホーム等に給湯設備等を設置するための機械室等**の床面積も延べ面積に**算入されない**ことになった。

例題

Ⓠ　建築物の容積率の算定の基礎となる延べ面積には、一定の基準に適合する給湯設備を設置するために住宅又は老人ホーム等に設けられた機械室で、特定行政庁が交通上、安全上、防火上及び衛生上支障がないと認めるものの床面積は参入しない。

Ⓐ　住宅又は老人ホーム等にも受けられた給湯設備のための機械室は、容積率の算定基礎となる延べ面積には算入されない。よって、正しい。

宅地造成及び特定盛土等規制法（盛土規制法）

宅地造成等規制法は、「宅地造成及び特定盛土等規制法（盛土規制法）」に法律名が改正され、土地の用途にかかわらず、危険な盛土等が全国一律の基準で包括的に規制されることになった。

今回は大規模な改正であり、改正のボリュームが大きいので、紙面の都合上、改正点のすべてを網羅的に紹介することはできないし、受験対策上も、すべてを網羅的に押さえる必要もない。そこで、この講座では、受験対策上重要と思われる項目（すなわち出題可能性が高い項目）に絞って紹介することにする。

（1）　特定盛土等規制区域の新設

これまでは、宅地造成工事規制区域と造成宅地防災区域の２つであったが、宅地造成工事規制区域の名称が宅地造成等工事規制区域（「等」という文字が挿入されただけ）に改められるとともに、新たに特定盛土等規制区域が設けられた。

宅地造成等工事規制区域と特定盛土等規制区域はいずれも災害防止のために指定されるものだが、市街地については宅地造成等工事規制区域、市街地以外の区域については特定盛土等規制区域という守備範囲になっていると理解すればよいだろう。

（2）　宅地造成等工事規制区域の規制

宅地造成等工事規制区域において宅地造成等を行う場合、工事主（法改正前は「造成主」と呼ばれていた）は、原則として、工事着手前に都道府県知事（指定都市等の区域内については、指定都市等の長。以下同じ）の許可を受けなければならない。許可の対象となる行為は、これまでは宅地造成のみであったが、**特定盛土及び土石の堆積**も許可の対象となった。

＜「宅地造成」の定義の改正点＞

1 これまでは現に宅地である土地について造成工事をする場合も規制対象とされていたが、宅地以外の土地について宅地造成等の工事をする場合だけが規制対象となった。

2 これまでは盛土をする場合高さ１ｍを超える崖を生じるものだけが規制対象とされていたが、崖を生じない盛土であっても高さ２ｍを超えるものは規制対象となった。

（3）「特定盛土等」とは

「特定盛土等」とは、宅地又は農地等（農地・採草放牧地・森林）において行う盛土その他の土地の形質の変更で、当該宅地又は農地等に隣接し、または近接する宅地において災害を発生させるおそれが大きいものをいう。

がけの高さ等の基準は、上記「宅地造成」と同じだ。具体的には次のようになる。

1 盛土をした部分に高さ１ｍを超えるがけが生ずる場合

2 切土をした部分に高さ２ｍを超えるがけを生ずる場合

3 盛土と切土を同時にする場合は、高さ２ｍを超えるがけが生ずる場合

4 上記1～3のがけを生じない盛土であって、高さ２ｍを超えるもの

5 上記1～4に該当しない盛土・切土であっても、盛土・切土をする土地の面積が500㎡を超えるもの

コメント

「宅地造成」と「特定盛土等」の違いは、「宅地造成」は宅地以外の土地を宅地に変更する場合だけが該当するが、「特定盛土等」は宅地・農地・採草放牧地・森林を宅地や宅地以外の土地に変更する場合も該当する点にある。

（4）「土石の堆積」とは

「土石の堆積」とは、宅地又は農地等において行う土石の堆積（一定期間の経過後に当該土石を除却するものに限る）で、高さが２ｍを超えるもの、または土石の堆積を行う土地の面積が500㎡を超えるものをいう。

例題

Q 宅地造成等工事規制区域内において、宅地以外の土地を宅地にするための高さ２ｍを超える盛土であって、当該盛土をする土地の面積が500㎡以下で、かつ、高さ１ｍを超える崖を生じないものに関する工事については、都道府県知事の許可を受ける必要がない。

A 盛土の高さが２ｍを超える以上、盛土をする土地の面積が500㎡以下で、かつ、１ｍを超える崖を生じないものであっても、原則として都道府県知事の許可が必要である。よって、誤り。

3　特定盛土等規制区域

（1）許可制

特定盛土等規制区域において、特定盛土等又は土石の堆積を行おうとする場合、工事主は、当該工事に着手する前に、都道府県知事の**許可**を受けなければならないのが原則である。

ただし、特定盛土等規制区域内において許可が必要とされる特定盛土等及び土石の堆積の規模は、次のように宅地造成等工事規制区域（宅造区域）内のそれとは**異なっている**。

1. 盛土をした部分に高さ**2m**（宅造区域では1m）を超えるがけが生ずる場合
2. 切土をした部分に高さ**5m**（宅造区域では2m）を超えるがけを生ずる場合
3. 切土と盛土を同時にする場合は、高さ**5m**（宅造区域では2m）を超えるがけが生ずる場合
4. 上記1～3のがけを生じない盛土であって、高さ**5m**（宅造区域では2m）を超えるもの
5. 上記1～4に該当しない盛土・切土であっても、盛土・切土をする土地の面積が**3,000㎡**（宅造区域では500㎡）を超えるもの
6. 土石の堆積で、高さが**5m**（宅造区域では2m）を超えるもの、または土石の堆積を行う土地の面積が**3,000㎡**（宅造区域では500㎡）を超えるもの

例題

Q　特定盛土等規制区域内の森林において行う高さ3mの盛土で、当該盛土をする土地の面積が1,000㎡で、かつ、高さ1.5mの崖を生ずることとなるものに関する工事については、工事主は、当該工事に着手する前に、都道府県知事の許可を受けなければならない。

A　特定盛土等規制区域内の盛土の場合、盛土の高さ5m以下、崖の高さ2m以下、土地の面積3,000㎡以下という3点をすべてクリアしていれば、原則として許可を受ける必要がない。よって、誤り。

（2）届出制

特定盛土等規制区域内で行う特定盛土等又は土石の堆積に関する工事については、工事主は、工事に着手する日の**30日前**までに、工事計画を都道府県知事に**届け出**なければならない。また、届出をした工事計画を変更しようとするときも変更工事を着手する日の30日前までに都道府県知事への届出が必要である。

コメント

届出が必要な特定盛土等の規模は、**宅地造成等工事規制区域において許可の対象になっている工事と同じ**である。たとえば、盛土の場合、許可が必要なのは高さ2m超のがけを生ずる工事であるが、届出は高さ1m超のがけが生じれば必要になるのである。

4　基本方針及び基礎調査

主務大臣（国土交通大臣及び農林水産大臣）は、宅地造成、特定盛土等又は土石の堆積に伴う災害の防止に関する基本的な方針を定めなければならない。

都道府県（指定都市等についてはそれぞれの市）は、基本方針に基づき、おおむね**5年**ごとに、宅地造成等工事規制区域の指定、特定盛土等規制区域の指定及び造成宅地防災区域の指定のほか、この法律に基づき行われる宅地造成、特定盛土等又は土石の堆積に伴う災害の防止のための対策に必要な基礎調査として、これらに伴う

崖崩れ又は土砂の流出のおそれがある土地に関する地形、地質の状況等に関する調査（基礎調査）を行い、その調査結果を、関係市町村長に通知するとともに、公表しなければならない。

都道府県知事は、基礎調査のために他人の占有する土地に立ち入って測量・調査を行う必要があるときは、その必要な限度において、他人の占有する土地に、自ら立ち入り、又はその命じた者・委任した者に立ち入らせることができる。

5　規制区域の指定

宅地造成等工事規制区域及び特定盛土等規制区域は、都道府県知事が、基本方針に基づき、かつ、基礎調査の結果を踏まえ、関係市町村長の意見を聴いて指定する。

税・その他

所得税

1　空き家の譲渡所得の3,000万円特別控除の新設

放置された空き家が社会問題になっている。そこで、相続をきっかけとした空き家の発生を抑えるため、相続により生じた空き家を譲渡した場合や相続した空き家を取り壊して土地を譲渡した場合には、譲渡所得に対し3,000万円の特別控除を適用できる特例が新たに設けられた。

コメント

なお、相続又は遺贈による被相続人居住用家屋及び被相続人居住用家屋の敷地等の取得をした相続人の数が３人以上である場合における各相続人の特別控除額は、3,000万円ではなく2,000万円となっている。

住宅金融支援機構

1　直接融資業務の追加

住宅金融支援機構が直接融資できる業務として、住宅のエネルギー消費性能の向上を主たる目的とする住宅の改良に必要な資金の貸付けを行うことが追加された。

例題

Q　住宅金融支援機構は、住宅のエネルギー消費性能の向上を主たる目的とする住宅の改良に必要な資金の貸付けを業務として行っている。

A　住宅のエネルギー消費性能の向上を主たる目的とする住宅の改良に必要な資金の貸付けは、住宅金融支援機構の直接業務の１つである。よって、正しい。

不当景品類及び不当表示防止法

1　物件名称の使用基準

物件が公園、庭園、旧跡その他の施設から直線距離で300 m以内に所在している場合は、これらの名称を用いることができるとされていたが、海（海岸）、湖沼若しくは河川の岸若しくは堤防についても、同じ基準で名称使用が認められるようになった。

今年はこれが出る！

[分野別]宅建学院の大胆予想50

宅建士試験の範囲は広いが、本試験に出題される重要項目は限られている。そこで、本試験の出題傾向を徹底的に分析して、今年出題が予想されるポイントを、50にしぼって解説した。どれも出題される可能性が高い重要ポイントなので、完全にマスターして欲しい。

「らくらく宅建塾［基本テキスト］」の参照頁をそれぞれ示しているので、少しでも不安な箇所があったら、「らくらく宅建塾［基本テキスト］」でしっかり学習して欲しい。

問1　意思表示はこれが出る！

意思表示は、一時期出題が減ったが、最近は再び出題されるようになってきた。意思表示の中で重要なのは錯誤だ。錯誤のポイントは、次のとおり。

① 錯誤が法律行為の目的及び取引上の社会通念に照らして重要なものであるときは、取り消せる。
② 動機の錯誤の場合は、動機を表示しなかったら、取り消せない。
③ 表意者に重過失（重大な不注意）があったら、取り消せない。
④ ただし、③の場合でも（表意者に重過失があっても）、1相手方が悪意・重過失のとき、2相手方が表意者と同一の錯誤（同じ勘違い）をしていたときは、取り消せる。
⑤ 錯誤による取り消しは、善意無過失の第三者には対抗できない。

24～25頁

問2　代理はこれが出る！

代理は、直近の10年間（12回）の試験で6回出題されている。ここ2年間出題されていないので、今年は出題される可能性が高い。ポイントは、次のとおり。

① 未成年者等の制限行為能力者でも、代理人になれる。そして、この場合、本人は制限行為能力者である代理人が締結した契約を取り消せない。
② 自己契約と双方代理は、原則として禁止。例外としてあらかじめ本人の許諾がある場合と債務の履行の場合は許される。自己契約、双方代理をした場合は、無権代理行為とみなされる。
③ 代理権の消滅事由→1任意代理の場合は、本人の死亡・破産、代理人の死亡・破産・後見開始の審判。2法定代理の場合は、本人の死亡、代理人の死亡・破産・後見開始の審判。

40～43頁

問3　共有はこれが出る！

共有は、そこそこ出題されてきた。しかし、ここ2年間出題されていない。また、最近改正もあった。だから、今年は出題される可能性がある。ポイントは次のとおり。

① 共有者は、善良な管理者の注意をもって、共有物を使用しなければならない。
② 共有物を使用する共有者は、別段の合意がある場合を除き、他の共有者に対して、自分の持分を超える使用の対価を償還する義務を負う。
③ 重大変更を行う場合は、全員の同意が必要だ。注意！なお、軽微変更は各共有者の持分の過半数で決定できる。
④ 裁判所による競売分割（共有物を売却して、その代金を山分けする分割方法）→現物分割・賠償分割できない場合、又は分割すると価格が著しく減少するおそれがある場合、裁判所は競売分割を命ずることができる。

121～123頁

問4　抵当権はこれが出る！

抵当権は、直近の10年間（12回）の試験で9回出題されている。今年も出題される可能性が高い。ポイントは、次のとおり。

① 抵当権は不動産・地上権・永小作権に設定できる。注意！ 賃借権には設定できない。
② 抵当権の順位の変更→1利害関係者の承諾が必要。なお、抵当権設定者は利害関係者ではないので、抵当権設定者の承諾は不要。2登記をしなければ、効力を生じない。
③ 利息・遅延損害金等→最後の2年分に限って、抵当権を行使できる。注意！ 後順位抵当権者等の利害関係者がいない場合は2年分に限られない。
④ 物上代位性あり→目的物の1滅失、2売却、3賃貸等を原因として、債務者がお金をもらう場合、抵当権者は、そのお金を差し押さえることができる。注意！ 差押えは債務者にお金が支払われる前にしなければならない。

144～145頁、154～155頁

問 5　契約不適合担保責任はこれが出る！

契約不適合担保責任は、直近の10年間（12回）の試験で4回出題されている。ここ2年間出題されていないので、今年は出題される可能性がある。ポイントは、次のとおり。

① 引き渡された目的物が種類・品質・数量に関して契約の内容に適合しないときは、買主は、売主に対し、目的物の修補、代替物の引渡し又は不足分の引渡しによる履行の追完を請求できる。ただし、売主は、買主に不相当な負担を課するものでないときは、買主が請求した方法と異なる方法による追完ができる。

② 引き渡された目的物が種類・品質・数量に関して契約の内容に適合しないときは、買主は、売主に対し、相当の期間を定めて履行の追完の催告をし、それでも、その期間内に履行の追完がないときは、買主は、代金の減額を請求できる。ただし、催告しても無意味なとき（㊎ 追完が不能）は、直ちに代金の減額を請求できる。

180〜183頁

問 6　賃貸借はこれが出る！

賃貸借は、直近の10年間（12回）の試験で10回全て出題されている。今年も出題されるだろう。ポイントは、次のとおり。

① 敷金→1賃借人は、賃貸人に対し、敷金をその債務の弁済に充てることを請求できない（充てるかどうか決めるのは賃貸人だ）。2賃借物の明渡しと敷金の返還は同時履行の関係に立たない（明渡しの方が先だ）。

② 賃借人は、次の場合、原状回復義務を負わない。
1通常損耗や経年劣化。2賃借人に帰責事由（落度）がない場合。

③ 適法な転貸が行われた場合の効果→転借人は、賃借人の債務の範囲を限度として、賃貸人に対して転貸借に基づく債務を直接履行する義務を負う。この場合、転借人は、賃借人（転貸人）に転貸借の賃料の前払いしたことを賃貸人に対抗できない。

209、212〜213、216頁

問 7　債務不履行はこれが出る！

債務不履行は、直近の10年間（12回）の試験で9回出題されているが、昨年は出題されなかった。今年は出題される可能性が高い。ポイントは、次のとおり。

① 債務不履行があった場合、債権者は、相当の期間を定めて履行の催告をし、それでも、その期間内に履行がないときは、契約の解除ができる（催告必要）。注意！ ただし、債務の不履行が軽微であるときは解除できない。

② 次の場合は、催告せずに、直ちに解除できる（催告不要）→1全部の履行が不能であるとき2債務者が債務の全部の履行を拒絶する意思を明確に表示したとき3一部の履行が不能である場合又は債務者がその債務の一部の履行を拒絶する意思を明確に表示した場合において、残存する部分のみでは契約をした目的を達することができないとき。

167〜168頁

問 8　不法行為はこれが出る！

不法行為は、直近の10年間（12回）の試験で5回出題されている。ここ3回出題されていないので今年は出題される可能性がある。ポイントは、次のとおり。

① 不法行為の損害賠償義務は→損害が発生した瞬間から履行遅滞になる。

② 被害者に過失があった場合は→裁判所は、損害賠償の額を減額できる。

③ 不法行為による損害賠償請求権は→被害者又は法定代理人が損害と加害者を知った時から3年間（人の生命・身体を害する不法行為の場合は知った時から5年間）行使しないと時効によって消滅する。また、不法行為の時から20年間経過すると消滅する。

④ サラリーマン（被用者）が仕事の上で不法行為をして、被害者に損害を与えた場合→会社（使用者）が損害賠償を払ったときは、会社は、サラリーマンに信義則上相当と認められる限度まで、求償できる。

264頁以下

問9　配偶者居住権はこれが出る！

配偶者居住権が新設されてから6回試験が行われたが、そのうち3回で出題されている。配偶者短期居住権との違いにも注意しよう。ポイントは、次のとおり。

① 配偶者居住権は、無償（タダ）で使用収益できる。配偶者短期居住権は、無償で使用できる（収益はできない）。

② 配偶者居住権は、登記できる。なお、所有者は、配偶者居住権の登記を備えさせる義務を負う。配偶者短期居住権は、登記できない。

③ 配偶者居住権も配偶者短期居住権も、譲渡できない。また、相続の対象にもならない。

④ 配偶者居住権も配偶者短期居住権も、配偶者は善管注意義務を負う。

⑤ ④に違反したら、配偶者居住権の場合、所有者は、催告した上で、配偶者居住権を消滅させることができる。配偶者短期居住権の場合、催告なしで、消滅させることができる。

105頁

問10　相続はこれが出る！

相続は、直近の10年間（12回）の試験において全て出題されている。重要度は非常に高く、今年も出題されるだろう。ポイントは、次のとおり。

① 死亡・相続欠格・廃除は、代襲相続の原因になるが、放棄はならない。

② 子が相続人の場合は、再代襲相続も認められるが、兄弟姉妹が相続人の場合は、再代襲相続は認められない（兄弟姉妹の場合は、代襲相続はOKだが、再代襲相続はダメ）。

③ 父母の一方のみを同じくする兄弟姉妹の相続分は父母の双方を同じくする兄弟姉妹の2分の1だ。

④ 相続人は、相続の開始があったことを知った時から3カ月以内に、単純承認か限定承認か放棄か選ばなければならない。選ばないと単純承認したものとみなされる。

⑤ 限定承認は相続人全員でしなければならない。

71、73～75頁

問11　借地はこれが出る！

借地は、毎年1問出題される。難度は高くない。ポイントは、次のとおり。

① 借地権の対抗力→借地権の登記がなくても、借地上の建物が登記されていれば、対抗力が認められる。

② ①の建物の登記は、権利登記だけでなく表示登記でもOK。

③ ①の建物の登記は、自己名義（借地権者名義）に限る。

④ 借地権者Aが、借地上に登記した建物を所有していたが、火災等で滅失した場合→Aは建物を特定するために必要な事項等を土地の上の見やすい場所に掲示すれば、借地権の対抗力を保持できる。

⑤ ④の掲示による対抗力は、建物滅失の日から2年が限度だ（滅失の日から2年以内に建物を再築して、その建物の登記をしなければ、対抗力は遡って消滅する）。

211頁

問12　借家はこれが出る！

借家は、毎年1問出題される。最近は定期建物賃貸借からよく出題される。定期建物賃貸借のポイントは、次のとおり。

① 契約は、書面（公正証書以外の書面でもOK）または電磁的記録でしなければならない。

② 賃貸人は、あらかじめ、賃借人に対し、契約の更新がなく、期間の満了により賃貸借は終了することについて、そのことを記載した書面を交付して説明しなければならない。

③ ②の書面は契約書とは別個独立の書面であることが必要である。

④ 賃貸人は、②の書面の交付に代えて、賃借人の承諾を得て、書面に記載すべき事項を電磁的方法により提供できる。

⑤ ②の説明をしなかったときは、契約の更新がない旨の定めは、無効となる（つまり、普通の借家契約になる）。

254頁

問 13　区分所有法はこれが出る！

区分所有法は、毎年1問出題される。権利関係の中では比較的簡単な分野なので、正解しておきたい。ポイントは、次のとおり。

① 共用部分の持分は、専有部分の床面積の割合で決まる。注意！ 専有部分の床面積は、壁その他の区画の内側線で囲まれた部分の水平投影面積で算出する。

② 共用部分の重大変更をするには、Ⓐ区分所有者とⒷ議決権の各4分の3以上の賛成が必要。注意！ Ⓐ区分所有者の定数は、規約で過半数まで減らすことができるが、Ⓑ議決権は減らすことができない。

③ 管理者は、規約に特別の定めがあるときは、共用部分を所有することができる。

④ 一部共用部分は、これを共用すべき区分所有者の共有に属する。ただし、規約で別段の定めをすることにより、区分所有者全員の共有とすることができる。

125、130～131頁

問 14　不動産登記法はこれが出る！

不動産登記法は、毎年1問出題される。難度は比較的高い。ポイントは、次のとおり。

① 次の登記は登記権利者等が単独で申請できる。1所有権保存登記、2仮登記（仮登記義務者の承諾必要）、3登記名義人の住所氏名の変更登記、4相続、法人の合併による登記、5表示登記、6判決よる登記、7収用による登記、8相続人に対する遺贈による所有権移転登記（注意！相続人以外に対する遺贈による所有権転登記は共同申請）9買戻特約の登記がされている場合、売買契約の日から10年を経過したときの買戻特約の抹消登記。

② 次の合筆の登記は申請できない。1地目が相互に異なる土地の合筆の登記、2所有権の登記名義人が相互に異なる土地の合筆の登記、3所有権の登記がない土地と所有権の登記がある土地との合筆の登記。

③ 登記官は、一筆の土地の一部が別の地目となった場合は、職権でその土地の分筆の登記をしなければならない。

103、113頁

問 15　国土利用計画法はこれが出る！

国土利用計画法は、ほとんどが事後届出から出題される（最近の10年間では95％以上が事後届出からの出題だ）。事後届出のポイントは、次のとおり。

① 届出義務があるのは、権利取得者だけだ（例えば、売買なら買主だけだ）。

② 契約後2週間以内に、土地が所在する場所の市町村長を経由して知事に届け出る。

③ 届出事項は、誰が（契約の両当事者）、いくらで（対価の額）、何のために（土地の利用目的）だ。

④ 1民事調停法による調停に基づく場合、2契約当事者の一方または双方が国・地方公共団体の場合、3農地法3条の許可が必要な場合は、届出は不要。

⑤ 贈与・相続・時効・抵当権の設定・予約完結権の行使、条件の成就の場合は、届出は不要（注意！売買予約・条件付売買は届出が必要）。

458～459頁、462～463頁

問 16　都市計画法はこれが出る！

都市計画法は、開発許可から1問、開発許可以外から1問出題されることが多い。開発許可のポイントは、次のとおり。

① ゴルフコースは、規模にかかわらず第二種特定工作物だ。野球場、庭球場、遊園地等の運動・レジャー施設、墓園等は、1ヘクタール（10,000㎡）以上なら第二種特定工作物だ。

② 次の1～3については、許可不要→1図書館、公民館、博物館、駅舎、変電所等を建てるための開発行為、2非常災害の応急措置、都市計画事業、土地区画整理事業、市街地再開発事業のための開発行為、3通常の管理行為、軽易な行為（仮設建築物、車庫を建てるための開発行為）。

③ 農林漁業用建築物（農林漁業者の住宅を含む）については、市街化区域の場合は1,000㎡以上なら許可が必要だが、市街化区域以外の場合は規模にかかわらず許可不要。

412～413頁

問 17　都市計画法はこれが出る！

都市計画法は、開発許可から1問、開発許可以外から1問出題されることが多い。開発許可以外のポイントは、次のとおり。

① 田園住居地域内の農地の区域内で、1建築物の建築2工作物の建設3土地の形質の変更4土石等の物件の堆積を行おうとする者は、一定の場合を除き、市町村長の許可を受けなければならない（知事の許可ではない）。

② 次の1～7は、準都市計画区域に定めることはできない。→1区域区分2特定街区3高度利用地区4高層住居誘導地区5市街地開発事業6防火・準防火地域7地区計画。

③ 次の1～4は、用途地域にだけ定めることができる（用途地域外に定めることはできない）。→1特別用途地区2高度利用地区3高度地区4高層住居誘導地区。ちなみに、特定用途制限地域は用途地域外にだけ定めることができる。

404～406頁、409～410頁

問 18　建築基準法はこれが出る！

建築確認は、ほぼ毎年出題されてきた。今年も出題されるだろう。建築確認が必要なケースは、次のとおり。

A→全国どこでも200㎡を超える特殊建築物と大規模建築物の ①新築 ②10㎡を超える増改築・移転 ③大規模な修繕・模様替 ④ 200㎡を超える用途変更 注意！ 類似の特殊建築物に用途変更する場合は確認不要（例えば、劇場を映画館にする場合は確認不要）

B→両区域（都市計画区域・準都市計画区域）と準景観地区ではAに加えて、すべての建築物の①新築 ② 10㎡を超える増改築・移転

C→防火・準防火地域ではAに加えて、すべての建築物の①新築②増改築・移転

なお、大規模建築物とはなんであるか？ ということも覚える必要があるが、その点については、「らくらく宅建塾」の楽勝ゴロ合せで、カンタンに覚えられるので、必ずチェックしておくこと。

452～453頁

問 19　建築基準法はこれが出る！

単体規定の重要度が上がってきた。今年も要注意だ。ポイントは、次のとおり。

① 高さ20mを超える建築物には、原則として避雷設備を、31mを超える建築物には、原則として非常用昇降機をつけなければならない。

② 延面積が1,000㎡を超える建築物（耐火・準耐火建築物等を除く）は、内部を防火壁又は防火床で区切り、各スペースを1,000㎡以下にしなければならない。

③ 倉庫は、倉庫に供する3階以上の部分の床面積の合計が200㎡以上に該当する場合は、耐火建築物としなければならない。

④ 階段には、原則として、手すりを設けなければならないが、例外として、高さ1m以下の階段の部分には、設けなくてもよい。

⑤ 居室の天井の高さは、2.1m以上でなければならない（一室で天井の高さが異なる場合は、平均の高さが2.1m以上であればよい）。

449、450頁

問 20　農地法はこれが出る！

農地法は、毎年出題される。基本的な問題が多く難問は少ない。ポイントは、次のとおり。

① 農地か否かは現況で判断する。登記簿の地目は全くの無関係だ。登記簿の地目が山林でも、現況が農地なら農地として扱われる。

② 許可権者→1農地・採草放牧地の権利移動（3条）は農業委員会2農地の転用（4条）は知事等3農地・採草放牧地の転用目的権利移動（5条）は知事等。注意！抵当権の設定は権利移動に含まれない（だから、許可不要）。

③ 市街化区域内の農地なら、あらかじめ、農業委員会へ届け出れば4条・5条の許可不要。注意！この例外は、3条にはない。市街化区域内の農地であっても、3条の許可は必要。

④ 農地の賃貸借→1引渡しも対抗要件になる、2存続期間は50年以内、3解除・解約をする場合は、原則として18条の知事の許可が必要。

477頁以下

問21 土地区画整理法はこれが出る！

土地区画整理法は、毎年1問出題される。組合（土地区画整理組合）について、よく出題される。組合のポイントは、次のとおり。

① 7人以上で共同して、定款及び事業計画を定め、その組合の設立について知事の認可を受けなければならない。

② 施行地区内の宅地の所有者、借地権者は、すべて組合員となる。注意！組合員から所有権・借地権の全部又は一部を承継した者も組合員となる。

③ 総会の定足数は、組合員の半数以上。議事は、出席組合員の過半数で決める。なお、可否同数の場合は、議長が決める。

④ 土地の形質の変更等には、知事等の許可が必要（組合の許可ではない）。

⑤ 組合には、土地区画整理審議会は設置されない。だから、組合の問題で「土地区画整理審議会の○○が必要」と出題されたら100％×だ。

476、479頁

問22 盛土規制法はこれが出る！

盛土規制法（改正前は宅地造成等規制法）は、毎年出題されてきた。ポイントは、次のとおり。

① 主務大臣は基本方針を定めなければならない→都道府県は基本方針に基づき、おおむね5年ごとに基礎調査を行う→知事は基本方針に基づき、かつ、基礎調査の結果を踏まえ、規制を行う必要があるものを、宅地造成等工事規制区域として指定できる。

② 宅地造成等工事規制区域内で次の1～7の工事を行う場合、工事主は、工事着手前に、知事の許可を受けなければならない。

→1盛土で高さが1m超の崖を生じる2切土で高さが2m超の崖を生じる3盛土と切土を同時に行い、高さが2m超の崖を生じる4盛土で高さが2m超（崖が生じない場合）5 1～4以外で盛土・切土の面積が500㎡超6高さが2m超で、かつ、面積が300㎡超の土石の堆積7面積が500㎡超の土石の堆積。

466～469頁

問23 所得税はこれが出る！

所得税、登録免許税、印紙税の中から1問出題される。ここ2年の試験で所得税が出題されていないので、今年は所得税から出題される可能性が高い。

① 居住用財産の3,000万円の特別控除→1短期譲渡にも適用される。2短期譲渡と長期譲渡の両方がある場合、短期譲渡所得金額から先に控除される。3配偶者、直系血族、生計を一にしている親族等に譲渡した場合は、適用されない。

② 居住用財産の長期譲渡所得の軽減税率→所有期間が10年以上であることが必要。

③ 特定の居住用財産の買換え特例→買換資産は、築25年以内であることが必要だ。ただし、耐震基準に適合しているなら、築何年でもOK。

④ 適用関係→①と②は重ねて適用を受けられる。①と③、②と③は重ねて適用を受けられない。

518頁以下

問24 固定資産税はこれが出る！

不動産取得税か固定資産税のどちらかから1問出題される。昨年は不動産取得税が出題されたので、今年は固定資産税から出題される可能性が高い。ポイントは、次のとおり。

① 納税義務者→1月1日（賦課期日）に固定資産課税台帳に所有者として登録されている者（注意！年度の途中で売買があり、所有者が変わった場合、1月1日の所有者である売主が納税義務者）。

② 標準税率→1.4％（注意！市町村は、財政上必要な場合は、標準税率を超える税率を定めることができる）。

③ 納付の方法→普通徴収。

④ 納期→4月、7月、12月、2月中において、市町村の条例で定める（注意！特別の事情がある場合は、これと異なる納期を定めることができる）。

514～515頁

問 25　公示価格はこれが出る！

公示価格か鑑定評価のどちらかから１問出題される。昨年は鑑定評価が出題されたので、今年は公示価格から出題される可能性が高い。ポイントは、次のとおり。

① 標準地の選定→土地鑑定委員会が公示区域内の土地から選定する。注意！ 公示区域は、都市計画区域外も含むが、規制区域は除かれる。

② 決定手続き→土地鑑定委員会は、２人以上の不動産鑑定士に鑑定評価を依頼する。不動産鑑定士は、鑑定評価を行うにあたっては、1近傍類地の取引価格2近傍類地の地代3同等の効用を有する土地の造成費用を勘案して鑑定評価を行わなければならない。

③ 公示事項→公示事項は、1標準地の単位面積当たりの価格2標準地の地積・形状3標準地及びその周辺の土地の利用の現況等。注意！ 標準地の価格の総額は公示事項ではない。

497 ～ 498 頁

問 26　免許の欠格事由はこれが出る！

免許の欠格事由は、直近の 10 年間（12 回）の試験で８回出題されている。今年も出題される可能性が高い。ポイントは、次のとおり。

① 1宅建業法違反と2暴力団系の犯罪（暴行、傷害、現場助勢、脅迫、背任、凶器準備集合・結集、暴力団新法違反等）の場合は罰金でダメ（免許がもらえない）。1と2以外の場合は、罰金なら免許がもらえる。

② 復権を得ていない破産者はダメ。だだし、復権を得れば直ちに免許がもらえる（５年間待つ必要はない）。

③ 執行猶予期間中はダメ。ただし、執行猶予期間が満了すれば直ちに免許がもらえる。

④ 有罪判決を受けても、控訴・上告中は免許がもらえる（刑が確定してないから）。

⑤ 拘留・科料・過料は欠格事由にならない。だから、免許がもらえる。

286、287 頁

問 27　監督処分はこれが出る！

監督処分は、ほぼ毎年出題されてきた。今年も出題される可能性が高い。ポイントは、次のとおり。

① 監督処分をするには、公開の聴聞が必要だ（弁明の機会の付与ではダメ）。

② 業務の停止処分の期間は、１年以内であることが必要だ。なお、業務の全部停止を命じられた場合は、広告もできない。

③ 免許を受けてから１年以内に営業を開始しない場合、引き続き１年以上営業を休止した場合、免許権者は、免許取消処分をしなければならない。

④ 免許権者が、業者の所在・事務所の所在地を確知できないので、公告をしたが、公告の日から 30 日経過しても業者から申出がない場合、免許権者は、免許取消処分をすることができる（④は③と異なり、任意だ）。

384、386 頁

問 28　誇大広告の禁止はこれが出る！

業務上の規制は、毎年出題されてきた。その中でも誇大広告の禁止の重要度は高い。ポイントは、次のとおり。

① チラシ、テレビ、インターネットのホームページ等、すべての媒体が規制の対象となる。

② 利用の制限について→現在だけでなく、将来の利用の制限も規制の対象となる。また、利用の制限には、公法上の制限だけでなく、私法上の制限も含まれる。

③ 表示しないことにより誤認をさせる場合も、誇大広告になる。また、おとり広告も誇大広告になる。

④ 誇大広告をしたが、誰も信じなかったため実害がなかった（契約が成立しなかった）場合でも、業法違反となる（誇大広告をしただけでアウト）。

⑤ 誇大広告をしたら、監督処分の対象となるだけでなく罰則に処せられる。

327、385、388 頁

問 29　免許はこれが出る！

免許は、ほぼ毎年出題されてきた。ポイントは次のとおり。

① 1つの都道府県内に事務所を設置する場合はその都道府県の知事、2以上の都道府県内に事務所を設置する場合は国土交通大臣の免許が必要だ。

② 免許は全国で有効だ。なお、免許を受けた後でないと広告もできない。

③ 免許の有効期間は5年だ。更新の手続きは、有効期間満了の日の90日前から30日前の間にやらなければならない。

④ 免許の更新手続きをしたのに、満了日までにその申請について処分がされないときは、旧免許は、有効期間の満了後も効力を有する。注意！その後新免許が交付されると、新免許の有効期間（5年間）は、旧免許の本来の有効期間満了の日の翌日から起算される。

277頁、281頁

問 30　廃業等の届出はこれが出る！

廃業等の届出は、よく出題されてきた（ただし、単独問題としての出題は少ない）。ポイントは次のとおり。

業者が1死亡、2合併、3破産、4解散、5廃業をした場合に廃業等の届出が必要になる。

① 届出の期限は1はその事実を知った日から30日以内で、1以外はその日から30日以内だ。

② 届出義務者は1は相続人、2は消滅会社の代表役員（存続会社の代表役員ではない）、3は破産管財人（本人ではない）、4は清算人、5は代表役員（個人業者なら本人）だ。

③ 免許は1と2はその時（死亡の時・合併の時）に失効するが、1と2以外は届出の時に失効する。

④ なお、免許が失効しても、相続人・合併後の法人・業者であった者は、取引を結了する目的の範囲内で業者とみなされる。

282～284頁

問 31　宅地建物取引士はこれが出る！

宅地建物取引士は、ほぼ毎年出題されてきた。今年も出題される可能性が高い。ポイントは、次のとおり。

① 業者は、事務所ごとに→その事務所の従業者の5人に1人以上の割合で、成年者である専任の宅地建物取引士を置かなければならない。

② ①の宅地建物取引士の数に欠員が生じたら→業者は2週間以内に補充しなければならない。

③ ②の補充をしなかったら、1 監督処分→業務停止処分、2 罰則→100万円以下の罰金。

④ 営業に関して成年者と同一の行為能力を有しない未成年者は→宅地建物取引士登録ができない（だから、宅地建物取引士になれない）。ちなみに、法定代理人が欠格者でなければ、業者になれる。

⑤ 専任の宅地建物取引士の氏名は→業者名簿の登載事項だ（住所は登載事項ではない）。

283、291、298頁

問 32　営業保証金はこれが出る！

営業保証金は、ほぼ毎年出題されてきた。今年も出題される可能性が高い。ポイントは、次のとおり。

① 有価証券の評価額→1 国債証券は額面金額の100%、2 地方債証券・政府保証債券は額面金額の90%、3 その他省令で定める有価証券は額面金額の80%で評価される。

② 営業保証金の供託場所→主たる事務所の最寄りの供託所（従たる事務所の分も、主たる事務所の最寄りの供託所に供託する）。

③ 還付を受けられる債権→宅建業の取引から生じた債権（例えば、広告代金債権は、宅建業の取引から生じた債権ではないので、還付を受けられない）。

④ 営業保証金を取り戻す際に、公告が不要な場合→1 二重供託を生じた場合、2 業者が保証協会に加入した場合、3 取戻しの原因が生じてから10年経過した場合。

309、311、315頁

問 33　保証協会はこれが出る！

保証協会は、毎年出題されてきた。なお、営業保証金との比較問題として出題されることもある。ポイントは、次のとおり。

① 保証協会への加入→加入は任意だ。ちなみに、業者は重ねて２つの保証協会の社員になることはできない。

② ２つの届出→1保証協会は、名称・住所・事務所の所在地を変更しようとする場合は、あらかじめ、国土交通大臣に届け出なければならない。2保証協会は、新たに社員が加入し、又は社員が地位を失った場合は、直ちに、社員である業者の免許権者に報告しなければならない。

③ 業者は、保証協会に加入する場合は、保証協会に加入しようとする日までに、弁済業務保証金分担金を納付しなければならない。加入後に事務所を新設した場合は、新事務所設置後２週間以内に納付しなければならない。

317 ～ 318 頁

問 34　媒介契約はこれが出る！

媒介契約は、毎年出題されてきた。難しい論点は少ない。しかし、個数問題で出題されることも多いので油断は禁物だ。ポイントは、次のとおり。

① 媒介契約書の交付は、売買・交換の媒介の場合に必要だ（貸借の媒介の場合は不要だ）。

② 媒介契約書には、業者の記名押印が必要だ（宅建士の記名押印は不要だ）。なお、記載内容を宅建士に説明させる必要はない。

③ 依頼者が業者の場合でも媒介契約書の交付は必要だ（業者間でも、省略できない）。

④ 交付の時期は、売買契約が成立したら遅滞なくだ。なお、交付の場所については、規制はない。どこで交付しても OK だ。

⑤ 業者は、媒介契約書の交付に代えて、依頼者の承諾を得て、媒介契約書に記載すべき事項を電磁的方法であって業者の記名押印に代わる措置を講じたものにより提供できる。

335 ～ 336 頁

問 35　宅地建物取引士証は、これが出る！

宅建士証は、選択肢のうちの１つとしてよく出題されてきた。今年も出題される可能性が高い。ポイントは、次のとおり。

① 宅建士証の交付を受けるには、交付申請前６カ月以内に行われる知事が指定する講習を受けなければならない。もっとも、試験合格後１年以内に交付の申請をするときは、この講習は免除される。

② 宅建士は、事務禁止処分を受けたときは、速やかに、宅建士証を、交付を受けた知事に提出しなければならない。

③ 宅建士証に旧姓を併記できる。そして、旧姓が併記された宅建士証の交付を受けた日以降は、業務において旧姓を使用できる。

④ 氏名、住所に変更が生じた場合は、遅滞なく変更の登録を申請するとともに宅建士証の書換え交付を申請しなければならない。

297、304 ～ 306 頁

問 36　重要事項説明書はこれが出る！

重要事項説明書の記載事項は、毎年出題されてきた。最近は建物の貸借についての出題が増えている。ポイントは、次のとおり。

① 建物の貸借の場合だけ、記載不要なもの→1 私道の負担の有無、2 建蔽率・容積率の制限、3 用途規制、4 防火・準防火地域の制限、5斜線制限、6開発許可の制限。

② 区分所有建物の売買の場合は、1 専用規約、2 専有部分の利用制限規約、3 共用規約、4 減免規約、5 敷地利用権、6 修繕記録、7管理費用の額、8 管理人の住所氏名、9 積立金を記載しなければならないが、貸借の場合は、2と8だけ記載すれば OK。

③ 中古建物の売買の場合は、建物の建築・維持保全の状況に関する書類の保存の状況を記載しなければならないが、貸借の場合は、記載不要。

375 ～ 379 頁

問 37　重要事項の説明はこれが出る！

重要事項の説明は、毎年出題されてきた。今年も出題されるだろう。ポイントは、次のとおり。

① 説明は、宅建士でなければできない（専任である必要はない）。また、重要事項説明書には、宅建士の記名が必要（専任の記名である必要はない）。

② 宅建士は説明の際、相手方の請求がなくても、宅建士証を提示しなければならない。提示をしなかったら 10 万円以下の過料だ。

③ 説明は、テレビ会議等のＩＴを利用して行うことができる（ＩＴ重説）。なお、ＩＴ重説の場合も宅建士証の提示は必要だ。

④ 説明の相手方は→売買の場合は買主、貸借の場合は借主（売主、貸主には説明不要）。

⑤ 説明の時期は→契約成立前だ。

⑥ 相手方が業者の場合、説明は不要だ（重要事項説明書の交付だけで OK）。

372～374頁

問 38　37条書面はこれが出る！

37 条書面は、ほぼ毎年出題されてきた。今年も出題されるだろう。ポイントは、次のとおり。

① いつ交付するのか？→契約成立後遅滞なく。なお、説明は不要である。

② 誰に交付するのか？→両当事者に交付する（売主、貸主に対しても交付する）。

③ どこで交付するのか？→規制はない。だから、どこで交付しても OK。

④ 相手が業者であっても交付は省略できない。また、相手方の承諾があっても省略できない。

⑤ 売買の場合は記載事項であるが、貸借の場合は記載事項ではないもの→1移転登記の申請の時期2建物の構造耐力上主要な部分等の状況について当事者双方が確認した事項（中古の建物の場合）3金銭貸借のあっせんを定めた場合の金銭貸借が不成立の場合の措置4契約不適合担保責任の履行措置・内容5税金の負担。

382 ～ 383 頁

問 39　従業者名簿と帳簿はこれが出る！

従業者名簿と帳簿は、選択肢のうちの一つとしてよく出題されてきた。なお、従業者名簿と帳簿はセットで出題されることも多い。

① 従業者名簿

1設置の場所→事務所ごと（主たる事務所にまとめて設置するのはダメ）。2記載事項→氏名（旧姓を併記できる）、宅建士であるか否かの別等。なお、住所は記載事項ではない。3保存期間→最終の記載をした日から 10 年間。

① 帳簿

1設置の場所→事務所ごと（主たる事務所にまとめて設置するのはダメ）。2記載事項→年月日、取引に係る宅地又は建物の所在・面積等3保存期間→閉鎖後 5 年間（業者が自ら売主となる新築住宅に係るものにあっては 10 年間）。

なお、従業者名簿は請求があったら閲覧させる義務があるが、帳簿にはない。

292 頁

問 40　8つの制限はこれが出る！

8つの制限は、毎年出題されてきた。8つの制限の中でも、保全措置の重要度は高い。保全措置のポイントは、次のとおり。

① 指定保管機関による保全措置を使うことができるのは完成物件だけだ（未完成物件はダメ）。

② 業者が保全措置を講じない場合は、買主は手付金等を支払わなくていい（支払わなくても、債務不履行にならない）。

③ 買主が所有権の登記を得た場合は、保全措置は不要だ。

④ 1未完成物件の場合は、代金の 5 %以下、かつ 1,000万円以下、2完成物件の場合は、代金の 10%以下、かつ 1,000万円以下なら保全措置は不要だ。

⑤ 保全措置は、全額について講じなければならない（超える部分についてだけ講じてもダメ）。

362 ～ 364 頁

問 41　クーリング・オフはこれが出る！

８つの制限は、毎年出題されてきた。８つの制限の中で最も重要度が高いのがクーリング・オフだ。ポイントは、次のとおり。

① 申込みの場所と契約の場所が異なる場合、クーリング・オフができるかどうかは、申込みの場所で決まる。

② 次の場合、クーリング・オフができなくなる→1クーリング・オフができることを業者から書面で告げられた日から８日間経過。
2買主が宅地建物の引渡しを受け、かつ、代金の全額を支払った。

③ クーリング・オフの方法→口頭ではできず、書面で行う。効力は、書面を発した時に生ずる。

④ クーリング・オフにより解除された場合、業者は損害賠償、違約金の支払を請求できない。

353 ～ 356 頁

問 42　報酬額の制限はこれが出る！

報酬額は、毎年出題されてきた。今年も出題されるだろう。ポイントは、次のとおり。

① 居住用建物以外（つまり、非居住用建物又は宅地）の貸借の場合は、権利金の額を売買価格とみなして、売買の計算方法で計算してもよい。

② 業者は、その事務所ごとに、公衆の見やすい場所に、国土交通大臣が定めた報酬の額を掲示しなければならない。

③ 業者は、不当に高額の報酬を要求してはならない（不当に高額の報酬を要求したら、それだけでアウトだ。たとえ受領していなくても業法違反となる）。

④ 次の1と2については、報酬とは別に受領できる→1依頼者の依頼によって行う広告の料金、2依頼者の特別の依頼により支出を要する特別の費用で、事前に依頼者の承諾があるもの。

292、346、349 頁

問 43　案内所はこれが出る！

案内所は、そこそこ出題されてきたが昨年は出題されなかった。今年は出題される可能性がある。ポイントは、次のとおり。

① 契約等をしない案内所にも標識の掲示は必要だ。

② 案内所には、従業者名簿の設置・帳簿の設置・報酬額の掲示は不要だ。

③ 案内所で契約等をする場合→1免許権者と現地の知事に業務開始の 10 日前までに届け出なければならない。2成年者である専任の宅地建物取引士を１人以上設置しなければならない（この場合、案内所の標識には設置した専任の宅地建物取引士の氏名を記載しなければならない）。

④ クーリング・オフができる案内所の標識には「クーリング・オフ制度の適用がある」旨を記載しなければならない。

293 ～ 294 頁

問 44　業務上の規制はこれが出る！

業務上の規制は、毎年出題されてきた。今年も出題されるだろう。ポイントは、次のとおり。

① 1手付貸与に該当するのは（違反となるのは）→手付の立替え、手付の分割払い、手付の後払い。2手付貸与に該当しないもの（違反とならないもの）は→手付の減額、手付に関し銀行をあっせん、代金の減額、媒介報酬の分割払い。

② 勧誘に先立って、1業者名2勧誘を行う者の氏名3勧誘をする目的である旨を告げずに勧誘したら、違反となる

③ 守秘義務→1業者だけでなく従業者にも、守秘義務がある。2引退後、退職後も守秘義務がある。3正当な理由があれば漏らしてよい。「裁判の証人として証言をする」「税務署の職員からの質問に答える」「お客さんの承諾がある」等が正当な理由になる。

④ 従業者は、請求があったときは、従業者証明書を提示しなければならない。注意！ 宅建士証や従業者名簿は、代わりにならない。

305、306、324 ～ 327 頁

問 45　住宅瑕疵担保履行法はこれが出る！

住宅瑕疵担保履行法は、毎年１問出題される。直近 10 回の試験で９回、問題文中に期間等の数字が出ている。今年も数字が出題される可能性が高い。次の数字は覚えておこう。

① 業者は、基準日ごとに、基準日から３週間以内に、免許権者に供託状況等を届け出なければならない。ちなみに、基準日は年１回（3月 31 日）だ。

② ①に違反すると、基準日の翌日から 50 日を経過した日以後は、自ら売主となる新築住宅の売買契約は締結禁止となる。

③ 保険契約の保険期間は、買主が引渡しを受けた時から 10 年以上の期間有効なものであることが必要だ。また、保険金額は 2,000万円以上であることが必要だ。

④ 供託する保証金の額は、住宅の戸数によって決まるが、住宅の床面積が 55㎡以下の場合は、２戸をもって１戸と数える。

391 頁

問 46　住宅金融支援機構はこれが出る！

住宅金融支援機構は、毎年１問出題される。ポイントは次のとおり。

機構は、原則として、直接融資はしてくれない。しかし、例外として、次の①～⑦については、直接融資をしてくれる。

① 災害復興建築物の建設・購入資金

② 地震に対する安全性の向上を主たる目的とする住宅の改良資金

③ マンションの共用部分の改良資金［注意！］専有部分の改良資金は×

④ 子どもを育成する家庭又は高齢者の家庭に適した賃貸住宅の建設・改良資金

⑤ 高齢者の家庭に適した住宅にするための改良資金［注意！］高齢者が自ら居住する住宅について行うものに限る

⑥ 合理的土地利用建築物の建設・購入資金

⑦ 住宅のエネルギー消費性能の向上を主たる目的とする住宅の改良資金

493 ～ 494 頁

問 47　景表法はこれが出る！

景表法は、毎年１問出題される。数値に関する問題はその数値を覚えていないと手も足もでないので、キチンと対策しておこう。

① 徒歩による所要時間は、道路距離 80 mを１分と表示しなければならない（１分未満の端数が生じたときは、１分として算出する）。

② 新築と表示できるのは、建築工事完了後１年未満で未使用の建物だけ。

③ 物件が公園・庭園・旧跡・海（海岸）・湖沼・河川の岸・堤防から直線距離で 300 m以内に所在している場合は、これらの名称を用いることができる。

④ 二重価格表示をする場合は、［1］比較対照価格に用いる過去の販売価格は、値下げの直前の価格であって、値下げ前２カ月以上にわたり実際に販売のために公表していた価格であること［2］値下げの日から６カ月以内に表示するものであること。

503 頁以下

問 48　統計はこれが出る！

統計は、毎年１問出題される。その中で新設住宅着工戸数は、ほぼ毎年出題されてきた。今年も出題される可能性が高い。ポイントは、次のとおり。

令和５年の新設住宅着工戸数は、持家、貸家及び分譲住宅が減少したため、全体で減少となった。

① 総戸数は約 82.0 万戸→前年比 4.6％の減少で「３年ぶりの減少」。

② 持家は約 22.4 万戸→前年比 11.4％の減少で「２年連続の減少」。

③ 貸家は約 34.4 万戸→前年比 0.3％の減少で「３年ぶりの減少」。

④ 分譲住宅は約 24.6 万戸→前年比３．６％の減少で「３年ぶりの減少」。ちなみに、分譲住宅のうちのマンションは 0.3％の減少で「昨年の増加から再びの減少」、一戸建住宅は 6.0％の減少で「３年ぶりの減少」。

問49　土地はこれが出る！

土地は、毎年1問出題される。最近の出題の中心は自然災害だ。たとえば、直近の5年間では、28肢中21肢が、自然災害に関連した問題だ（ちなみに、6～10年前は20肢中17肢が、11～15年前は20肢中11肢が自然災害に関連した問題だ）。

今年も自然災害から出題されるだろう。全肢(肢1～肢4の全部）が自然災害から出題される可能性もある。

地震・豪雨・水害・土砂災害・斜面崩壊（がけ崩れ）・土石流・液状化・水害・津波・洪水・高潮等が出題されている。いずれも大事だが、特に地震と土砂災害が要注意だ。

土地については、同じ論点（同じような問題）が繰り返し出題されている。だから､過去問をしっかりと勉強するのが効果的だ。自然災害に関連した過去問はきちんと攻略しておこう。

506頁以下

問50　建物はこれが出る！

建物は、毎年1問出題される。建物の構造か建物の材料から出題されるが、出題数は建物の構造の方が圧倒的に多い。たとえば、直近の15年間では、68肢中、建物の構造からの出題が58肢で、建物の材料からの出題が10肢だ。

直近の15年間で、①木造（集成木材構造）、②鉄骨構造、③鉄筋コンクリート構造、④鉄骨鉄筋コンクリート構造から、30肢出題されている（本試験の約44%が、これらから出題されている）。これらについては、過去問レベルでよいので､勉強しておこう。また､最近は､地震関連(耐震・制震・免震等）の問題が増えてきた。地震関連についても勉強しておこう（これも過去問レベルでOK）。

建物は、完璧に対応しようとすると膨大な時間がかかる。時間をかけて、完璧な対応をするより、他の分野に力を注ぐ方が得策だ。

507頁以下

＋1　宅地建物取引業法はこれが出る！

「相手が業者の場合には適用されない」というというルールがある。ヒッカケ問題として、しばしば出題されてきた。次の事項をしっかり覚えておこう。

① 重要事項の説明→相手が業者である場合は、重要事項の説明は不要。

注意！　相手が業者であっても、重要事項説明書の交付は必要

② 供託所等の説明→相手が業者である場合は、供託所等の説明は不要（業者は、営業保証金・弁済業務保証金から還付を受けることができない。だから、業者に供託所等の説明をしても意味がないので不要）。

③ 8つの制限・住宅瑕疵担保履行法→これらが適用されるのは、業者が自ら売主で、かつ、買主がシロート（非業者）の場合に限られる。だから、相手が業者の場合は、モチロン適用されない。

351、374、381、391頁

＋2　宅地建物取引業法はこれが出る！

重要度が非常に高い箇所に改正があった。次の事項をしっかり覚えておこう。

① 次の2つの書面については、宅地建物取引士の記名が必要。

1 重要事項説明書の交付
2 37条書面の交付

注意！いずれも、宅地建物取引士の押印は不要。

② 次の5つの書面については、交付・引渡しに代えて電磁的方法で提供できる。

1 重要事項説明書の交付
2 37条書面の交付
3 指定流通機構への登録を証する書面の引渡し
4 媒介契約書の交付
5 供託所の所在地等に関する説明書の交付（住宅瑕疵担保履行法）

注意！いずれも、電磁的方法で提供するためには交付・引渡しをする相手方や依頼者等の承諾が必要。

334、335、373、382、392頁

ためしてみよう！

力だめし一問一答

あなたの基礎力は大丈夫ですか？　宅建士試験で一番必要なのは、基礎的な知識と問題文の読解力。応用問題がでてもその能力さえしっかりしていれば、解くことができる。

この“力だめし一問一答”の［基礎編］では基礎的な知識を、［応用編］では宅建士試験にありがちなひっかけに冷静に対応できる読解力をためしてみよう！

[基礎編]  答案練習

以下の設問について、正しいものには○、誤っているものには×で答えてください。

Q 

〈権利関係〉

	Q	A
1.	被保佐人が、保佐人の同意を得なければならない行為について、同意を得ていないにもかかわらず、詐術を用いて相手方に保佐人の同意を得たと信じさせていた場合は、被保佐人は当該行為を取り消すことができない。	▶ ウソをついた制限行為能力者を保護する必要はない。だから、被保佐人が「保佐人の同意を得ています」とウソをついて契約をした場合は、取り消すことができない。 ○
2.	不在者Ａが、家庭裁判所から失踪宣告を受けた。Ａを単独相続したＢは相続財産である甲土地をＣに売却して登記も移転したが、その後、生存していたＡの請求によって当該失踪宣告が取り消された。Ａの生存について、Ｂが悪意でＣが善意の場合、Ｃは売買契約に基づき取得した甲土地の所有権をＡに対抗できる。	▶ Ｃが、契約に基づき取得した甲土地の所有権をＡに対抗できるのは、ＢとＣの両方が善意の場合（ＢもＣも、Ａが死亡していないことを知らなかった場合）だ。だから、Ｂが悪意でＣが善意の場合、Ｃは甲土地の所有権をＡに対抗できない。 ×
3.	ＡがＡ所有の甲土地の売却に関する代理権を未成年者Ｂに与えた。ＢがＡの代理人として甲土地をＣに売却した場合、ＡはＢが未成年者であることを理由に当該売買契約を取り消すことができる。	▶ 未成年者等の制限行為能力者でも、代理人になれる。そして、本人は代理人（制限行為能力者）がした契約を、制限行為能力者の行為であることを理由に取り消すことはできない。 ×

Q	A
4. AはBに対して金銭債権を有している。Bが金銭債権の消滅時効が完成した後に、その金銭債権を承認した場合、Bは時効完成の事実を知らなかったとしても、その完成した消滅時効を援用することはできない。	▶ 消滅時効が完成した後に、債務者が債務を承認した場合、債務者は、時効完成の事実を知らなかったとしても、時効を援用することはできない。 ○
5. 裁判所は、共有者が他の共有者を知ることができず、又はその所在を知ることができないときは、他の共有者以外の共有者の請求により、当該他の共有者以外の共有者の持分の価格に従い、その過半数で共有物の管理に関する事項を決することができる旨の裁判をすることができる。	▶ 所在が不明な共有者がいるときは、裁判所は、残りの共有者（所在が不明な共有者以外の共有者）の請求により、残りの共有者の持分の価格の過半数で管理行為ができる旨の裁判ができる（ＡＢＣＤの４人の共有者がいる場合において、Ａの所在が不明なときは、「ＢＣＤの３人のうちの持分の過半数の賛成があれば、管理行為ができる」という旨の裁判ができるということ）。 ○
6. 債権が譲渡された場合、その意思表示の時に債権が現に発生していないときは、譲受人は、その後に発生した債権を取得できない。	▶ 将来債権（まだ発生していない債権）であっても、譲渡できる。そして、譲受人は、その後に発生した債権を取得できる。 ×
7. Ａ所有の甲土地につき、ＡとＢとの間で売買契約が締結された。ＡがＢにだまされたとして詐欺を理由にＡＢ間の売買契約を取り消した後、Ｂが甲土地をＡに返還せずにＣに転売してＣが所有権移転登記を備えても、ＡはＣから甲土地を取り戻すことができる。	▶ 詐欺の被害者Ａと取消後の転得者Ｃとでは、先に登記をした方の勝ちだ。先に登記をしたのはＣだから、Ｃの勝ちだ（Ａの負けだ）。だから、ＡはＣから甲土地を取り戻すことはできない。 ×
8. Ａを売主、Ｂを買主とする売買契約が締結された。引き渡された目的物が種類、品質又は数量に関して契約の内容に適合しないものであるときは、Ｂは、Ａに対し、目的物の修補、代替物の引渡し又は不足分の引渡しによる履行の追完を請求することができるが、Ａは、Ｂに不相当な負担を課するものでないときは、Ｂが請求した方法と異なる方法による履行の追完をすることができる。	▶ 引き渡された目的物が種類・品質・数量に関して契約の内容に適合しないときは（契約不適合のときは）、買主は、売主に対し、①目的物の修補②代替物の引渡し③不足分の引渡しによる履行の追完を請求できる。ただし、売主は、買主に不相当な負担を課するものでないときは、売主が請求した方法と異なる方法による履行の追完ができる。 ○

Q	A
9. Aは、Bから3,000万円の借金をし、その借入金債務を担保するために、A所有の甲地上に、第1順位の抵当権を設定し、その登記を経た。その後甲地について、Cに対して第2順位の抵当権が設定され、その登記がされた。BとCは、合意をして、甲地上の抵当権の順位を変更することができるが、この順位の変更は、その登記をしなければ効力が生じない。	▶ 抵当権の順位は、各抵当権者の合意によって変更できる。ただし、抵当権の順位の変更は、**登記**をしなければ、効力を生じない（抵当権の順位の変更は、意思表示だけではダメで、登記をしなければ、効力を生じない）。 ○
10. 債務不履行に対して債権者が相当の期間を定めて履行を催告してその期間内に履行がなされない場合であっても、催告期間が経過した時における債務不履行がその契約及び取引上の社会通念に照らして軽微であるときは、債権者は契約の解除をすることができない。	▶ 債務不履行があったら、債権者は、相当の期間を定めて履行をするよう催告をし、それでも、その期間内に履行がないときは、解除できる。ただし、その期間を経過した時における債務の不履行が契約及び取引上の社会通念に照らして**軽微**であるときは、解除できない。 ○
11. 元本の確定前に根抵当権者Aから被担保債権の範囲に属する債権を取得したBは、その債権について根抵当権を行使することはできない。	▶ 元本の確定前の根抵当権には**随伴性がない**（被担保債権が譲渡されても、根抵当権は移転しない）。だから、Bは、根抵当権を行使できない。 ○
12. A、Bの2人がCに対して1,000万円の連帯債務を負っている。なお、A、Bの負担部分は等しいものとする。Aについて時効が完成した場合には、Bは500万円分の債務を免れる。	▶ 連帯債務者のうちの1人Aについて時効が完成しても、時効の効力は他の連帯債務者Bには**及ばない**。だから、Bは債務を免れない（1,000万円の債務を負ったままだ）。 ×
13. 買主Aが売主Bに対して手付を交付した場合、Bは、目的物を引き渡すまではいつでも、手付の倍額を現実に提供して売買契約を解除することができる。なお、ABはいずれも宅地建物取引業者ではないものとする。	▶ **相手方**が契約の履行に着手した後は、手付による解除ができなくなる（BはAが履行に着手した後は、解除ができなくなる）。だから、目的物を引き渡すまでは「いつでも～解除することができる」とある本問は誤りだ。 ×

Q

A

14. Aを売主、Bを買主として建物の売買契約が締結された。Bが、Aの代理人と称するCに対して代金債務を弁済した場合、Cに受領権限がないことにつきBが善意かつ無過失であれば、Bの弁済は有効となる。

▶ 受領権者としての外観を有する者に弁済した場合、債務者が**善意無過失**なら、弁済は有効となる。Cは代理人と称しているから受領権者としての外観を有する者だ。そして、Bは善意無過失だ。だから、Bの弁済は有効となる。　○

---

15. 土地の所有者は、境界の付近において建物を修繕する場合は、その目的のため必要な範囲内で、隣地を使用することができるが、住家については、その居住者の承諾がなければ、立ち入ることはできない。

▶ 土地の所有者は、境界またはその付近における「障壁、**建物**その他の工作物」の「築造、収去、修繕」をする目的のため必要な範囲内で、**隣地**を使用することができる。ただし、住家については、居住者の承諾がなければ、立ち入ることはできない。　○

---

16. 賃貸人Aと賃借人Bとの間で、甲建物につき、借地借家法第38条の定期建物賃貸借契約を締結する場合において、賃貸借契約開始から3年間は賃料を減額しない旨の特約を定めたときは、当該特約は無効となる。

▶ 賃料を減額しない旨の特約（借主は賃料の減額請求ができないという特約）は借主に不利だが、定期建物賃貸借契約においては**有効**だ。　×

---

17. Aが甲建物を所有する目的で、期間を30年と定めてBから乙土地を賃借した。Aが甲建物を所有していても、甲建物の保存登記をAの配偶者のC名義で備えている場合には、Bから乙土地を購入して所有権移転登記を備えたDに対して、Aは借地権を対抗することができない。

▶ 借地権の登記がなくても、借地上の建物が**自己名義**（本問ではA）で登記されていれば、Aは借地権を対抗できる。しかし、甲建物は自己名義ではなく、配偶者名義で登記されている。だから、Aは借地権を対抗できない。　○

---

18. Aを賃貸人、Bを賃借人とする建物の賃貸借契約が期間満了により終了した。Bは、賃借物を受け取った後にこれに生じた損傷がある場合、通常の使用及び収益によって生じた損耗も含めてその損傷を原状に復する義務を負う。

▶ 賃借人は、賃貸借が終了した場合は、損傷を原状に復する義務を負う（原状回復義務。つまり、元に戻す義務を負う）。ただし、**通常の使用・収益**によって生じた**損耗**や経年劣化については原状回復義務を負わない（元に戻さなくてOK）。　×

Q | A

19. 不法行為による損害賠償義務は、被害者から加害者への履行の請求があったときから履行遅滞となり、加害者は、請求の時以降完済に至るまでの遅延損害金を被害者に支払わなければならない。

▶ 加害者の損害賠償義務は、損害の**発生した瞬間**から履行遅滞となる。けしからんことをした人間の責任は重くすべきだから、被害者の**請求がなくても**履行遅滞になる。 ×

---

20. 被相続人Aの子Bが、相続の開始後に相続放棄をした場合、Bの子Cがこれを代襲して相続人となる。

▶ 死亡・欠格・廃除は代襲相続の原因となるが、**相続の放棄**は代襲相続の原因と**ならない**。だから、Bが相続を放棄した場合、Bの子Cは代襲相続人とならない。 ×

---

21. AがBに対して50万円の金銭債権、BがAに対して50万円の金銭債権を有している。 この場合において、Aの債権が時効によって消滅した後は、時効完成前にBの債権と相殺適状にあったときでも、Aは、Bに対して相殺をすることはできない。

▶ Aは、自分の債権が**時効消滅する前には相殺適状**(相殺に適する状態)にあったのに、時効完成後は、自分の債務だけ弁済するしかないとしては、あんまりだ。だから、Aは相殺できることになっている。 ×

---

22. 登記官は、その登記をすることによって申請人自らが登記名義人となる場合において、当該登記を完了したときは、速やかに、当該申請人に対し、当該登記に係る登記識別情報を通知しなければならないが、当該申請人があらかじめ登記識別情報の通知を希望しない旨の申出をしたときは、当該登記に係る登記識別情報は通知されない。

▶ 登記官は、登記をすることによって申請人自らが登記名義人となる場合において、登記を完了したときは、速やかに、申請人に対し、**登記識別情報**を通知しなければならない。ただし、申請人があらかじめ登記識別情報の通知を**希望しない旨の申出**をしたときは、登記識別情報は通知されない。 ○

---

23. 敷地権付き区分建物の表題部所有者から所有権を取得した者は、当該敷地権の登記名義人の承諾を得ることなく、当該区分建物に係る所有権の保存の登記を申請することができる。

▶ 区分建物（マンションのこと）の場合は、表題部所有者から所有権を取得した者も所有権保存登記を申請できる。ただし、区分建物が敷地権付きである場合は、敷地権の登記名義人の**承諾**が必要だ。 ×

Q

A

24. 形状又は効用の著しい変更を伴う共用部分の変更については、区分所有者及び議決権の各４分の３以上の多数による集会の決議で決するものであるが、議決権については規約で過半数まで減ずることができる。

▶ 形状または効用の著しい変更を伴う共用部分の変更（つまり、重大変更）は、原則として、Ⓐ区分所有者（頭数）とⒷ議決権の両方について４分の３以上の賛成が必要だ。ただし、例外として、Ⓐについては、規約で過半数まで減らすことができる（Ⓑについては減らすことはできない）。 ×

25. 集会の招集の通知は、区分所有者が管理者に対して通知を受けるべき場所を通知したときはその場所に、これを通知しなかったときは区分所有者の所有する専有部分が所在する場所にあててすれば足りる。

▶ 集会の招集の通知は、区分所有者が管理者に対して通知を受けるべき場所を通知したときはその場所に、通知しなかったときは区分所有者の所有する専有部分が所在する場所にあてすれば足りる（たとえば、301 号室の所有者Ａが、「実家に通知してくれ」と通知したら実家に通知。通知場所について何も通知しなかったら、301 号室に通知）。 ○

＜宅建業法＞

26. Ａの所有する商業ビルを賃借しているＢが、フロアごとに不特定多数の者に反復継続して転貸する場合、Ａは免許を受ける必要はないが、Ｂは免許を受ける必要がある。

▶ 「自ら貸借・自ら転貸」は取引に当たらないので、「自ら貸借」しているＡは免許不要だし、「自ら転貸」しているＢも免許不要だ。 ×

27. 免許を受けようとするＡ社に、刑法第 204 条(傷害）の罪により懲役１年（執行猶予２年）の刑に処せられ、その刑の執行猶予期間を満了した者が政令で定める使用人として在籍している場合、その満了の日から５年を経過していなくとも、Ａ社は免許を受けることができる。

▶ 執行猶予期間中は免許を受けることができない。しかし、執行猶予期間が満了すると、直ちに OK だ（免許を受けることができる)。５年間待つ必要はない。 ○

28. 個人である宅地建物取引業者Ａが死亡した場合、その相続人Ｂは、Ａが締結した契約に基づく取引を結了する目的の範囲内において宅地建物取引業者とみなされ、Ａが売主として締結していた売買契約の目的物を買主に引き渡すことができる。

▶ 業者Ａが死亡した場合、相続人Ｂは、Ａが締結した契約に基づく取引を結了する目的の範囲内において業者とみなされ、Ａが売主として締結していた売買契約の目的物を買主に引き渡すことができる（Ｂは、免許なしで取引をやりとげることができるということ)。 ○

Q

A

29. 宅地建物取引業者A（甲県知事免許）は、宅地又は建物の売買に関連し、兼業として、新たに不動産管理業を営むこととした。この場合、Aは兼業で不動産管理業を営む旨を、甲県知事に届け出なければならない。

▶ 明（名）治（事）の薬（役）剤師（士）（1名称・商号、2事務所の所在地・名称、3役員の氏名、4専任の取引士の氏名）に変更が生じたら、30日以内に免許権者に届け出なければならない。しかし、「兼業（宅建業以外の事業を行っているときは、その事業の種類）」に変更が生じても、届け出る必要はない。 ×

---

30. 宅地建物取引業者Aは、その主たる事務所に従事する唯一の専任の宅地建物取引士が退職したときは、30日以内に、宅地建物取引業法第31条の3第1項の規定に適合させるため必要な措置を執らなければならない。

▶ 唯一の専任の宅建士が退職した（つまり、宅建士の数に欠員が生じた）のだから、業者は2週間以内に必要な措置を執らなければならない（宅建士を補充しなければならない）。本問は「30日以内」という点が×だ。 ×

---

31. 宅地建物取引業者Aが新築住宅の売買に関する広告をインターネットで行った場合、交通の利便について実際のものより著しく優良又は有利であると人を誤認させるような表示を行ったが、当該広告について問合せや申込みがなかったときは、誇大広告等の禁止の規定に違反しない。

▶ インターネットによる広告も規制の対象になる。そして。誰も信じなかったため実害がなかった（問合せや申込みがなかった）としても違反となる。 ×

---

32. 甲県知事から宅地建物取引士証の交付を受けている宅地建物取引士は、その住所を変更したときは、遅滞なく、変更の登録の申請をするとともに、宅地建物取引士証の書換え交付の申請を甲県知事に対してしなければならない。

▶ 宅地建物取引士は、氏名または住所を変更したときは、遅滞なく変更の登録を申請するとともに、当該申請とあわせて、宅地建物取引士証の書換え交付を申請しなければならない。 ○

---

33. 宅地建物取引士A（甲県知事登録）が、乙県に所在する宅地の売買に関する取引において宅地建物取引士として行う事務に関し不正な行為をし、乙県知事により事務禁止処分を受けたときは、Aは宅地建物取引士証を甲県知事に速やかに提出しなければならず、速やかに提出しなかったときは10万円以下の過料に処せられることがある。

▶ 事務禁止処分を受けたときは、処分を受けた知事ではなく、交付を受けた知事に提出する。そして、速やかに提出しなかったら10万円以下の過料だ（罰金ではない点に注意しよう）。 ○

Q	A
34. 営業保証金を供託している宅地建物取引業者Ａ（国土交通大臣免許）は、甲県内にある主たる事務所とは別に、乙県内に新たに従たる事務所を設置したときは、営業保証金をその従たる事務所の最寄りの供託所に供託しなければならない。	▶ 営業保証金は**主たる**事務所の最寄りの供託所に供託しなければならない（従たる事務所の分も**主たる**事務所の最寄りの供託所に供託しなければならない）。だから、事業の開始後に新たに従たる事務所を設置したときは、**主たる**事務所の最寄りの供託所に供託しなければならない。 ×
35. 保証協会の社員が弁済業務保証金分担金を納付した後に、新たに事務所を設置したときは、その日から２週間以内に保証協会に納付すべき弁済業務保証金分担金について、国債証券をもって充てることができる。	▶ 弁済業務保証金分担金は、**金銭だけ**で納付しなければならない。有価証券（国債証券）で納付することはできないので、本問は×だ。 ×
36. 宅地建物取引士Ａ（甲県知事登録）が、精神の機能の障害により宅地建物取引士の事務を適正に行うに当たって必要な認知、判断及び意思疎通を適切に行うことができない者となった場合、Ａ又はその法定代理人若しくは同居の親族は、その日から30日以内に、その旨を甲県知事に届け出なければならない。	▶ 精神の機能の障害により宅地建物取引士の事務を適正に行うに当たって必要な認知、判断及び意思疎通を適切に行うことができない者となった（つまり、欠格者となった）場合は、**本人**か**法定代理人**か**同居の親族**が、30日以内に登録先の知事に届け出なければならない。 ○
37. 宅地建物取引業者Ａが、ＢからＢ所有の建物の売却を依頼され、Ｂと専任媒介契約を締結した。当該建物の売買の媒介を担当するＡの宅地建物取引士は、宅地建物取引業法第34条の２第１項に規定する書面に記名する必要はない。	▶ 重要事項説明書と37条書面には、宅地建物取引士の記名が必要だ。しかし、**媒介契約書**（法第34条の２第１項の規定に基づき交付すべき書面）には、宅地建物取引士の記名は**不要**だ。 ○
38. 宅地建物取引業者Ａは、建物の貸借の媒介に際し、当該建物が建築基準法第６条第１項の確認の申請中であることを知りつつ、賃貸借契約を成立させた。Ａは、宅地建物取引業法の規定に違反しない。	▶ 未完成の建物の場合、建築確認（建築基準法第６条第１項の確認）を受けた後でなければ、売買契約・交換契約をしてはいけないことになっている。ただし、**貸借契約**については、大目に見られていて、建築確認を受ける前でもできる。 ○

Q

A

39. 宅地建物取引業者が建物の売買の媒介を行う場合は、当該建物が宅地造成及び特定盛土等規制法の規定により指定された造成宅地防災区域内にあるときは、その旨を重要事項として説明しなければならないが、建物の貸借の媒介を行う場合は、その旨を説明する必要はない。

▶「造成宅地防災区域内にあるときは、その旨」はすべての取引において説明が必要だ。だから、建物の売買の媒介を行う場合も建物の貸借の媒介を行う場合も、その旨を説明する必要がある。 ×

---

40. 宅地建物取引業者Aが、自ら売主として宅地建物取引業者ではない買主Bに対し宅地の売却を行う場合、Aは、Bに対し、宅地の上に存する登記された権利の種類及び内容だけでなく、移転登記の申請の時期についても重要事項として説明しなければならない。

▶ 登記された権利の種類・内容は説明しなければならない。しかし、移転登記の申請時期は説明不要だ。ちなみに、移転登記の申請時期は37条書面の記載事項だ。 ×

---

41. 宅地建物取引業者は、宅地建物取引士をして37条書面に記名させなければならないが、当該書面の交付は宅地建物取引士でない従業者に行わせることができる。

▶ 業者は、宅地建物取引士が記名した37条書面を交付しなければならない。ただし、37条書面の交付は、宅地建物取引士でなくてもできる。 ○

---

42. 宅地建物取引業者Aが、自ら売主として、宅地建物取引業者ではないBとの間で宅地の売買契約を締結した。Aは、契約解除に伴う違約金の定めがある場合、クーリング・オフによる契約の解除が行われたときであっても、Bに対して違約金の支払を請求することができる。

▶ クーリング・オフが行われた場合、業者は、損害賠償や違約金の支払を請求できない。そして、クーリング・オフの規定に反する特約で、買主に不利なものは無効となる。だから、違約金の定めがある場合でも、請求できない。 ×

---

43. 宅地建物取引業者Aが、自ら売主として、宅地建物取引業者でないBと建築工事完了前のマンション（代金5,000万円）の売買契約を締結した。Aは、Bから手付金250万円を保全措置を講じないで受領し、その後引渡し前に、中間金750万円を受領する場合は、手付金と中間金の合計額1,000万円について手付金等の保全措置を講じなければならない。

▶ 未完成物件の場合、受け取ろうとする手付金等の額が代金の5％（本問の場合は250万円）または1,000万円を超えるときに保全措置が必要だ。だから、手付金の250万円を受け取るのに、保全措置は不要だが、中間金の750万円を受け取るには、保全措置が必要だ。そして、保全措置は限度額を超える部分だけに講じるのではなく、全額に講じなければならない。 ○

Q

A

44. 宅地建物取引業者Aが、自ら売主として、宅地建物取引業者ではないBとの間で、建物の売買契約を締結した。AB間において、「Aが種類又は品質に関して契約の内容に適合しない建物をBに引き渡した場合において、Bが建物の引渡しの日から2年以内にその旨をAに通知しないときは、Bは、その不適合を理由として、履行の追完の請求、代金の減額の請求、損害賠償の請求及び契約の解除をすることができない」旨の特約を定めた場合、この特約は無効である。

▶ 業者が自ら売主となり、シロートの買主と契約する場合、原則として、種類・品質に関しての担保責任について、民法の規定より買主に不利な特約をしても無効だ。ただし、例外として、担保責任の通知期間を「引渡しの日から２年以上の期間内」とする特約は、民法の規定より買主に不利だが、有効だ。 ×

45. 宅地建物取引業者Aの従業者である宅地建物取引士Bは、取引の関係者からAの事務所で従業者証明書の提示を求められたときは、この証明書に代えて従業者名簿又は宅地建物取引士証を提示することで足りる。

▶ 従業者名簿も宅地建物取引士証も従業者証明書の代わりにはならない。だから、従業者証明書の代わりに従業者名簿や宅地建物取引士証を提示してもダメだ。 ×

46. 宅地建物取引業者Aは、B所有の建物について、B及びCから媒介の依頼を受け、Bを貸主、Cを借主とする賃貸借契約を成立させた。Aは、媒介報酬の限度額のほかに、Bの依頼によらない通常の広告の料金に相当する額を報酬に合算して、Bから受け取った。Aの行為は、宅地建物取引業法の規定に違反する。

▶ 業者は、依頼者から特に頼まれてやった広告については、その実費を報酬とは別に受け取ることができる。本問のAは、頼まれてない（依頼を受けていない）ので、受け取ってはダメだ。 ○

47. 宅地建物取引業者Aは、裁判の証人として、その取り扱った宅地建物取引に関して証言を求められた場合、秘密に係る事項を証言することができる。

▶ 業者は、業務上知った秘密を他に漏らしてはならない。だだし、裁判の証人として、証言を求められた場合は、秘密を漏らしてよい。だから、Aは秘密に係る事項を証言できる。 ○

Q

A

48. 宅地建物取引業者Ａ（甲県知事免許）が、甲県に建築した１棟のマンション（50戸）を、宅地建物取引業者Ｂ（国土交通大臣免許）に販売代理を依頼し、Ｂが当該マンションの隣地（甲県内）に案内所を設置して契約を締結する場合、Ｂは宅地建物取引業法第50条第２項で定める届出を、甲県知事及び甲県知事を経由して国土交通大臣に、業務を開始する10日前までにしなければならない。

▶ 案内所で契約を締結する場合は、現地の知事と免許権者に、業務開始の**10日前**までに届出（第50条第２項で定める届出）をしなければならない。なお、国土交通大臣が免許権者の場合は、現地の知事を**経由**して行う必要がある。　○

---

49. 国土交通大臣は、宅地建物取引業者Ａ（甲県知事免許）の事務所の所在地を確知できない場合、その旨を官報及び甲県の公報で公告し、その公告の日から30日を経過してもＡから申出がないときは、Ａの免許を取り消すことができる。

▶ 免許取消処分ができるのは、**免許権者**だけだ。業者Ａの免許権者は甲県知事だ。だから、国土交通大臣は業者Ａの免許を取り消すことはできない。　×

---

50. 宅地建物取引業者は、自ら売主として新築住宅を販売する場合だけでなく、新築住宅の売買の媒介をする場合においても、住宅販売瑕疵担保保証金の供託又は住宅販売瑕疵担保責任保険契約の締結を行う義務を負う。

▶ 保証金の供託または保険契約の締結を行う義務を負うのは、**自ら売主**である業者だ。媒介業者は自ら売主ではないから、この義務を負わない。　×

＜法令上の制限その他＞

51. 市町村が定めた都市計画が、都道府県が定めた都市計画と抵触するときは、その限りにおいて、市町村が定めた都市計画が優先する。

▶ 市町村が定めた都市計画が、都道府県が定めた都市計画と矛盾することもある。そういう場合には**都道府県**が定めた都市計画が優先することになっている。　×

Q	A
52. 田園住居地域内の農地の区域内において、土地の形質の変更を行おうとする者は、一定の場合を除き、都道府県知事（地方自治法に基づく指定都市等にあってはその長）の許可を受けなければならない。	▶ 田園住居地域内の農地において、土地の形質の変更を行おうとする者は、一定の場合を除き、**市町村長**の許可を受けなければならない（必要なのは**市町村長**の許可だ。知事の許可ではない）。 ×
53. 地区計画の区域のうち、地区整備計画が定められている区域内において、土地の区画形質の変更、建築物の建築等を行った者は、一定の行為を除き、当該行為の完了した日から 30 日以内に、行為の種類、場所及び設計又は施行方法を市町村長に届け出なければならな い。	▶ 地区整備計画が定められている地区計画区域内で、土地を造成したり建物を建てたりする場合は、着手の「**30 日前**」までに、「**市町村長**」に「**届け出**」なければならない。着手後 30 日以内ではないので、本問は×だ。 ×
54. 近隣商業地域は、主として商業その他の業務の利便の増進を図りつつ、これと調和した住居の環境を保護するため定める地域とする。	▶ 近隣商業地域は、「**近隣**の住宅地の住民に対する**日用品の供給**を行うことを主たる内容とする商業その他の業務の利便を増進するため定める地域」のことだ。×
55. 都道府県知事は、用途地域の定められていない土地の区域における開発行為について、開発許可をする場合において必要があると認めるときは、建築物の高さに関する制限を定めることができるが、建築物の建蔽率に関する制限を定めることはできない。	▶ 知事は用途地域外での開発行為を許可する場合には、**建蔽率**、建築物の**高さ**・敷地・構造・設備・壁面の位置の制限を定めることができる。建蔽率についても制限を定めることができるので、本問は×だ。 ×
56. 事務所の用途に供する建築物をホテル（その用途に供する部分の床面積の合計が 500㎡）に用途変更する場合、建築確認は不要である。	▶ **200㎡**を超える特殊建築物（ホテルは特殊建築物だ）に用途変更する場合は、建築確認が必要だ。 ×

Q

A

57. 準防火地域内において建築物の屋上に看板を設ける場合は、その主要な部分を不燃材料で造り、又は覆わなければならない。

▶ **防火地域**内において、屋上に看板を設ける場合は、その主要な部分を不燃材料で造り、または被う必要がある。しかし、準防火地域内においては、その必要はない。 ×

---

58. 一の敷地で、その敷地面積の40％が第二種住居地域に、60％が準住居地域にある場合は、原則として、当該敷地内には作業場の床面積の合計が100㎡の自動車修理工場を建築することができない。

▶ 建物の敷地が2つの用途地域にまたがっている場合、**過半を占める**地域の規制が敷地全体に適用される。だから、本問の場合、準住居地域の規制が適用される。したがって、150㎡以下の自動車修理工場を建築できる。 ×

---

59. 建築物の容積率の算定の基礎となる延べ面積には、住宅又は老人ホーム等に設ける機械室その他これに類する建築物の部分（給湯設備その他の建築設備を設置するためのものであって、市街地の環境を害するおそれがないものとして基準に適合するものに限る。）で、特定行政庁が交通上、安全上、防火上及び衛生上支障がないと認めるものの用に供する部分の床面積は、算入しないものとされている。

▶ 住宅または老人ホーム等に設ける**機械室**等に類する建築物の部分（給湯設備等の建築設備を設置するためのものであって、市街地の環境を害するおそれがないものとして基準に適合するものに限る）で、特定行政庁が交通上・安全上・防火上・衛生上支障がないと認めるものの用に供する部分の床面積の部分はノーカウントだ（容積率の計算に算入しない）。 ○

---

60. 国土利用計画法第23条の届出において、土地売買等の契約に係る土地に関する権利の移転又は設定の対価の額については届出事項ではない。

▶ 23条の届出（事後届出のこと）においては、**対価の額**についても、知事に届出しなければならない。対価の額は勧告事項ではないが（知事は対価の額について勧告できないが）、**届出**事項ではあるのだ。 ×

Q	A
61. 農地の賃貸借について農地法第３条第１項の許可を得て農地の引渡しを受けても、土地登記簿に登記をしなかった場合、その後、その農地について所有権を取得した第三者に対抗することができない。	▶ 農地の賃貸借は、引渡しも対抗要件になる。だから、引渡しを受けていれば、登記をしなかった場合でも、その後、その農地の所有権を取得した第三者に対抗することができる。 ×
62. 宅地造成又は特定盛土等に関する工事について宅地造成及び特定盛土等規制法第12条第１項の許可を受けた者は、当該許可に係る工事を完了したときは、４日以内に、その工事が同法第13条第１項の規定に適合しているかどうかについて、都道府県知事の検査を申請しなければならない。	▶ 工事が完了したら、**４日**以内に、完了検査（都道府県知事の検査）を申請しなければならない。 ○
63. 土地区画整理事業の施行者が個人施行者、土地区画整理組合、区画整理会社、市町村、独立行政法人都市再生機構又は地方住宅供給公社であるときは、その換地計画について都道府県知事の認可を受けなければならない。	▶ 施行者が「都道府県・国土交通大臣」**以外**のときは、換地計画について知事の認可を受けなければならない。本問の施行者は「都道府県・国土交通大臣」以外だから、知事の認可を受けなければならない。 ○
64. 自然公園法によれば、風景地保護協定は、当該協定の公告がなされた後に当該協定の区域内の土地の所有者となった者に対しては、その効力は及ばない。	▶ 後から所有者となった者は「風景地保護協定を守らなくてOK」というルールなら、協定を作った意味がなくなってしまう。だから、後から所有者となった者に対しても、協定の効力は**及ぶ**ことになっている。 ×
65. 道路距離又は所要時間を算出する際の物件の起点は、物件の区画のうち駅その他施設に最も遠い地点（マンション及びアパートにあっては、建物の出入口）とし、駅その他の施設の着点は、その施設の出入口（施設の利用時間内において常時利用できるものに限る。）とする。	▶ 道路距離または所要時間を算出する際の物件の起点は、物件の区画のうち駅その他施設に最も「**近い**」地点だ。最も「遠い」地点ではない。 ×

Q

66. 地価公示において判定を行う標準地の正常な価格とは、土地について、自由な取引が行われるとした場合におけるその取引において通常成立すると認められる価格をいい、当該土地に関して地上権が存する場合は、この権利が存するものとして通常成立すると認められる価格をいう。

▶ 正常な価格とは、自由な取引が行われるとした場合に通常成立すると認められる価格をいい、土地に地上権等が存在する場合は、地上権等が**存在しない**もの（純然たる更地）として成立する価格をいう。 ×

---

67. 住宅用家屋の所有権の移転登記に係る登録免許税の税率の軽減措置は、住宅用家屋を相続により取得した場合に受ける所有権の移転登記についても適用される。

▶ この税率の軽減措置の適用を受けることができるのは、**売買・競売**による取得の場合だ。相続による取得の場合は、適用を受けることはできない。 ×

---

68. 家屋を改築したことにより、当該家屋の価格が増加した場合、当該改築により増加した価格を課税標準として不動産取得税が課される。

▶ 改築の場合は、**改築**したことにより価格が**増加**したら、増加した価格を課税標準として不動産取得税が課される（たとえば、3,000万円の家屋が改築したことにより 4,000万円になったら、増加した価格である 1,000万円を課税標準として不動産取得税が課される）。 ○

---

69. 令和６年地価公示（令和６年３月公表）によれば、令和５年１月以降の１年間の地価変動は、全国平均では、住宅地ついては下落であったが、商業地については上昇であった。

▶ 全国平均では、住宅地も商業地も**上昇**した（住宅地も商業地も３年連続の**上昇**し、上昇率が拡大した）。 ×

---

70. 台地は、一般に地盤が安定しており、低地に比べ、自然災害に対して安全度が高く、都市的な土地利用も多い。

▶ 台地は、一般に地盤が安定している。そして、低地に比べ、自然災害に対して安全度が高く、都市的な土地利用も多い。 ○

［応用編］まちがい探し

以下の設問中にある下線部分にまちがいがあれば指摘してください。"まちがい探し"をすることで問題文中で注意して読むべき点を見抜く感覚が鋭くなるはずです。

Q	A
<権利関係>	
1. 意思表示に対応する意思を欠く錯誤であり、錯誤が法律行為の目的及び取引上の社会通念に照らして重要なものである場合でも、その錯誤が①表意者の重大な過失によるものであったときは、取り消すことができない。ただし、②相手方が表意者に錯誤があることを知り、又は重大な過失によって知らなかったときは取り消すことができる。なお、錯誤による取消しは、③善意無過失の第三者に対抗することができる。	▶ 表意者に**重大な過失**があったら、自業自得といえる。だから、取り消すことはできない。ただし、表意者に重大な過失があっても、相手方が表意者に錯誤があることを**知り**、または**重大な過失**によって知らなかったときは取り消すことができる（悪意・重過失の相手方を保護する必要はないから）。なお、錯誤による取消しは、善意無過失の第三者には対抗することができない。したがって、下線部①と②は正しいが、③は誤り。
2. 消滅時効の援用権者である「当事者」とは、権利の消滅について正当な利益を有する者であり、債務者のほか、①保証人、物上保証人も含まれるが、②第三取得者は含まれない。	▶ 消滅時効の援用権者である「当事者」とは（つまり、消滅時効を援用できる者は）、債務者、保証人、物上保証人、**第三取得者**その他権利の消滅について正当な利益を有する者だ。だから、第三取得者も「当事者」に含まれる。したがって、下線部①は正しいが、②は誤り。
3. 成年後見人が、成年被後見人に代わって、①成年被後見人が居住している建物を売却する場合には、家庭裁判所の許可を得なければならないが、②居住している建物に第三者の抵当権の設定する場合には、家庭裁判所の許可を得る必要はない。	▶ 成年後見人が、成年被後見人に代わって、成年被後見人が居住している「建物またはその敷地」について、「売却、賃貸借、**抵当権の設定**」をするには、家庭裁判所の許可を得なければならない。したがって、下線部①は正しいが、②は誤り。

Q

A

4. Aは、BのCに対する債務を担保するため、A所有の甲土地にCの抵当権を設定し、その旨の登記も完了した後、甲土地上に乙建物を新築して、Dに対し甲土地及び乙建物を譲渡した。Cは、抵当権を実行して、①甲土地及び乙建物をともに競売をすることができる。そして、②乙建物の売却代金からも優先して弁済を受けることができる。

▶ 更地に抵当権が設定された後でその更地に建物が建てられると、抵当権者は、土地と建物の**両方**を競売できる。ただし、優先弁済を受けられるのは、**土地の代金**からだけだ。したがって、下線部①は正しいが、②は誤り。

---

5. 土地の所有者は、隣地の竹木の枝が境界線を越えるときは、①その竹木の所有者に、その枝を切除させることができる。この場合において、土地の所有者が竹木の所有者に枝を切除するよう催告したにもかかわらず、竹木の所有者が相当の期間内に切除しないときは、②土地の所有者は、その枝を切り取ることができる。

▶ 土地の所有者は、隣地の竹木の枝が境界線を越えるときは、竹木の所有者に、枝を切除させることができる（つまり、自ら切り取ることはできない）。ただし、竹木の所有者に枝を切除するよう催告したにもかかわらず、竹木の所有者が相当の期間内に切除しないときは、土地の所有者は自ら切り取ることができる。したがって、下線部①も②も正しい。

---

6. 債務者Aがその債務を履行しない場合は、①債権者Bが相当の期間を定めてその履行の催告をし、その期間内に履行がないときは、Bは契約の解除をすることができる。②ただし、催告期間が経過した時における債務不履行がその契約及び取引上の社会通念に照らして軽微であるときは、Bは契約の解除をすることができない。なお、③Aがその債務の全部の履行を拒絶する意思を明確に表示したときは、Bは①の催告をすることなく、直ちに契約の解除をすることができる。

▶ 債務不履行により、債権者が契約を解除するには、相当の期間を定めて履行するよう**催告**をし、それでも、その期間内に履行がない場合に、解除ができる（ただし、債務の不履行が**軽微**なときは、解除できない）。また、債務者がその債務の全部の履行を**拒絶する意思を明確に表示**したときは、催告せずに、直ちに解除できる。したがって、下線部①も②も③も正しい。

---

7. AはBに対して甲建物を賃貸した。Bの責めに帰すべき事由によって、甲建物の修繕が必要となったときでも、①Aは甲建物の使用及び収益に必要な修繕をする義務を負う。また、Aが甲建物の保存に必要な修繕をするときは、②Bは修繕工事のため使用及び収益に支障が生じても、これを拒むことはできない。

▶ 賃貸人は、原則として、賃貸物の使用収益に必要な修繕をする義務を負う。ただし、例外として、賃借人の落度（責めに帰すべき事由）によって修繕が必要となったときは、修繕をする義務を負わない。賃貸人が賃貸物の保存に必要な行為をしようとするときは、賃借人は、これを拒むことができない。したがって、下線部①は誤りだが、②は正しい。

Q	A
8. AB間で、Aを貸主、Bを借主として、A所有の建物につき、①賃貸借契約を締結した場合において、Bが死亡した場合は、契約は終了しないが、②使用貸借契約を締結した場合において、Bが死亡した場合は、契約は終了する。	▶ 賃貸借の場合は、借主が死亡しても契約は終了しない（借主の相続人が賃借権を相続する）。しかし、使用貸借の場合は、借主が死亡したら契約は終了する。したがって、下線部①も②も正しい。
9. 定期建物賃貸借契約を締結しようとするときは、①賃貸人は、あらかじめ賃借人に対し、契約の更新がなく、期間満了により賃貸借が終了することについて、その旨を記載した書面を交付して説明しなければならない。①の書面は、②契約書とは別個独立の書面であることを要する。また、①の説明をしなかったときは、③定期建物賃貸借契約全体が無効になる。なお、④賃貸人は、①の書面の交付に代えて、賃借人の承諾を得て書面に記載すべき事項を電磁的方法により提供することができる。	▶ 賃貸人は、あらかじめ、賃借人に対し、契約の更新がなく、期間満了により賃貸借が終了することについて、その旨を記載した書面を交付して説明しなければならない（この書面は、契約書とは別個独立の書面であることを要する）。この説明をしないと、「更新がない」という特約は無効になる（契約全体が無効になるのではない）。なお、賃貸人は、書面の交付に代えて、賃借人の承諾を得て電磁的方法により提供できる。したがって、下線部①と②と④は正しいが、③は誤り。
10. Aは配偶者居住権を取得している。Aが配偶者居住権に基づいて居住している建物が第三者Bに売却された場合、①Aは、配偶者居住権の登記がなくてもBに対抗することができる。また、配偶者居住権の存続期間中にAが死亡した場合、②Aの相続人Cは、Aの有していた②配偶者居住権を相続する。	▶ 配偶者居住権は、登記がないと第三者に対抗できない（配偶者居住権の対抗要件は登記だ）。だから、登記がないAはBに対抗できない。配偶者居住権は、配偶者の死亡により終了する（配偶者が死んだら終わり）。だから、相続人Cは配偶者居住権を相続しない。したがって、下線部①も②も誤り。
11. 所有権の登記名義人について相続の開始があったときは、①当該相続により所有権を取得した者は、自己のために相続の開始があったことを知り、かつ、当該所有権を取得したことを知った日から3年以内に、所有権の移転の登記を申請しなければならない。②また、①の登記（法定相続分により算定した相続分に応じてされたものに限る。）がされた後に遺産の分割があったときは、当該遺産の分割によって当該相続分を超えて所有権を取得した者は、当該遺産の分割の日から3年以内に、所有権の移転の登記を申請しなければならない。なお、③正当な理由がないのに①②の申請を怠ったときは、50万円以下の罰金に処せられることがある。	▶ 権利登記には登記の申請義務はない（だから、権利登記については、登記をせずに放置しても構わない）。ただし、相続の場合（本問の①②の場合）、話は別で申請義務がある（①②は権利登記ではあるが、申請をしなければならない）。なお、正当な理由がないのに①②の登記を怠ると10万円以下の過料だ（罰金ではない）。したがって、下線部①と②は正しいが、③は誤り。

Q

12. 最初に建物の専有部分の全部を所有する者は、①公正証書により、建物の共用部分を定める規約を設定することができる。規約は、管理者がないときは、②建物を使用している区分所有者又はその代理人で理事会又は集会の決議で定める者が保管しなければならない。規約の保管場所は、③各区分所有者に通知するとともに、④建物内の見やすい場所に掲示しなければならない。

▶ 最初に建物の専有部分の全部を所有する者（分譲業者のこと）は、一定の事項について、**公正証書**によって、規約を設定することができる。規約は、管理者がいないときは、建物を使用している区分所有者またはその代理人で「**規約または集会の決議で定める者**」が保管しなければならない。規約の保管場所は、各区分所有者に通知する必要はないが、建物内の見やすい場所に**掲示**しなければならない。したがって、下線部①と④は正しいが、②と③は誤り。

<宅建業法>

13. 宅地建物取引業の免許の①有効期間は５年であり、免許の更新の申請は、②有効期間満了の日の90日前から30日前までに行わなければならない。また、宅地建物取引業者が免許の更新の申請を行った場合において、免許の有効期間の満了の日までにその申請について処分がなされないときは、宅地建物取引業者の従前の免許は、③有効期間の満了によりその効力を失う。

▶ 免許の有効期間は**5年**だ。更新の手続きは、有効期間の**満了の日の90日前から30日前まで**の間にやらなければならない。更新手続きをしても、免許権者も忙しいから、新しい免許証を、今までの免許の有効期間中に交付できないこともある。その場合には、業者側に落ち度はないわけだから、旧免許（従前の免許）は、有効期間満了後もその効力を有する。したがって、下線部①と②は正しいが、③は誤り。

---

14. 宅地建物取引業者が自ら売主、宅地建物取引業者ではない者が買主となる宅地の売買契約において、当事者の債務の不履行を理由とする契約の解除に伴う損害賠償の額を予定し、又は違約金を定める場合は、これらを合算した額が代金の額の①20%を超える定めをしてはならない。20%を超える定めをしたときは、②その定めは全体として無効となる。

▶ 業者が自ら売主となり、シロートの買主との間で、債務不履行による契約解除について、1損害賠償額の予定、2違約金の約定をする場合は、1 2の合計額は、代金の**20%**が限度だ。なお、20%を超える定めをしたときは、**20%を超える部分**について無効になる。全体が無効になるのではない。したがって、下線部①は正しいが、②は誤り。

Q	A
15. 宅地建物取引業者Aが、BからB所有の宅地の売却を依頼され、Bと専属専任媒介契約を締結した。AがBに対し当該宅地の価額又は評価額について意見を述べるときは、①その根拠を明らかにしなければならないが、②その根拠は書面で明示しなければならない。	▶ 業者は、売買価額または評価額について意見を述べるときは、その根拠を明らかにしなければならない。この根拠の明示は、書面で行う必要はない。口頭で行ってもOKだ。したがって、下線部①は正しいが、②は誤り。
16. 宅地建物取引業者は、従業者名簿については①最終の記載をした日から10年間保存しなければならないが、②取引の関係者から請求があっても閲覧に供する必要はない。また、宅地建物取引業者は、帳簿については③閉鎖後5年間（当該宅地建物取引業者が自ら売主となる新築住宅に係るものにあっては10年間）保存しなければならず、④取引の関係者から請求があったときは閲覧に供しなければならない。	▶ 従業者名簿は、最終の記載をした日から10年間保存しなければならない。そして、取引の関係者から請求があったら閲覧に供する必要がある。帳簿は、閉鎖後5年間（業者が自ら売主となる新築住宅に係るものにあっては10年間）保存しなければならない。そして、取引の関係者から請求があっても閲覧に供する必要はない。したがって、下線部①と③は正しいが、②と④は誤り。
17. 保証協会の社員である宅地建物取引業者A（甲県知事免許）が、①新たに事務所を設置したにもかかわらずその日から2週間以内に弁済業務保証金分担金を納付しなかった場合は、Aは、社員の地位を失う。この場合、②保証協会は、直ちにその旨を甲県知事に報告しなければならない。また、Aは、③その地位を失った日から2週間以内に、営業保証金を供託しなければならない。	▶ 業者が、新事務所を設置したのに、その日から2週間以内に弁済業務保証金分担金を納付しなかった場合、業者は社員の地位を失う。そして、業者が社員の地位を失った場合、保証協会は直ちに免許権者に報告をしなければならない。また、業者はその地位を失った日から1週間以内に、営業保証金を供託しなければならない。したがって、下線部①と②は正しいが、③は誤り。
18. 宅地建物取引業者は、①35条書面の交付に代えて、相手方の承諾を得て、宅地建物取引士に、当該書面に記載すべき事項を電磁的方法により提供させることができるが、②37条書面の交付に代えて、当該書面に記載すべき事項を電磁的方法により提供することはできない。また、③宅地建物取引業者は、媒介契約書の引渡しに代えて、依頼者の承諾を得て、当該書面において証されるべき事項を電磁的方法より提供することができる。	▶ 35条書面についても、37条書面についても、媒介契約書についても、承諾を得れば、電磁的方法による提供ができる。3大書面（35条書面・37条書面・媒介契約書）は、承諾を得れば、電磁的方法による提供OKなのだ。したがって、下線部①と③は正しいが、②は誤り。

Q　A

19. 宅地建物取引士Ａ（甲県知事登録）が、宅地建物取引業者Ｂ（乙県知事免許）の専任の宅地建物取引士に就任するためには、①登録を乙県に移転しなければならない。Ａが登録の移転の申請とともに宅地建物取引士証の交付の申請をしたときは、乙県知事から、②有効期間を５年とする宅地建物取引士証の交付を受けることとなる。

▶ 宅地建物取引士は、別の都道府県の事務所に従事し、または従事しようとするときは、登録の移転をすることができる（任意）。登録の移転は、あくまでも任意だ。義務ではない。乙県知事から交付される新宅地建物取引士証の有効期間は、旧宅地建物取引士証の有効期間の**残りの期間**だ。５年ではない。したがって、下線部①も②も誤り。

---

20. 建物の貸借の媒介を行う場合、①建築基準法に規定する建蔽率及び容積率に関する制限があるときは、その概要を重要事項として説明しなければならないが、②私道に関する負担については説明しなくてよい。

▶ 建蔽率・容積率の制限は「**建物**の貸借」の場合だけ説明不要だ。そして、私道に関する負担も「**建物**の貸借」の場合だけ説明不要だ。したがって、下線部①は誤りだが、②は正しい。

---

21. 宅地建物取引業者Ａ（甲県知事免許）が、①免許を受けてから１年以内に事業を開始しないときは、甲県知事はＡの免許を取り消さなければならない。また、甲県知事が、Ａの事務所の所在地を確知できないため、その旨を公告したが、②その公告の日から２週間以内にＡからの申出がないときは、甲県知事はＡの免許を取り消すことができる。

▶ 業者が免許を受けてから**１年**以内に事業を開始しないときは、免許を取り消さなければならない。また、公告の日から**30日**以内に業者からの申出がないときは、免許を取り消すことができる。なお、①は必要的取消事由であり（取り消さなければならない）、②は任意的取消事由である（取り消すことができる）。したがって、下線部①は正しいが、②は誤り。

＜法令上の制限その他＞

22. Ａが市街化区域内の3,000㎡の土地を時効取得した場合、Ａは、その日から起算して２週間以内に①事後届出を行わなければならないが、Ｂが市街化調整区域内の6,000㎡の土地を相続により取得した場合、Ｂは、②事後届出を行う必要はない。

▶ 届出が必要になる取引は、「所有権・地上権・賃借権を**対価**を得て、設定・移転する**合意**」の場合だ。時効は、対価も合意もないから届出不要だ。また、相続についても、対価も合意もないから届出不要だ。したがって、下線部①は誤りだが、②は正しい。

Q

A

23. 準都市計画区域については、都市計画に①高度地区を定めることはできるが、②高度利用地区を定めることはできない。また、③市街化区域と市街化調整区域との区分を定めることはできないが、④防火地域を定めることはできる。

▶ 準都市計画区域には、高度地区を定めることはできる。しかし、高度利用地区、市街化区域と市街化調整区域との区分（区域区分）、防火地域・準防火地域を定めることはできない。したがって、下線部①と②と③は正しいが、④は誤り。

24. ①都市計画施設の区域又は市街地開発事業の施行区域内において、非常災害のために必要な応急措置として行う建築物の建築をしようとする者は、都道府県知事等の許可を受ける必要はないが、②都市計画事業の認可の告示があった後、当該認可に係る事業地内において、当該都市計画事業の施行の障害となるおそれがある建築物の建築をしようとする者は、非常災害のために必要な応急措置として行う行為である場合でも、都道府県知事等の許可を受けなければならない。

▶ 都市計画施設の区域または市街地開発事業の施行区域内においては、非常災害の応急措置として行う場合は、知事等の許可は不要だ。しかし、都市計画事業の認可の告示があった後は、その事業地内では、事業の障害となるなら、非常災害の応急措置として行う場合でも、知事等の許可が必要だ。したがって、下線部①も②も正しい。

25. 工業地域内においては、①幼稚園を建築することはできるが、②保育所を建築することはできない。また、工業地域内においては、③幼保連携型認定こども園を建築することができる。

▶ 保育所と幼保連携型認定こども園はすべての用途地域に建てることができる。だから、工業地域に建てることができる。しかし、幼稚園は工業地域と工業専用地域には建てることができない。したがって、下線部①と②は誤りだが、③は正しい。

26. 宅地造成等工事規制区域内において行われる宅地造成等に関する工事の許可を受けた工事主は、当該許可に係る土地の見やすい場所に、①氏名又は名称等を記載した標識を掲げなければならない。また、宅地造成等工事規制区域内において行われる宅地造成等に関する工事の許可（政令で定める規模の宅地造成等に関する工事に係るものに限る。）を受けた工事主は、②1か月ごとに、当該許可に係る宅地造成等に関する工事の実施の状況等を都道府県知事に報告しなければならない。

▶ 工事の許可を受けた工事主は、土地の見やすい場所（工事現場のことだ）に、氏名または名称等を記載した標識を掲げなければならない。また、一定規模以上の工事の許可を受けた工事主は、「３カ月」ごとに工事の実施の状況等を都道府県知事に報告しなければならない。したがって、下線部①は正しいが、②は誤り。

Q

A

27. 登記簿の地目が山林となっている場合には、①現況が農地であっても農地法の適用を受ける農地に該当しない。また、農地法の適用については、②土地の面積は、登記簿の地積によることとしているが、登記簿の地積が著しく事実と相違する場合及び登記簿の地積がない場合には、実測に基づき農業委員会が認定したところによる。

▶ 登記簿上の地目は**全く無関係**だ。現況が農地なら農地法上は農地として扱われる（農地法の適用を受ける農地に該当する）。また、農地法の適用については、面積は登記簿の地積によるが、登記簿の地積が著しく事実と相違する場合と登記簿の地積がない場合には、実測に基づき**農業委員会**が認定したところによる。したがって、下線部①は誤りだが、②は正しい。

---

28. 固定資産税の納付方法は、①特別徴収であり、②その納期は、4月、7月、12月及び2月中において、当該市町村の条例で定めることとされおり、③これと異なる納期を定めることはできない。

▶ 固定資産税の納付方法は**普通徴収**だ。納期は4月、7月、12月、2月中において、市町村の条例で定めることになっている。そして、特別の事情がある場合は**異なる納期**を定めることができる。したがって、下線部②は正しいが、①と③は誤り。

---

29. デパート、スーパーマーケット、コンビニエンスストア、商店等の商業施設は、①現に利用できるものを物件からの道路距離又は徒歩所要時間を明示して表示すること。ただし、②工事中である等その施設が将来確実に利用できると認められるものにあっては、その整備予定時期を明示して表示することができる。

▶ 商業施設は、現に利用できるものを物件からの道路距離**又は**徒歩所要時間を明示して表示することが必要だ（「又は」という点に注意。道路距離か徒歩所要時間の一方だけでOKなのだ）。なお、工事中である等将来確実に利用できると認められるものは、**整備予定時期**を明示して表示することができる。したがって、下線部①も②も正しい。

---

30. 建築着工統計（令和6年1月公表）によれば、令和5年の新設住宅着工は、①持家は増加したが、②貸家及び分譲住宅が減少したため、③全体で減少となった。

▶ 令和5年の新設住宅着工は、持家、貸家及び分譲住宅が**減少**したため、全体で**減少**となった。したがって、下線部②と③は正しいが、①は誤り。

宅建業法徹底攻略

重要事項説明書と 37 条書面

毎年の宅建本試験において、重要事項説明書と 37 条書面に関する問題は、どちらも複数問出題されている。令和5年の本試験では重要事項説明書・2問、37 条書面・2問出題（合計すると 4 問の出題）があったし、令和4年本試験では重要事項説明書・4問、37 条書面・2問、重要事項説明書と 37 条書面の複合問題・1問の出題（合計すると7問の出題）があった。これを見れば、重要事項説明書と 37 条書面の問題を攻略することが、宅建試験に合格するためにいかに大切かということがよくわかるであろう。重要事項説明書と37条書面の問題を落とすようだと、合格するのが厳しくなる。

そこで、本講座で、重要事項説明書と37 条書面を攻略していく。本講座を通じてレベルアップして、合格を勝ち取ろう。

1　重要事項の説明の攻略法

（1）説明の方法

重要事項の説明は、次の方法で行う。

誰に説明するのか？ （相手方）	物件を取得または借りようとする者（売主・貸主には説明不要）。なお、交換契約の媒介・代理を行った場合は、契約両当事者に説明が必要。
いつ説明するのか？ （時期）	契約成立前
どこで説明するのか？ （場所）	特に制限はない
説明義務は誰にあるのか？	業者（説明を担当するのは宅建士だが、説明義務を負うのは業者であり、業者が宅建士を使って説明させなければならない）
どう説明するのか？ （方法）	①書面を交付して ②書面への宅建士の記名（業者ではない） ③宅建士による説明（専任の宅建士でなくてもよい） ④宅建士証の提示（相手からの請求がなくとも提示する必要がある）

コメント

たとえば、業者Ａが売主となる契約で、他の業者Ｂが媒介・代理をした場合は、売主業者Ａと媒介・代理業者Ｂの両方が、**説明義務を負う**ことになることに注意。ただし、この場合でも、Ａの宅建士とＢの宅建士が同じ説明を繰り返して行う必要はなく、ＡかＢの**どちらかの宅建士**が代表して１回説明すればよい（ただし、重要事項説明書には、両方の宅建士の記名が必要）。

取引の相手方が業者である場合は、重要事項の説明は不要だ。重要事項説明書を交付するだけでよい。

重要事項の説明は、対面で行うのが原則だが、パソコン等の端末を利用して対面と同様に質疑応答が行えるなどの一定の要件を満たしていれば、テレビ会議等のＩＴを利用して重要事項の説明（ＩＴ重説）をすることができる。

＜ＩＴ重説の実施要件＞

①相手方が映像を視認でき、音声を双方向でやりとりできるＩＴ環境での実施
②重要事項説明書及び添付書類の事前送付
③説明の開始前に相手方の重要事項説明書等の準備とＩＴ環境の確認
④宅建士証を相手方が視認できたことの画面上での確認

（2）説明の内容

重要事項の説明の対象となる事項（重要事項説明書の記載事項）を問う問題は毎年出題されているが、記載事項の数は非常に多いので、すべてを暗記して試験問題に対処するのはほとんど不可能に近い。そこで、すべてを暗記しなくても、解答できるようになる方法をアドバイスしよう。

①　まず、テキストで記載事項全体に目を通す

コメント

実際に宅建士が説明している場面を想像しながら、全体的なイメージをつかんでほしい。記載事項を暗記しようとする必要はない。それよりも、書かれている内容を具体例に**置き換える**などして、内容を具体的にイメージしながら目を通すことのほうが大切だ。

2　次に、記載事項に関する過去問を解く

コメント

過去問を解くときは、テキストで目を通した部分を思い出そうとするのではなく、それぞれの問題ごとに、**自分が買主や借主になったつもり**で各選択肢の正誤を考えよう。自分だったら、これは契約締結前に説明を受けておきたい重要な情報だと思うかどうかで、記載事項かどうかを判断して問題を解くとよい。

3　過去問で間違えた部分を意識的に暗記する

コメント

過去問を解く際に、自分は重要だと思ったのに記載事項ではなかったり、反対に重要ではないと思っていたのに記載事項であったところは、意識的に覚えておかないと、類似の問題が出題されたときに間違えてしまう可能性が非常に高いからだ。

たとえば、①代金・交換差金・借賃の額と②登記・引渡しの時期などだ。常識的な感覚では、買主等にとって重要な情報であり、説明事項に含まれそうに思うところではある。ところが、説明不要なのだ。重要事項の説明は契約締結前に行うのだが、**代金・借賃の額や登記・引渡しの時期**などは、これから交渉して、**最終的に契約で決める**ことだ。だから、契約締結前に、重要事項の説明を行う時点で、説明すべき問題ではないのだ。また、代金額等がまったく示されずに、契約交渉に入ることはあり得ないことであり、ある意味では法律で説明義務を課す以前の問題ともいえるのだ。

このように、問題を解いてみて間違えた部分だけを覚えるのであれば、分量的にもそれほど大変ではない。また、覚え方としても非常に効率的である。本試験に出題され、しかも解答の分かれ目になるような部分を優先的に覚えることになるからだ。

以上の1～3のプロセスを２～３回繰り返せば、記載事項を問う問題の正解率は飛躍的にアップするはずである。

<解答のテクニック（消去法）>

幸いなことに宅建試験は４肢択一式で出題される。難問に出くわしたとしても、４つの選択肢を比較して、正解から遠いものを順に消していけばよい。自分が宅地・建物の購入者になったつもりで、重要と思われる事項から消していき、最後に残ったものが正解と考えるのである。このようにして解いていけば、覚えてない知識が出題されても、案外うまく対処できるはずだ。過去問を解くことによって、このような訓練を繰り返せば、覚えていなくてもほとんど正解できるようになる。

（3）注意すべき説明事項その１

次は、いずれも過去の本試験で出題された問題である。

宅地建物取引業者が建物の売買の媒介を行う場合において、当該建物（昭和56年5月31日以前に新築の工事に着手したもの）が指定確認検査機関、建築士、登録住宅性能評価機関又は地方公共団体による耐震診断を受けたものであるときは、その旨を説明しなければならない。（令和４年・問34肢４）
本問の場合、「その旨」ではなく、「**その内容**」を**説明しなければならない**ので、誤り。 「その旨」つまり単に耐震診断を受けた事実を説明するだけではダメで、たとえば、「診断の結果、耐震性に問題はありませんでした」とか「最新の耐震基準を満たすためには、○○の補強が必要です」などという説明をするということだ。

建物の売買の媒介の場合は、住宅の品質確保の促進等に関する法律第５条第１項に規定する住宅性能評価を受けた新築住宅であるときはその旨を説明しなければならないが、建物の貸借の媒介の場合は説明する必要はない。（令和４年・問34肢4）

本問の場合は、売買の媒介では「**その旨**」を**説明すればよく**、「その内容」まで説明する必要はないので、正しい。「その旨」つまり単に「住宅性能評価を受けました」ということだけを説明をすることを意味する。「その内容」つまり評価の具体的内容までは説明する必要がない。なお、貸借の場合は「その旨」も説明する必要はない。

コメント

上記の問題を見て、「その旨」と「その内容」の区別までしなければならないのかと、うんざりした気持ちになったことだろう。しかし、安心してよい。説明事項ごとにいちいち「その旨」なのか「その内容」なのかを細かく暗記する必要はない。

まず、説明事項を細かくチェックしていけばわかると思うが、法律により「**○○区域**」が**指定されている**場合には、「**その旨**」を**説明すればよく**、その区域が指定されたことによる法律上の規制「**内容**」までは**説明する必要はない**ということを覚えておこう。「○○区域」に指定されたことによる規制内容は多岐にわたり、その内容全般を説明することは現実的でないからだ。たとえば、宅地建物が津波防災地域づくりに関する法律第53条第１項により指定された津波災害警戒区域内にあるときは、「その旨」が説明事項となっている。

そして、「その旨」であるか「その内容」であるかは、自分が物件の**買主になったつもり**で、「その内容」まで説明してほしいかどうかで判断するとよいだろう。耐震診断を受けていた場合に、「耐震診断を受けました」とだけ説明された場合、自分が買主だったら「診断結果はどうだったの？」と聞きたくなるだろう。

上記の点を把握していれば、覚えていなくても「その旨」「その内容」の区別はつくと思うが、これだけでは間違えるおそれがある事項については個別に覚えておいた方がよい。それは「**住宅性能評価**」に関する説明だ。買主の感覚としては、性能評価を受けたのであれば、その評価結果の内容も説明してほしいと思うところである。ところが、住宅性能評価については、法律上「**その旨**」だけを説明すればよいことになっているので、この点は覚えておくべきだ。

（４）注意すべき説明事項その２

支払金・預り金の保全措置と、自ら売主の８つの制限の１つである手付金等保全措置とはまったく別のものであり、しっかりと区別する必要がある。

「支払金・預り金」とは、代金・交換差金・借賃・権利金・敷金その他の名義のいかんを問わず取引の対象となる宅地または建物に関して受領する金銭をいう。手付金等の保全措置の対象となる手付金等は除かれるので、一般的には、不動産会社が各種の手続きを代行するために、一時的に預かって代理で支払う金銭などが該当する。たとえば固定資産税等の精算金、登記関係の費用（登録免許税、司法書士への報酬など）、ローン手続きに関わる費用などだ。

支払金・預り金については、次の点が説明事項とされている。

支払金・預り金を受領しようとする場合においては、保全措置を講ずるかどうか、その措置を講ずる場合におけるその措置の概要

コメント

支払金・預り金の保全措置は法律で義務づけられておらず、宅建業者の意思で保全するかどうかを決めることができるので、「保全措置を

講ずるかどうか」も説明対象になっている。だから、講じない場合は「講じない」と記載する必要がある。

これに対し、手付金等についての説明事項は、次のようになっており、「保全措置を講ずるかどうか」という点は、説明事項にはなっていない。

手付金等を受領しようとする場合における保全措置の概要

コメント

定義としては、「支払金・預り金」に代金が含まれているのだが、上で述べたとおり、手付金等の保全措置の対象となる手付金等が除かれている。手付金等の保全措置の対象となる手付金等は、保全をする必要があるか否かが法律で決まっていて、保全措置を講ずるかどうかを当事者が決めることはできないので、「講ずるかどうか」について重要事項の説明をするというのはおかしいからだ。

（5）注意すべき説明事項その3

建物を売買する場合、買主にとって、購入した建物をどの程度、増改築できるかということは重要な情報なので、都市計画法による建築規制や建築基準法による建ぺい率や容積率の説明が必要になる。

これに対し、建物を貸借する場合、借主は、借りた建物をただ使うだけで、自分の所有物でもない建物を増改築することはできないので、都市計画法による建築規制や建ぺい率や容積率などの建築準法上の制限に関する情報は借主にとっては特に必要のない情報である。

だから、建物の借主に、法令に基づく制限として建ぺい率や容積率などの建築基準法上の制限を重要事項として説明する必要はない。

ただし、取引の種類が貸借であっても、目的物が建物ではなく、宅地である場合は、建ぺい率や容積率などの説明が必要になる。なぜなら、宅地の借主は、借りた土地に建物を建てるなどして利用するので、どのような建物を建てられるかという情報（建ぺい率・容積率などに関する情報）は重要だからだ。

注意！　建物の貸借について、法令に基づく制限は何も説明しなくてもよいと誤解しないように。建物の貸借の場合、上記の建ぺい率・容積率などの制限を説明する必要はないが、たとえば、その建物が開発誘導地区内にある場合は新都市基盤整備法51条1項の制限を重要事項として説明しなければならないことになっている。

2　37条書面の攻略法

（1）重要事項の説明と37条書面の比較

37条書面を勉強する際は、重要事項の説明と対比しながら内容を押さえるとよい。本試験では、重要事項の説明と37条書面の異同を意識した問題が多く出題されるからだ。

	重要事項の説明	37条書面
1いつ説明するのか？（説明の時期）	契約成立前	契約成立後遅滞なく
2誰に説明するのか？（説明の相手方）	物件を取得または借りようとする者（買主・借主等）に	契約の両当事者（業者自身を除く）に
3書面への記名は誰がするのか？	宅建士	宅建士

（2）37条書面の記載事項

37条書面の記載事項に関する問題への基本的な対処方法としては、まず必要的記載事項をしっかり覚えてしまうことをおすすめする。必要的記載事項を覚えてしまえば、それ以外の事項は、「定めをした」場合だけ記載すればよく、「定めなかった」場合は記載する必要がないという判断で、多くの問題を解くことができる。

＜必要的記載事項＞

必ず記載しなければならない事項

① 当事者の氏名・住所
② 物件を特定するために必要な表示
③ 代金・交換差金・借賃の額およびその支払いの時期・方法
④ 物件の引渡しの時期
⑤ 移転登記の申請時期
⑥ 取引物件が既存（中古）の建物であるときは、建物の構造耐力上主要な部分等の状況について当事者双方が確認した事項

※貸借契約の場合は、⑤⑥不要。

＜任意的記載事項＞

契約に定めがあるときは記載するが、定めがないときは記載しなくてもよい事項

1 代金・交換差金・借賃「以外」の金銭の授受の定めがあるときは、その額、授受の時期、目的
2 契約の解除に関する定めがあるときは、その内容
3 損害賠償額の予定・違約金の定めがあるときは、その内容
4 天災その他不可抗力による損害の負担（危険負担）に関する定めがあるときは、その内容
5 代金・交換差金についての金銭の貸借（ローン）のあっせんに関する定めがあるときは、そのあっせんによる金銭の貸借が成立しないときの措置
6 契約不適合担保責任または当該責任の履行に関して講ずべき保証保険契約の締結その他の措置についての定めがあるときは、その内容
7 取引物件に係る租税その他の公課の負担に関する定めがあるときは、その内容

※貸借契約の場合は、5～7不要

コメント

また、記載事項についても、重要事項の説明との比較をして勉強をする方がよい。その際は、両者の性質の違いを理解しておくこと大切だ。

重要事項説明書（35条書面）は契約締結前に交付するものであり、主にその物件に関する客観的な情報を提供するためのものであるのに対し、37条書面は契約内容についてのトラブルを防止するために契約締結後に交付するものであり、当事者が契約で定めたことを記載するものである。それは、六法全書や判例などをどんなに調べても答えが出ないことを記載するということでもある。

このように理解していれば、代金・交換差金・借賃の額及び物件の引渡し時期・登記の時期は、35条書面の記載事項ではないが、37条書面では必要的記載事項になっているということを押さえることができる。

代金額は契約の両当事者が交渉したうえで、契約で決めることであり、法律や判例によって具体的な金額は決まらない。代金額について当事者でトラブルになった場合、法律や判例で解決することはできない。契約書面によって「○○万円」という具体的な数字を示さないと解決できないのだ。また、引渡しや登記の時期なども、当事者双方の都合などにより、当事者の話し合いによって契約で決めることである。六法や判例をいくら調べても、登記手続を何月何日にすればよいかということが決まるものでもな

い。これは、まさに37条書面に記載すべき事項であるといえるだろう。

（3）まぎらわしい記載事項

重要事項説明書（35条書面）と37条書面の記載事項にはまぎらわしい部分がある。その部分はチェックしておかないと、本試験で出題されたとき解答に迷ってしまう。特にまぎらわしいのは下記の事項だ。

	重要事項説明書	37条書面
1	代金・交換差金に関する金銭の貸借のあっせんの内容・当該あっせんに係る金銭の貸借が成立しないときの措置	代金・交換差金についての金銭の貸借のあっせんに関する定めがあるときは、そのあっせんに係る金銭の貸借が成立しないときの措置
2	当該宅地・建物の契約不適合担保責任の履行に関し保証保険契約の締結等の措置を講ずるかどうか、講ずる場合におけるその措置の概要	契約不適合担保責任またはその履行に関して講ずべき保証保険契約の締結等の措置について定めがあるときは、その内容

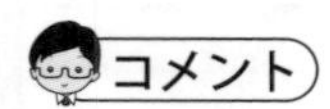

1について

重要事項説明書では、金銭の貸借のあっせんの「内容」と､あっせんに係る金銭の貸借が「成立しないときの措置」の両方を記載する。これに対し、37条書面では、あっせんに係る金銭の貸借が「成立しないときの措置」のみを記載し、あっせんの「内容」は記載しない。

2について

契約不適合担保責任に関し重要事項として説明が必要になるのは、「担保責任の履行に関し保証保険契約の締結等の措置を講ずるかどうか、講ずる場合におけるその措置の概要」である。担保責任を負うか負わないかといったことは、説明の対象とはなっていない。担保責任が生じて、業者が損害賠償等をすることになったけれど、業者の経済状態が思わしくなく、損害賠償を支払うお金がなかったような場合に備えて、保険に入るなどの措置を講じるかどうかということと、講じる場合はどういう方法によるかということを説明するのである。保険に入るなどの措置を講じない場合は、「講じない」と説明するだけで終わりだが、講じる場合は、「講じる」と説明し、さらに、たとえば、担保責任の履行に関し保証保険契約を締結する場合であれば、保険機関の名称・商号、保険期間、保険金額、保険の対象となる宅地建物の瑕疵の範囲などを「措置の概要」として説明することになる。

これに対し、37条書面の記載事項とされているのは、「担保責任またはその履行に関して講ずべき保証保険契約の締結等の措置について定めがあるときは、その内容」である。担保責任そのものについて法律の規定とは異なる定め（当事者間での取り決め）があるときと、担保責任に関して講ずべき保証保険契約の締結等の措置について定めがあるときに、それぞれその内容（定めの中身）を記載する。担保責任そのものについての定めとは、たとえば、「担保責任は負いません」とか「担保責任の通知期間は、物件の引渡しから2年とする」などという定めをした場合のことだ。

37条書面における「保証保険契約の締結等の措置についての定め」は、重要事項の説明における「措置の概要」とほぼ一致する（重要事項の説明は契約締結前に行われるので、講ずる措置の予定を説明するものであるのに対し、37条書面は契約締結後に交付されるので、契約で最終的に決まった措置の内容を記載するという違いはある）のだ。

年度別・単元別出題傾向（過去３年）

※令和３年度は
10月の試験で集計。

過去３年間で出題された、単元ごとの問題数を以下の表にまとめている。
法令上の制限内の【都市計画法】と【建築基準法】については、各問の肢で出題された項目に○をつけた。

権利関係	令和３年度	令和４年度	令和５年度
制限行為能力者	1	1	1
相続	1	1	1
物権変動・危険負担・債権譲渡	2	1	
不動産登記法	1	1	1
共有・区分所有法	1	1	1
賃貸借	1	1	1
借地借家法（借地）	1	1	1
借地借家法（借家）	1	1	1
時効		1	1
配偶者居住権	1		1
債務不履行・損害賠償・解除	1		
契約不適合の場合の売主の担保責任その他	1		
抵当権		1	1
その他の事項	2	4	4

宅建業法	令和３年度	令和４年度	令和５年度
宅建業とは？・宅地建物取引士			1
免許	1		1
欠格事由（業者）	1		
事務所		1	
従業者名簿・従業者証明書			1
届出			1
宅地建物取引士		2	
宅地建物取引士登録	1		
宅地建物取引士その他	1		
営業保証金	1		1
保証協会	1	1	1
営業保証金・保証協会		1	
業務上の規制	3	1	2
広告	1	1	1
媒介契約	1	2	1
報酬額の制限	1	1	1
８つの制限	1	1	
クーリング・オフ	1	1	1
手付金等保全措置			1
重要事項の説明	3	4	2
37 条書面	1	2	2
重要事項説明書と 37 条書面	1	1	
建物状況調査			1
監督処分（宅地建物取引士）			1
住宅瑕疵担保履行法	1	1	1

法令上の制限	令和３年度	令和４年度	令和５年度
都市計画法	2	2	2
- 用途地域等	○	○	○
- 地区計画	○		○
- 開発許可	○	○	○
建築基準法	2	2	2
- 建蔽率	○		○
- 道路規制		○	○
- 建築確認	○	○	
- 単体規定	○	○	○
- 日影規制			○
- 高さ制限		○	
- 防火地域・準防火地域	○		○
国土利用計画法	1	1	1
盛土規制法	1	1	1
農地法	1	1	1
土地区画整理法	1	1	1

税法・その他	令和３年度	令和４年度	令和５年度
住宅金融支援機構	1	1	1
公示価格		1	
鑑定評価	1		1
不当景品類及び不当表示防止法	1	1	1
統計	1	1	1
土地	1	1	1
建物	1	1	1
不動産取得税	1		1
固定資産税		1	
所得税	1		
印紙税		1	1

【権利関係】 主な項目からまんべんなく出題されている。マイナー分野からの出題に気を取られず、基礎を疎かにしないようにしたい。「意思表示」が出題されない３年間だったが、重要項目だから復習しておこう。

【宅建業法】 宅建業法はすべての項目が重要だ。しかし、中でも重要事項説明書と 37 条書面は１回で４～７点分に相当する。本書の「宅建業法徹底攻略」でも得点アップのコツを伝授しているから要チェックだ。

【法令上の制限】 都市計画法と建築基準法から各２問出題される。範囲が広いため一夜漬けではどうにもならない。今のうちからコツコツ復習しておこう。その他の項目は範囲が狭いから得点源にしやすい。

【税法・その他】 公示価格と鑑定評価、不動産取得税と固定資産税が交互に出題される傾向にある。今年は公示価格と固定資産税の可能性が高い。その他も出題項目が割と固定されているから対策しやすいはずだ。

2024年の山かけ表	この50ポイントは必ずおさえよ!!

	第1編　権利関係　15ポイント	
1	制限行為能力者制度のまとめ	18頁
2	第三者のまとめ	34頁
3	表見代理の種類	52頁
4	相続の承認と放棄	73頁
5	物権変動の対抗要件	91頁
6	共同で申請の例外	113頁
7	区分所有建物の管理（特に定数の表）	128頁
8	抵当権の4つの性質	154頁
9	債務不履行	160頁
10	損害賠償	164頁
11	手付とはどういうものか？	174頁
12	担保責任の期間の制限	184頁
13	連帯保証とは何か？	204頁
14	借地権の存続期間は何年か？	224頁
15	更新しない建物賃貸借もある	253頁
	第2編　宅建業法　17ポイント	
16	「取引」とは？	273頁
17	届出（業者）	282頁
18	欠格事由	285頁
19	案内所	293頁
20	届出等（宅地建物取引士）	301頁
21	宅地建物取引士証の「返納」と「提出」	304頁
22	免許権者への届出	309頁
23	弁済業務保証金の「還付」	320頁
24	断定・威迫等の禁止	325頁
25	媒介契約の表	333頁
26	報酬額の制限（複数の業者が関与する場合）	344頁
27	クーリング・オフはいつまでできるのか？	354頁
28	手付金等保全措置をとらなくてもよい場合	363頁
29	契約不適合担保責任の特約	368頁
30	重要事項説明書の記載事項	375頁
31	37条書面の記載事項	383頁
32	住宅瑕疵担保履行法	390頁
	第3編　法令上の制限　11ポイント	
33	用途地域	403頁
34	開発許可が必要な場合と不要な場合	413頁
35	建築の制限の表	421頁
36	用途規制一覧表	424頁
37	防火地域・準防火地域	428頁
38	建蔽率の表	433頁
39	建築確認の表	452頁
40	届出が必要な「取引」の種類	461頁
41	盛土規制法のシステム	466頁
42	農地法はここが出る！	478頁
43	換地処分公告	485頁
	第4編　その他の分野　7ポイント	
44	正常価格（公示価格）の決定	497頁
45	不動産の鑑定評価の方法	500頁
46	不当表示とは何か？	502頁
47	土地・建物（基礎知識）	506頁
48	不動産取得税	509頁
49	控　除	511頁
50	印紙税	526頁

※頁は、「らくらく宅建塾」の頁

令和６年度　第１回模擬試験問題　解答用紙

（記入上の注意）

1. 氏名（フリガナ）及び受験番号を確認すること。
2. 氏名（漢字）欄に漢字で氏名を記入すること。
3. 解答は１問につき１つしかないので、２つ以上マークしないこと。
4. 記入に際しては必ずB又はHBの鉛筆（シャープペンの場合は、なるべくしんの太いもの）を使用すること。
5. マークを訂正する場合は、プラスチック消しゴムで完全に消してからマークし直すこと。
6. この解答用紙をよごしたり折り曲げたりしないこと。
7. （マーク欄）は下の良い例のようにマークすること。

―マーク例―

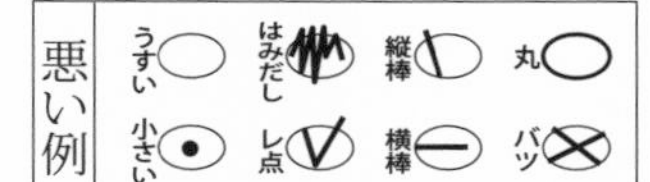

実施日	令和　　年　　月　　日
受験番号	
氏名 フリガナ	
氏名 漢字	

得点	

解答欄

問題番号	解答番号			
問 1	①	②	③	④
問 2	①	②	③	④
問 3	①	②	③	④
問 4	①	②	③	④
問 5	①	②	③	④
問 6	①	②	③	④
問 7	①	②	③	④
問 8	①	②	③	④
問 9	①	②	③	④
問 10	①	②	③	④
問 11	①	②	③	④
問 12	①	②	③	④
問 13	①	②	③	④
問 14	①	②	③	④
問 15	①	②	③	④
問 16	①	②	③	④
問 17	①	②	③	④
問 18	①	②	③	④
問 19	①	②	③	④
問 20	①	②	③	④
問 21	①	②	③	④
問 22	①	②	③	④
問 23	①	②	③	④
問 24	①	②	③	④
問 25	①	②	③	④

問題番号	解答番号			
問 26	①	②	③	④
問 27	①	②	③	④
問 28	①	②	③	④
問 29	①	②	③	④
問 30	①	②	③	④
問 31	①	②	③	④
問 32	①	②	③	④
問 33	①	②	③	④
問 34	①	②	③	④
問 35	①	②	③	④
問 36	①	②	③	④
問 37	①	②	③	④
問 38	①	②	③	④
問 39	①	②	③	④
問 40	①	②	③	④
問 41	①	②	③	④
問 42	①	②	③	④
問 43	①	②	③	④
問 44	①	②	③	④
問 45	①	②	③	④
問 46	①	②	③	④
問 47	①	②	③	④
問 48	①	②	③	④
問 49	①	②	③	④
問 50	①	②	③	④

※問46〜50は、登録講習修了者の５点免除問題となります。

令和６年度　第２回模擬試験問題　解答用紙

（記入上の注意）

1. **氏名（フリガナ）及び受験番号を確認すること。**
2. **氏名（漢字）欄に漢字で氏名を記入すること。**
3. 解答は１問につき１つしかないので、２つ以上マークしないこと。
4. 記入に際しては必ず**B**又は**HB**の鉛筆（シャープペンの場合は、なるべくしんの太いもの）を使用すること。
5. マークを訂正する場合は、プラスチック消しゴムで完全に消してからマークし直すこと。
6. この解答用紙をよごしたり折り曲げたりしないこと。
7. **（マーク欄）は下の良い例のようにマークすること。**

— マーク例 —

良い例

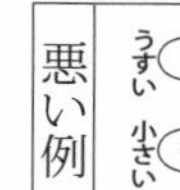

悪い例

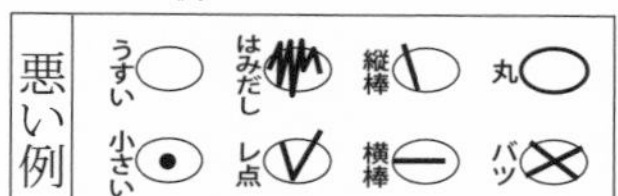

実施日	令和　　年　　月　　日
受験番号	
氏名　フリガナ	
氏名　漢字	

得点	

解答欄

問題番号	解答番号			
問　1	①	②	③	④
問　2	①	②	③	④
問　3	①	②	③	④
問　4	①	②	③	④
問　5	①	②	③	④
問　6	①	②	③	④
問　7	①	②	③	④
問　8	①	②	③	④
問　9	①	②	③	④
問　10	①	②	③	④
問　11	①	②	③	④
問　12	①	②	③	④
問　13	①	②	③	④
問　14	①	②	③	④
問　15	①	②	③	④
問　16	①	②	③	④
問　17	①	②	③	④
問　18	①	②	③	④
問　19	①	②	③	④
問　20	①	②	③	④
問　21	①	②	③	④
問　22	①	②	③	④
問　23	①	②	③	④
問　24	①	②	③	④
問　25	①	②	③	④

問題番号	解答番号			
問　26	①	②	③	④
問　27	①	②	③	④
問　28	①	②	③	④
問　29	①	②	③	④
問　30	①	②	③	④
問　31	①	②	③	④
問　32	①	②	③	④
問　33	①	②	③	④
問　34	①	②	③	④
問　35	①	②	③	④
問　36	①	②	③	④
問　37	①	②	③	④
問　38	①	②	③	④
問　39	①	②	③	④
問　40	①	②	③	④
問　41	①	②	③	④
問　42	①	②	③	④
問　43	①	②	③	④
問　44	①	②	③	④
問　45	①	②	③	④
問　46	①	②	③	④
問　47	①	②	③	④
問　48	①	②	③	④
問　49	①	②	③	④
問　50	①	②	③	④

※問 46～50 は、登録講習修了者の５点免除問題となります。

キリトリ線

令和６年度　第３回模擬試験問題　解答用紙

（記入上の注意）

1. **氏名(フリガナ)及び受験番号を確認すること。**
2. **氏名（漢字）欄に漢字で氏名を記入すること。**
3. 解答は１問につき１つしかないので、２つ以上マークしないこと。
4. 記入に際しては必ず**B**又は**HB**の鉛筆(シャープペンの場合は、なるべくしんの太いもの）を使用すること。
5. マークを訂正する場合は、プラスチック消しゴムで完全に消してからマークし直すこと。
6. この解答用紙をよごしたり折り曲げたりしないこと。
7. **（マーク欄）は下の良い例のようにマークすること。**

―マーク例―

良い例：ぬりつぶし

悪い例：うすい、はみだし、縦棒、丸、小さい、レ点、横棒、バツ

実施日	令和　年　月　日
受験番号	
氏名　フリガナ	
氏名　漢字	

得点	

解答欄

問題番号	解答番号			
問 1	①	②	③	④
問 2	①	②	③	④
問 3	①	②	③	④
問 4	①	②	③	④
問 5	①	②	③	④
問 6	①	②	③	④
問 7	①	②	③	④
問 8	①	②	③	④
問 9	①	②	③	④
問 10	①	②	③	④
問 11	①	②	③	④
問 12	①	②	③	④
問 13	①	②	③	④
問 14	①	②	③	④
問 15	①	②	③	④
問 16	①	②	③	④
問 17	①	②	③	④
問 18	①	②	③	④
問 19	①	②	③	④
問 20	①	②	③	④
問 21	①	②	③	④
問 22	①	②	③	④
問 23	①	②	③	④
問 24	①	②	③	④
問 25	①	②	③	④

問題番号	解答番号			
問 26	①	②	③	④
問 27	①	②	③	④
問 28	①	②	③	④
問 29	①	②	③	④
問 30	①	②	③	④
問 31	①	②	③	④
問 32	①	②	③	④
問 33	①	②	③	④
問 34	①	②	③	④
問 35	①	②	③	④
問 36	①	②	③	④
問 37	①	②	③	④
問 38	①	②	③	④
問 39	①	②	③	④
問 40	①	②	③	④
問 41	①	②	③	④
問 42	①	②	③	④
問 43	①	②	③	④
問 44	①	②	③	④
問 45	①	②	③	④
問 46	①	②	③	④
問 47	①	②	③	④
問 48	①	②	③	④
問 49	①	②	③	④
問 50	①	②	③	④

※問 46〜50 は、登録講習修了者の５点免除問題となります。

《問題冊子の取り外し方》

問題冊子は、前後を水色の色紙で区切られています。問題冊子を取り外すときは、この色紙を残したまま、下記の要領で白色の冊子部分だけを抜き取ってください。

① この色紙をめくり、上から手で強く押さえる。
② 問題冊子の全体をしっかりとつまみ、丁寧にゆっくり引き抜く。

＊力任せに引き抜くと、冊子を損傷したり、思わぬけがをしたりする場合があります。十分にご注意ください。
＊抜き取りの際に生じた損傷については、お取り替えいたしかねますので、予めご了承ください。

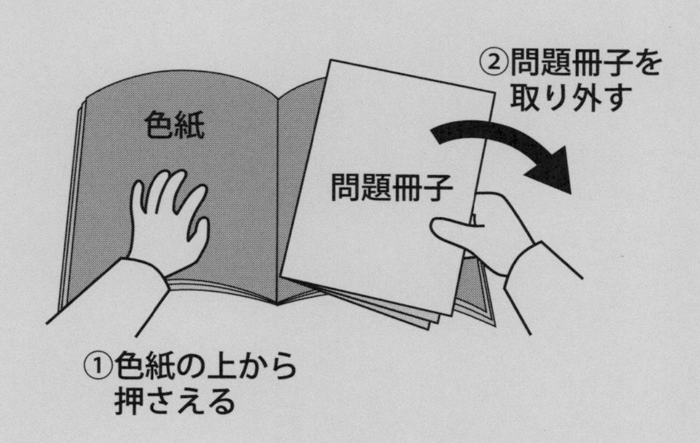

令和６年度
第１回模擬試験
問　題

次の注意事項をよく読んでから、始めてください。

（注意事項）

1　問　題

模擬試験問題は１ページから 25 ページまでの 50 問です。

試験開始と同時に、ページ数を確認してください。

2　解　答

解答は、解答用紙の「記入上の注意」に従って記入してください。

正解は、各問題とも一つだけです。

二つ以上の解答をしたもの及び判読が困難なものは、正解としません。

3　適用法令

問題の中の法令に関する部分は、令和６年４月１日現在施行されている規定に基づいて出題されています。

【問　1】 辞任に関する次の記述のうち、民法の規定によれば、誤っているものはどれか。

1　遺言執行者は、正当な事由があるときは、家庭裁判所の許可を得て、その任務を辞することができる。

2　親権者は、やむを得ない事由があるときは、家庭裁判所の許可を得て、その親権を辞することができる。

3　後見人は、正当な事由があるときは、後見監督人の許可を得て、その任務を辞することができる。

4　委任によって代理権を授与された者は、報酬を受ける約束をしている場合であっても、いつでも委任契約を解除して代理権を消滅させて、代理人を辞することができる。

【問　2】 相隣関係に関する次の記述のうち、民法の規定によれば、誤っているものはどれか。

1　土地の所有者は、隣地の竹木の枝が境界線を越える場合、その竹木の所有者にその枝を切除させることができるが、竹木の所有者を知ることができず、又はその所在を知ることができないときは、自らその枝を切り取ることができる。

2　土地の所有者は、隣地の竹木の枝が境界線を越える場合、その竹木の所有者にその枝を切除させることができるが、その枝を切除するよう催告したにもかかわらず相当の期間内に切除しなかったときは、自らその枝を切り取ることができる。

3　土地の所有者は、境界又はその付近における障壁、建物その他の工作物の築造、収去又は修繕等の一定の目的のために必要な範囲内で隣地を使用することができる場合、住家についても、その家の居住者の承諾を得ずに、当該住家に立ち入ることができる。

4　土地の所有者は、境界又はその付近における障壁、建物その他の工作物の築造、収去又は修繕等の一定の目的のために必要な範囲内で隣地を使用することができる場合、使用の日時、場所及び方法は、隣地の所有者及び隣地を現に使用している者のために損害が最も少ないものを選ばなければならない。

【問　3】　Aは、その所有する甲土地を譲渡する意思がないのに、Bと通謀して、Aを売主、Bを買主とする甲土地の仮装の売買契約を締結した。その後、甲土地がBからCへ、CからDへと譲渡された。虚偽表示の事実について（ア）Cが善意でDが善意、（イ）Cが善意でDが悪意、（ウ）Cが悪意でDが善意、（エ）Cが悪意でDが悪意の4つの場合があり得るが、AがAB間の売買契約の無効をDに主張することができない場合を全て掲げたものとして正しいものはどれか。

1　（ア）、（イ）、（ウ）

2　（ア）、（イ）

3　（ア）、（ウ）

4　（ア）

【問　4】　AとBとの間で、Aを売主、Bを買主とする等価値の美術品甲又は乙のいずれか選択によって定められる美術品の売買契約（以下この問において「本件契約」という。）が締結された場合に関する次の記述のうち、民法の規定によれば、正しいものはどれか。

1　本件契約において、給付の目的を甲にするか乙にするかについて、第三者Cを選択権者とする合意がなされた場合、Cが選択をすることができないときは、選択権はBに移転する。

2　本件契約において、給付の目的を甲にするか乙にするかについて、第三者Dを選択権者とする合意がなされた場合、Dが選択権を行使するときは、A又はBに対して意思表示をすればよい。

3　本件契約において、給付の目的を甲にするか乙にするかについての選択権に関する特段の合意がない場合、Bが選択権者となる。

4　本件契約において、給付の目的を甲にするか乙にするかについて、Aを選択権者とする合意がなされ、Aが選択権をBに対する意思表示によって行使した場合、当該意思表示はBの承諾を得なくても、撤回することができる。

【問　5】 甲建物を所有するＡが死亡し、Ａの配偶者Ｂが甲建物の配偶者居住権を、Ａの子Ｃが甲建物の所有権をそれぞれ取得する旨の遺産分割協議が成立した場合に関する次の記述のうち、民法の規定によれば、正しいものはどれか。

1　Ｂは、甲建物の通常の必要費を負担しなければならない。

2　Ｃが甲建物をＤに売却した場合、Ｂは、配偶者居住権の登記がなくても、配偶者居住権をＤに対抗することができる。

3　Ｂは、配偶者居住権の存続期間内であれば、Ｃの承諾を得ることなく、Ｅに甲建物を賃貸することができる。

4　遺産分割協議において、Ｂの配偶者居住権の存続期間を定めなかった場合、期間の定めのない配偶者居住権となる。

【問　6】 ＡがＢ所有の甲土地を建物所有目的でなく利用するための権原が、①地上権である場合と②賃借権である場合に関する次の記述のうち、民法の規定及び判例によれば、正しいものはどれか。

1　①でも②でも、特約がなくても、ＢはＡに対して、甲土地の使用及び収益に必要な修繕をする義務を負う。

2　存続期間を20年と定めた場合、①でも②でも存続期間は30年となる。

3　①では、ＡはＢの承諾を得なければ、その地上権を譲り渡すことはできないが、②では、ＡはＢの承諾を得なくても、その賃借権を譲り渡すことができる。

4　①では、Ａは当該権原を目的とする抵当権を設定することができるが、②では、Ａは当該権原を目的とする抵当権を設定することはできない。

【問　7】 Ａ所有の甲土地にＢのＣに対する債務を担保するためにＣの抵当権（以下この問において「本件抵当権」という。）が設定され、その旨の登記がなされた場合に関する次の記述のうち、民法の規定によれば、正しいものいくつあるか。

ア　本件抵当権設定登記後に、甲土地上に乙建物が築造されたときは、一定の場合を除き、Ｃは甲土地とともに乙建物を競売することができるが、その優先権は甲土地の代価についてのみ行使することができる。

イ　本件抵当権の被担保債権につき保証人となっているＤがＡから甲土地を買い受けた場合、Ｄは抵当不動産の第三取得者として、本件抵当権について、Ｃに対して抵当権消滅請求をすることができる。

ウ　本件抵当権設定登記後に、Ａから甲土地を買い受けたＥが、Ｃの請求に応じてその代価を弁済したときは、本件抵当権はＥのために消滅する。

エ　本件抵当権設定登記後に、甲土地についてＡＦ間の賃貸借契約が締結され、甲土地を競売手続の開始前から使用するＦは、甲土地の競売における買受人Ｇの買受けの時から６か月を経過するまでは、甲土地をＧに引き渡すことを要しない。

1　一つ

2　二つ

3　三つ

4　四つ

【問　8】 債務者Ａ、Ｂ、Ｃの３名が、内部的な負担部分の割合は等しいものとして合意した上で、債権者Ｄに対して 300 万円の連帯債務を負った場合に関する次の記述のうち、民法の規定によれば、正しいものはどれか。

1　ＤがＡに対して期限の猶予をした場合、ＢとＣがＤに対して負う債務についても、期限が猶予される。

2　ＤがＡに対して裁判上の請求を行った場合、その効力はＢとＣがＤに対して負う債務の消滅時効の完成に影響する。

3　ＡがＤに対して 300 万円の債権を有している場合、Ａが相殺を援用しない間に 300 万円の支払の請求を受けたＢは、Ａの負担部分の限度において、債務の履行を拒むことができる。

4　ＡとＤとの間に更改があった場合でも、特段の合意がなければ、ＤはＢに対してもＣに対しても、弁済期が到来した 300 万円全額の支払いを請求することができる。

【問　9】 次の記述のうち、民法の規定によれば、誤っているものはどれか。

1　相続回復の請求権は、相続人又はその法定代理人が相続権を侵害された事実を知った時から５年間行使しないときは、時効によって消滅する。

2　遺留分侵害額の請求権は、遺留分権利者が、相続の開始及び遺留分を侵害する贈与又は遺贈があったことを知った時から１年間行使しないときは、時効によって消滅する。

3　定期金の債権は、債権者が定期金の債権から生ずる金銭その他の物の給付を目的とする各債権を行使することができることを知った時から10年間行使しないときは、時効によって消滅する。

4　人の生命又は身体を害する不法行為による損害賠償請求権は、被害者又はその法定代理人が損害及び加害者を知った時から３年間行使しないときは、時効によって消滅する。

【問　10】 次の１から４までの記述のうち、民法の規定、判例及び下記判決文によれば、誤っているものはどれか。

（判決文）

共同相続人の一部の者が相続の放棄をすると、その相続に関しては、その者は初めから相続人とならなかったものとみなされ、その結果として相続分の増加する相続人が生ずることになるのであって、相続の放棄をする者とこれによって相続分が増加する者とは利益が相反する関係にあることが明らかであり、また、民法八六〇条によって準用される同法八二六条は、同法一〇八条とは異なり、適用の対象となる行為を相手方のある行為のみに限定する趣旨であるとは解されないから、相続の放棄が相手方のない単独行為であるということから直ちに民法八二六条にいう利益相反行為にあたる余地がないと解するのは相当でない。

1　後見人と被後見人の利益が相反する行為については、後見監督人がいない場合、後見人は、その被後見人のために特別代理人を選任することを家庭裁判所に請求しなければならない。

2　相続の放棄は相手方のない単独行為であるから、後見人が被後見人に代わってこれを行っても、利益相反行為となることはない。

3　共同相続人の一人が他の共同相続人の全部又は一部の者を後見している場合において、後見人がまずみずからの相続の放棄をしたのちに被後見人全員を代理してその相続の放棄をしたときは、後見人と被後見人との間においても、被後見人相互間においても、利益相反行為になるとはいえない。

4　共同相続人の一人が他の共同相続人の全部又は一部の者を後見している場合において、後見人みずからの相続の放棄と被後見人全員を代理してするその相続の放棄が同時にされたと認められるときは、後見人と被後見人との間においても、被後見人相互間においても、利益相反行為になるとはいえない。

【問　11】 建物の所有を目的とする土地の賃貸借契約（定期借地権及び一時使用目的の借地権となる契約を除く。）に関する次の記述のうち、借地借家法の規定及び判例によれば、正しいものはどれか。

1　転借地権が設定されている場合において、転借地上の建物が滅失したときは、転借地権は消滅し、転借地権者（転借人）は建物を再築することができない。

2　借地上の建物が滅失し、借地権設定者の承諾を得て借地権者が新たに建物を築造するに当たり、借地権設定者が存続期間満了の際における借地の返還確保の目的で、残存期間を超えて存続する建物を築造しない旨の特約を借地権者と結んだ場合、この特約は有効である。

3　借地権の存続期間が満了する前に建物の滅失があった場合において、借地権者が借地権の残存期間を超えて存続すべき建物を築造したときは、その建物を築造することにつき借地権設定者の承諾がない場合でも、借地権の期間の延長の効果が生ずる。

4　借地上の建物所有者が借地権設定者に建物買取請求権を適法に行使した場合、買取代金の支払があるまでは建物の引渡しを拒み得るが、これに基づく敷地の占有について、賃料相当額を支払う必要がある。

【問　12】 借地借家法第38条の定期建物賃貸借（以下この問において「定期建物賃貸借」という。）に関する次の記述のうち、借地借家法の規定によれば、誤っているものはどれか。

1　定期建物賃貸借契約を締結するときは、期間を1年未満としても、期間の定めがない建物の賃貸借契約とはみなされない。

2　定期建物賃貸借契約を締結するときは、建物の賃貸人は、あらかじめ、建物の賃借人に対し、建物の賃貸借は契約の更新がなく、期間の満了により当該建物の賃貸借は終了することについて、その旨を記載した書面を交付して説明しなければならないが、この書面の交付に代えて、建物の賃借人の承諾を得て、当該書面に記載すべき事項を電磁的方法により提供することができる。

3　建物が居住の用に供する建物である場合には、契約の更新がない旨を定めることはできない。

4　賃借人が賃貸人の同意を得て建物に付加した造作がある場合であっても、定期建物賃貸借契約の終了時に賃貸人に対して借地借家法第33条の規定に基づく造作買取請求権を行使することはできない、という特約は有効である。

【問　13】　建物の区分所有等に関する法律に関する次の記述のうち、誤っているものはどれか。

1　管理者の代理権に加えた制限は、善意の第三者に対抗することができる。

2　管理者は、規約により、その職務に関し、区分所有者のために、原告又は被告となったときは、遅滞なく、区分所有者にその旨を通知しなければならない。

3　集会において、管理者の解任を行う場合、規約に別段の定めがない限り、区分所有者及び議決権の各過半数で決する。

4　区分所有者の５分の１以上で議決権の５分の１以上を有するものは、管理者に対し、会議の目的たる事項を示して、集会の招集を請求することができるが、この定数は、規約によって減ずることができる。

【問　14】　不動産の登記に関する次の記述のうち、不動産登記法の規定によれば、誤っているものはどれか。

1　所有権の登記名義人について相続の開始があったときは、当該相続により所有権を取得した者は、自己のために相続の開始があったことを知り、かつ、当該所有権を取得したことを知った日から３年以内に、所有権の移転の登記を申請しなければならない。

2　新築した建物又は区分建物以外の表題登記がない建物の所有権を取得した者は、その所有権の取得の日から１月以内に、所有権の保存の登記を申請しなければならない。

3　土地の地目について変更があった後に表題部所有者又は所有権の登記名義人となった者は、その者に係る表題部所有者についての更正の登記又は所有権の登記があった日から１月以内に、当該地目に関する変更の登記を申請しなければならない。

4　建物の種類について変更があったときは、表題部所有者又は所有権の登記名義人は、当該変更があった日から１月以内に、当該種類に関する変更の登記を申請しなければならない。

【問　15】 都市計画法に関する次の記述のうち、正しいものはどれか。

1　準都市計画区域は、市町村が、市町村都市計画審議会の意見を聴くとともに、都道府県知事に協議し、その同意を得て指定する。

2　市街地開発事業は、一体的に開発し、又は整備する必要がある土地の区域について定めるものであるが、準都市計画区域においても、用途地域が定められている土地の区域については、定めることができる。

3　都市計画事業の認可の告示があった後に当該認可に係る事業地内の土地建物等を有償で譲り渡そうとする者は、施行者の許可を受けなければならない。

4　田園住居地域内の農地の区域内において、建築物の建築を行おうとする者は、一定の場合を除き、市町村長の許可を受けなければならない。

【問　16】 都市計画法に関する次の記述のうち、正しいものはどれか。なお、この問において「都道府県知事」とは、地方自治法に基づく指定都市、中核市及び施行時特例市にあってはその長をいうものとする。

1　市街化調整区域において、都市公園法に規定する公園施設である建築物の建築を目的とした1,000㎡の土地の区画形質の変更を行おうとする者は、あらかじめ、都道府県知事の許可を受けなければならない。

2　市街化区域において、医療法に規定する病院の建築を目的とした2,000㎡の土地の区画形質の変更を行おうとする者は、都道府県知事の許可を受けなくてよい。

3　準都市計画区域において、庭球場の建設を目的とした6,000㎡の土地の区画形質の変更を行おうとする者は、あらかじめ、都道府県知事の許可を受けなければならない。

4　市街化調整区域において、農産物の貯蔵に必要な建築物の建築を目的とした1,500㎡の土地の区画形質の変更行おうとする者は、あらかじめ、都道府県知事の許可を受けなければならない。

【問　17】 建築基準法（以下この問において「法」という。）に関する次の記述のうち、正しいものはどれか。

1　延べ面積が800㎡の病院の階段の部分には、排煙設備を設けなければならない。

2　都市計画により、容積率の限度が10分の130とされている商業地域内において、建築物の高さは、前面道路の反対側の境界線からの水平距離が50 m以下の範囲内においては、当該部分から前面道路の反対側の境界線までの水平距離に、1.5を乗じて得た値以下でなければならない。

3　延べ面積が600㎡の建築物について、大規模な修繕をしようとする場合、都市計画区域外であれば建築確認を受ける必要はない。

4　法の改正により、現に存する建築物が改正後の法の規定に適合しなくなった場合には、当該建築物は違反建築物となり、速やかに改正後の法の規定に適合させなければならない。

【問　18】 建築基準法（以下この問において「法」という。）に関する次の記述のうち、誤っているものはどれか。

1　第一種低層住居専用地域内においては、延べ面積の合計が80㎡であって、居住の用に供する延べ面積が50㎡、理髪店の用に供する延べ面積が30㎡である兼用住宅は、建築してはならない。

2　工業専用地域内においては、幼保連携型認定こども園を建築することができる。

3　法第３章の規定が適用されるに至った際、現に建築物が立ち並んでいる幅員1.8 m未満の道で、あらかじめ、建築審査会の同意を得て特定行政庁が指定したものは、同章の規定における道路とみなされる。

4　建築物の壁又はこれに代わる柱は、地盤面下の部分又は特定行政庁が建築審査会の同意を得て許可した歩廊の柱その他これに類するものを除き、壁面線を越えて建築してはならない。

【問　19】 宅地造成及び特定盛土等規制法に関する次の記述のうち、誤っているものはどれか。なお、この問において「都道府県知事」とは、地方自治法に基づく指定都市及び中核市にあってはその長をいうものとする。

1　都道府県知事は、宅地造成等工事規制区域内において行われる宅地造成等に関する工事の許可に付した条件に違反した者に対して、その許可を取り消すことができる。

2　宅地造成等工事規制区域内の土地（公共施設用地を除く。）において、高さが３ｍの崖面崩壊防止施設の除却工事を行おうとする者は、一定の場合を除き、その工事に着手する日の14日前までに、その旨を都道府県知事に届け出なければならない。

3　宅地造成等工事規制区域内において行われる切土であって、当該切土をする土地の面積が600㎡であり、かつ、高さ３ｍの崖を生ずることとなるものに関する工事については、工事主は、工事が政令で定める工程（以下この問において「特定工程」という。）を含む場合において、当該特定工程に係る工事を終えたときは、その都度、都道府県知事の検査を申請しなければならない。

4　宅地造成等工事規制区域内において行われる土石の堆積であって、土石の堆積を行う土地の面積が600㎡に関する工事については、土石の堆積の高さが２ｍであっても、工事主は、都道府県知事の許可を受けなければならない。

【問　20】 土地区画整理組合（以下この問において「組合」という。）に関する次の記述のうち、土地区画整理法の規定によれば、誤っているものはどれか。

1　換地計画においては、組合の定款で施行地区内の土地が参加組合員に与えられるように定められているときは、一定の土地を換地として定めないで、その土地を当該参加組合員に対して与えるべき宅地として定めなければならない。

2　換地計画において参加組合員に対して与えるべきものとして定められた宅地は、換地処分の公告があった日の翌日において、当該宅地の所有者となるべきものとして換地計画において定められた参加組合員が取得する。

3　組合の施行する土地区画整理事業に参加することを希望する者のうち、当該土地区画整理事業に参加するのに必要な資力及び信用を有する者であって定款で定められたものは、参加組合員として組合員となる。

4　組合は、当該組合が行う土地区画整理事業に要する経費に充てるため、賦課金として参加組合員以外の組合員に対して金銭を賦課徴収することができる。

【問　21】 農地に関する次の記述のうち、農地法（以下この問において「法」という。）の規定によれば、正しいものはどれか。

1　登記簿の地目が雑種地となっている場合には、現況が農地であっても法の規制の対象とはならない。

2　砂利採取法第16条の認可を受けて市街化調整区域内の農地を砂利採取のために一時的に借り受ける場合には、法第5条第1項の許可を受ける必要はない。

3　法第2条第3項の農地所有適格法人の要件を満たしていない株式会社は、耕作目的で農地を借り入れることはできない。

4　農業者が、自らの養畜の事業のための畜舎を建設する目的で、市街化調整区域内にある100㎡の農地を購入する場合は、法第5条第1項の許可を受ける必要がある。

【問　22】 国土利用計画法第23条の届出（以下この問において「事後届出」という。）に関する次の記述のうち、正しいものはどれか。なお、この問において「都道府県知事」とは、地方自治法に基づく指定都市にあってはその長をいうものとする。

1　都道府県知事は、事後届出に係る土地の利用目的について、届出をしたAに対し勧告することができ、都道府県知事から勧告を受けたAが勧告に従わなかった場合、その旨及びその勧告の内容を公表することができる。

2　事後届出が必要な土地売買等の契約により権利取得者となったBが事後届出を行わなかった場合、都道府県知事から当該届出を行うよう勧告されるが、罰則の適用はない。

3　甲市が所有する市街化調整区域内の一団の土地である4,000㎡の土地と2,000㎡の土地をCが購入する契約を締結した場合、Cは事後届出を行う必要がある。

4　届出に係る土地の利用目的について、都道府県知事から勧告を受けたDは、当該都道府県知事に対し、当該土地に関する権利を買い取るべきことを請求することができる。

【問　23】 所得税法に関する次の記述のうち、誤っているものはどれか。

1　建物の所有を目的とする土地の賃借権の設定の対価として支払を受ける権利金の金額が、その土地の価額の10分の5に相当する金額を超えるときは、譲渡所得として課税される。

2　譲渡所得とは資産の譲渡による所得をいうので、不動産業者である個人が営利を目的として継続的に行っている土地の譲渡による所得は、譲渡所得として課税される。

3　個人が災害により主として保養の用に供する目的で所有する別荘について受けた損失の金額（保険金等により補てんされる部分の金額を除く。）は、その損失を受けた日の属する年分又はその翌年分の譲渡所得の金額の計算上控除される。

4　譲渡所得の金額の計算上、資産の譲渡に係る総収入金額から控除する資産の取得費には、その資産の取得後に支出した設備費及び改良費の額も含まれる。

【問　24】 固定資産税に関する次の記述のうち、地方税法の規定によれば、正しいものはどれか。

1　固定資産税の納税義務者は、その納付すべき当該年度の固定資産課税に係る固定資産について、固定資産課税台帳に登録された価格について不服があるときは、公示の日から納税通知書の交付を受けた日後2週間を経過するまでの間において、文書をもって、固定資産評価審査委員会に審査の申出をすることができる。

2　固定資産税の納期は、他の税目の納期と重複しないようにとの配慮から、4月、7月、12月、2月と定められており、市町村はこれと異なる納期を定めることはできない。

3　市町村長は、固定資産課税台帳に登録された価格等に重大な錯誤があることを発見した場合においては、直ちに決定された価格等を修正して、これを固定資産課税台帳に登録しなければならない。

4　年度の途中において土地の売買が行われた場合、売主と買主は、当該年度の固定資産税を、固定資産課税台帳に所有者として登録されている日数で按分して納付しなければならない。

【問　25】 地価公示法に関する次の記述のうち、誤っているものはどれか。

1　公示区域とは、都市計画法第４条第２項に規定する都市計画区域その他の土地取引が相当程度見込まれるものとして国土交通省令で定める区域のうち、国土利用計画法第12条第１項の規定により指定された規制区域を除いた区域をいう。

2　土地鑑定委員会は、自然的及び社会的条件からみて類似の利用価値を有すると認められる地域において、土地の利用状況、環境等が特に良好と認められる一団の土地について標準地を選定する。

3　土地鑑定委員会は、標準地の正常な価格を判定したときは、標準地の単位面積当たりの価格のほか、当該標準地の地積及び形状についても官報で公示しなければならない。

4　正常な価格とは、土地について、自由な取引が行われるとした場合におけるその取引において通常成立すると認められる価格をいい、この「取引」には住宅地とするための農地の取引も含まれる。

【問　26】 宅地建物取引業法（以下この問において「法」という。）第37条の規定により交付すべき書面に記載すべき事項を電磁的方法により提供すること（以下この問において「37条書面の電磁的方法による提供」という。）に関する次の記述のうち、正しいものはいくつあるか。

ア　宅地建物取引業者が自ら売主として締結する売買契約において、当該契約の相手方から宅地建物取引業法施行令第３条の４第１項に規定する承諾を得た場合、その後に相手方から法第37条第４項の規定による電磁的方法による提供を受けない旨の申出があったときでも、37条書面の電磁的方法による提供をすることができる。

イ　宅地建物取引業者が自ら売主として締結する売買契約において、37条書面の電磁的方法による提供を行う場合、当該提供されたファイルへの記録を取引の相手方が出力することにより書面を作成できるものでなければならない。

ウ　宅地建物取引業者が媒介業者として関与する貸借契約について、37条書面の電磁的方法による提供を行う場合、当該提供するファイルに記録された記載事項について、改変が行われていないかどうかを確認することができる措置を講じなければならない。

エ　宅地建物取引業者が媒介業者として関与する貸借契約について、37条書面の電磁的方法による提供をする場合において、提供に係る宅地建物取引士を明示する必要はない。

1　一つ

2　二つ

3　三つ

4　四つ

【問　27】 宅地建物取引業者Aが、自ら売主として宅地建物取引業者でない買主Bとの間で締結する建物の売買契約に関する次の記述のうち、宅地建物取引業法（以下この問において「法」という。）の規定よれば、違反するものはいくつあるか。なお、この問において、「35条書面」とは、法第35条の規定に基づく重要事項を記載した書面を、「37条書面」とは、法第37条の規定に基づく契約の内容を記載した書面をいうものとする。

ア　Aは、仮設テント張りの案内所でBから買受けの申込みを受けた際、以後の取引について、Bからその取引に係る書類に関して電磁的方法で提供をすることについての承諾を得たので、法第37条の2の規定に基づくクーリング・オフについて電磁的方法で告げた。

イ　Aは、35条書面の交付に代えて、Bの承諾を得て、宅地建物取引士に、当該書面に記載すべき事項を電磁的方法であって法第35条第5項の規定による措置に代わる措置を講ずるものとして国土交通省令で定めるものにより提供させた。

ウ　Aは、37条書面の交付に代えて、Bの承諾を得て、当該書面に記載すべき事項を電磁的方法であって法第37条第3項の規定による措置に代わる措置を講ずるものとして国土交通省令で定めるものにより提供した。

1　一つ

2　二つ

3　三つ

4　なし

【問　28】 宅地建物取引業者Aが行う業務に関する次の記述のうち、宅地建物取引業法（以下この問において「法」という。）の規定によれば、誤っているものはどれか。なお、この問において「建物状況調査」とは、法第34条の2第1項第4号に規定する調査をいうものとする。

1　Aが建物状況調査を実施する者のあっせんを行う場合、建物状況調査を実施する者は建築士法第2条第1項に規定する建築士であって国土交通大臣が定める講習を修了した者でなければならない。

2　既存住宅の売買の媒介を行うAがBに対して建物状況調査を実施する者のあっせんを行った場合、AはBから報酬とは別にあっせんに係る料金を受領することはできない。

3　Aが既存住宅の貸借の媒介を行う場合、法第37条の規定により交付すべき書面に建物の構造耐力上主要な部分等の状況について当事者の双方が確認した事項を記載しなければならない。

4　Aが既存住宅の貸借の媒介を行う場合、建物状況調査（調査実施後1年（鉄筋コンクリート造または鉄骨鉄筋コンクリート造の共同住宅等は2年）を経過していないものに限る）を実施しているかどうか、及びこれを実施している場合におけるその結果の概要を法第35条に規定にする重要事項として説明しなければならない。

【問　29】　宅地建物取引業法の規定に基づく監督処分に関する次の記述のうち、正しいものはどれか。

1　宅地建物取引業者Ａ（甲県知事免許）が、乙県の区域内における業務に関し乙県知事から指示処分を受けたときは、甲県に備えられる宅地建物取引業者名簿には、当該指示の年月日及び内容が記載される。

2　宅地建物取引業者Ｂ（甲県知事免許）が、乙県内で宅地建物取引業を営んでいる場合、乙県知事は、取引の業務について必要な報告を求めることができるが、その職員に、Ｂの事務所に立ち入り、帳簿を検査させることはできない。

3　国土交通大臣は、宅地建物取引業者Ｃ（甲県知事免許）の事務所の所在地を確知できない場合、その旨を官報及び甲県の公報で公告し、その公告の日から30日を経過してもＣから申出がないときは、Ｃの免許を取り消すことができる。

4　国土交通大臣は、宅地建物取引業者Ｄ（国土交通大臣免許）に対し、法第37条に規定する書面の交付をしていなかったことを理由に業務停止を命じた場合は、遅滞なく、その旨を内閣総理大臣に通知しなければならない。

【問　30】　宅地建物取引業者Ａは、ＢからＢ所有の甲宅地の売却について媒介の依頼を受けた。この場合における次の記述のうち、宅地建物取引業法の規定によれば、誤っているものはいくつあるか。なお、この問において「専任媒介契約」とは、専属専任媒介契約ではない専任媒介契約をいう。

ア　Ａは、Ｂとの間で一般媒介契約を締結した場合、甲宅地について購入の申込みがあったときでも、その旨をＢに報告する必要はない。

イ　Ａは、Ｂとの間で一般媒介契約を締結した場合、法第34条の２第１項の規定に基づく書面に、売買すべき価額を記載する必要はない。

ウ　Ａが、Ｂとの間で専任媒介契約を締結した場合、ＡがＢに対し甲宅地の価額又は評価額について意見を述べるときは、その根拠を明らかにしなければならないが、根拠の明示は口頭でも書面を用いてもよい。

エ　Ａが、Ｂとの間で締結した専任媒介契約については、Ｂからの申出により更新することができ、その後の有効期間については、更新の時から３か月を超える内容に定めることができる。

1　一つ

2　二つ

3　三つ

4　四つ

【問　31】 次の記述のうち、宅地建物取引業法（以下この問において「法」という。）の規定によれば、正しいものはいくつあるか。

ア　宅地建物取引士は、旧姓が併記された宅地建物取引士証の交付を受けた日以降は、法第37条により交付する書面の記名に旧姓を使用することができる。

イ　宅地建物取引士は、宅地建物取引士証の提示に当たり、個人情報保護の観点から、宅地建物取引士証の住所欄にシールを貼ったうえで提示することができる。

ウ　宅地建物取引士は、住所を変更した場合、遅滞なく変更の登録を申請するとともに、当該申請とあわせて、宅地建物取引士証の書換え交付を申請しなければならない。

エ　宅地建物取引士は、本籍を変更した場合、遅滞なく変更の登録を申請しなければならないが、宅地建物取引士証の書換え交付を申請する必要はない。

1　一つ

2　二つ

3　三つ

4　四つ

【問　32】 宅地建物取引業の免許（以下この問において「免許」という。）に関する次の記述のうち、宅地建物取引業法の規定によれば、正しいものはどれか。なお、いずれの場合も、その行為を業として営むものとする。

1　社会福祉法人Aが、高齢者の居住の安定確保に関する法律に規定するサービス付き高齢者向け住宅の貸借の媒介をする場合、免許は必要ない。

2　農業協同組合Bが、組合員が所有する宅地の売却の代理をする場合、免許は必要ない。

3　Cが、共有会員制のリゾートクラブ会員権（宿泊施設等のリゾート施設の全部又は一部の所有権を会員が共有するもの）の売買の媒介をする場合、免許は必要ない。

4　Dが、都市計画法に規定する用途地域外の土地であって、ソーラーパネルを設置するための土地の売買の媒介をする場合、免許は必要ない。

【問　33】 営業保証金を供託している宅地建物取引業者Aが行う業務に関する次の記述のうち、宅地建物取引業法（以下この問において「法」という。）の規定によれば、正しいものはどれか。なお、この問において「重要事項説明書」とは法第35条の規定より交付すべき書面をいい、「37条書面」とは法第37条の規定より交付すべき書面をいうものとする。

1　Aは、買主として、宅地建物取引業者Bとの間で宅地の売買契約を締結した場合、Bに対し37条書面を交付しなくてよい。

2　Aは、売主として、宅地建物取引業者Cとの間で宅地の売買契約を締結しようとする場合、Cに対し重要事項説明書を交付しなくてよい。

3　Aは、売主として、宅地建物取引業者Dとの間で宅地の売買契約を締結しようとする場合、Dに対し営業保証金を供託した供託所及びその所在地について、説明をしなくてよい。

4　Aは、宅地建物取引業者Eが所有する甲宅地の売却の依頼を受け、Eと専任媒介契約を締結した。Aは甲宅地の購入の申込みがあった場合でも、その旨をEに報告しなくてよい。

【問　34】 成年である宅地建物取引業者Aが行う業務に関する次の記述のうち、宅地建物取引業法（以下この問において「法」という。）の規定によれば、正しいものはどれか。

1　Aは、宅地建物取引業の業務に関し行った行為について、行為能力の制限を理由に取り消すことができない。

2　Aは、裁判の証人として、その取り扱った宅地建物取引に関して証言を求められた場合でも、秘密に係る事項を証言してはならない。

3　Aは、その事務所ごとに従業者の氏名、従業者証明書番号その他国土交通省令で定める事項を記載した従業者名簿を備えなければならず、当該名簿を最終の記載をした日から5年間保存しなければならない。

4　Aは、一団の宅地の分譲を行う案内所において宅地の売買の契約の締結を行わない場合、その案内所には国土交通省令で定める標識を掲示しなくてもよい。

【問　35】 次の記述のうち、宅地建物取引業法の規定によれば、正しいものはいくつあるか。

ア　都道府県知事は、宅地建物取引士資格登録簿を一般の閲覧に供しなければならない。

イ　国土交通大臣又は都道府県知事は、宅地建物取引業者名簿を一般の閲覧に供しなければならない。

ウ　宅地建物取引業者は、その事務所ごとに従業者名簿を備え、取引の関係者から請求があったときは、閲覧に供しなければならない。

エ　宅地建物取引業者は、その事務所ごとにその業務に関する帳簿を備え、取引の関係者から請求があったときは、閲覧に供しなければならない。

1　一つ

2　二つ

3　三つ

4　四つ

【問　36】 宅地建物取引業者Aが、宅地建物取引業法（以下この問において「法」という。）第37条の規定により交付すべき書面（以下この問において「37条書面」という。）に関する次の記述のうち、法の規定に違反しないものはいくつあるか。

ア　Aは、その媒介により建物の貸借の契約を成立させ、37条書面を借主に交付するに当たり、宅地建物取引士ではないAの従業員に書面を交付させた。

イ　Aは、Bとの間でBが所有する建物を買い取る売買契約を締結し、37条書面をBに交付したが、Aの宅地建物取引士に、当該書面に記名のみさせ、押印させることを省略した。

ウ　Aは、その媒介により借主Cと建物の貸借の契約を成立させた。この際、37条書面に当該建物の引渡しの時期は記載したが、賃借権設定の登記の申請の時期は記載しなかった。

エ　Aは、自ら売主としてDとの間で宅地の売買契約を締結した。この際、37条書面に当該宅地の移転登記の申請の時期は記載したが、登記された権利の種類及び内容については記載しなかった。

1　一つ

2　二つ

3　三つ

4　四つ

【問　37】 宅地建物取引業者Aが媒介により既存の建物の売買の契約を成立させた場合に関する次の記述のうち、宅地建物取引業法の規定によれば、正しいものはどれか。なお、この問において「37条書面」とは、同法第37条の規定により交付すべき書面をいうものとする。

1　契約の解除に関する定めがない場合、定めがない旨を37条書面に記載しなければならない。

2　代金についての金銭の貸借のあっせんに関する定めがない場合、定めがない旨を37条書面に記載しなければならない。

3　既存の建物の構造耐力上主要な部分等の状況について当事者の双方が確認した事項がない場合、確認した事項がない旨を37条書面に記載しなければならない。

4　天災その他不可抗力による損害の負担に関する定めがないときは、定めがない旨を37条書面に記載しなければならない。

【問　38】 宅地建物取引業者Aが、自ら売主として宅地建物取引業者ではない買主Bとの間で宅地の割賦販売の売買契約（代金3,000万円）を締結する場合における次の記述のうち、宅地建物取引業法（以下この問において「法」という）の規定によれば、正しいものはどれか。

1　法第35条第2項の規定による割賦販売とは、代金の全部又は一部について、目的物の引渡し後6か月以上の期間にわたり、かつ、2回以上に分割して受領することを条件として販売することをいう。

2　Aは、Bに対し、宅地の割賦販売価格のみならず、現金販売価格についても法35条に規定する重要事項として説明しなければならない。

3　Aは、Bからの賦払金が当初設定していた支払期日までに支払われなかった場合、直ちに賦払金の支払の遅滞を理由として当該契約を解除することができる。

4　Aは、割賦販売の契約を締結し当該建物を引き渡した場合、Bから600万円の賦払金の支払を受けるまでに、当該建物に係る所有権の移転登記をしなければならない。

【問　39】 宅地建物取引業者Ａ（甲県知事免許）の営業保証金に関する次の記述のうち、宅地建物取引業法の規定によれば、誤っているものはどれか。なお、Ａは宅地建物取引業保証協会の社員ではないものとする。

1　Ａは、営業保証金を供託したときは、その供託物受入れの記載のある供託書の写しを添付して、その旨を甲県知事に届け出なければならず、当該届出をした後でなければ、その事業を開始することができない。

2　Ａが免許を受けた日から３か月以内に甲県知事に営業保証金を供託した旨の届出を行わないとき、甲県知事はその届出をすべき旨の催告をしなければならず、当該催告が到達した日から１か月以内にＡが届出を行わないときは、その免許を取り消すことができる。

3　Ａは、営業保証金が還付され、甲県知事から営業保証金が政令で定める額に不足が生じた旨の通知を受け、その不足額を供託したときは、30日以内に甲県知事にその旨を届け出なければならない。

4　Ａが免許の有効期間満了に伴い営業保証金を取り戻す際、供託した営業保証金につき還付を受ける権利を有する者に対し、６か月を下らない一定期間内に申し出るべき旨を公告し、期間内にその申出がなかった場合でなければ、取り戻すことができない。

【問　40】 宅地建物取引業保証協会（以下この問において「保証協会」という。）に関する次の記述のうち、宅地建物取引業法の規定によれば、正しいものはどれか。

1　宅地建物取引業者が保証協会に加入しようとするときは、当該保証協会に弁済業務保証金分担金を金銭又は有価証券で納付することができるが、保証協会が弁済業務保証金を供託所に供託するときは、金銭でしなければならない。

2　保証協会に加入している宅地建物取引業者は、保証を手厚くするため、更に別の保証協会に加入することができる。

3　保証協会の社員と宅地建物取引業に関し取引をした者は、その取引により生じた債権に関し、当該社員が納付した弁済業務保証金分担金の額に相当する額の範囲内において弁済を受ける権利を有する。

4　保証協会は、認証に係る事務を処理する場合には、認証申出書の受理の順序に従ってしなければならない。

【問　41】 宅地建物取引業者Aが、自ら売主として買主との間で建築工事完了前の建物を3,000万円で売買する契約をした場合において、宅地建物取引業法第41条第1項に規定する手付金等の保全措置（以下この問において「保全措置」という。）に関する次の記述のうち、同法に違反するものはどれか。

1　Aは、宅地建物取引業者であるBと契約を締結し、保全措置を講じずに、Bから手付金として300万円を受領した。

2　Aは、宅地建物取引業者でないCと契約を締結し、Cから手付金150万円と中間金300万円を受領したが、既に当該建物についてAからCへの所有権移転の登記を完了していたため、保全措置を講じなかった。

3　Aは、宅地建物取引業者でないDと契約を締結し、保全措置を講じた上でDから300万円の手付金を受領した。

4　Aは、宅地建物取引業者でないEと契約を締結し、保全措置を講じることなくEから手付金150万円を受領した後、300万円の保全措置を講じた上で中間金300万円を受領した。

【問　42】 宅地建物取引業者Aが、自ら売主として、宅地建物取引業者Bの媒介により、宅地建物取引業者ではないCを買主とするマンションの売買契約を締結した場合における宅地建物取引業法第37条の2の規定に基づくいわゆるクーリング・オフについて告げるときに交付すべき書面（以下この問において「告知書面」という。）に関する次の記述のうち、正しいものはいくつあるか。

ア　告知書面には、Aの商号又は名称及び住所並びに免許証番号を記載しなければならない。

イ　告知書面には、Bの商号又は名称及び住所並びに免許証番号を記載しなければならない。

ウ　告知書面には、Cの氏名（法人の場合、その商号又は名称）及び住所が記載されていなければならない。

エ　告知書面には、クーリング・オフによる買受けの申込みの撤回又は売買契約の解除は、Cが買受けの申込みの撤回又は売買契約の解除を行う旨を記載した書面を発した時に、その効力を生ずることが記載されていなければならない。

1　一つ

2　二つ

3　三つ

4　四つ

【問　43】 宅地建物取引業者Ａ（消費税課税事業者）が受け取ることができる報酬についての次の記述のうち、宅地建物取引業法の規定によれば、正しいものはいくつあるか。

ア　Ａが、事務所兼住宅（１か月の借賃30万円。消費税等相当額を含まない。）の貸借の媒介をする場合、依頼者の一方から受領する報酬は16万5,000円を超えてはならない。

イ　Ａが、居住用建物について、貸主Ｂから貸借の媒介を依頼され、この媒介が使用貸借に係るものである場合は、当該建物の通常の借賃をもとに報酬の限度額が定まるが、その算定に当たっては、不動産鑑定業者の鑑定評価を求めなければならない。

ウ　Ａは、土地付建物について、売主Ｃから媒介を依頼され、代金280万円（消費税等相当額を含み、土地代金は60万円である。）で契約を成立させた。現地調査等の費用については、通常の売買の媒介に比べ６万円（消費税等相当額を含まない。）多く要する旨、Ｃに対して説明し、合意の上、媒介契約を締結した。この場合、ＡがＣから受領できる報酬の限度額は20万2,400円である。

1　一つ

2　二つ

3　三つ

4　なし

【問　44】 宅地建物取引業者が行う宅地建物取引業法第35条に規定する重要事項の説明に関する次の記述のうち、正しいものはどれか。なお、説明の相手方は宅地建物取引業者ではないものとする。

1　建物の売買の媒介を行う場合、当該建物が既存の住宅であるときは建物状況調査の結果についての報告書（宅地建物取引業法施行規則第16条の２の３第３号に定めるもの）の保存の状況について説明しなければならず、当該報告書が存在しない場合はその旨を説明しなければならい。

2　建物の売買の媒介を行う場合、当該建物（昭和56年５月31日以前に新築の工事に着手したもの）が指定確認検査機関、建築士、登録住宅性能評価機関又は地方公共団体による耐震診断を受けたものであるときは、その旨を説明しなければならない。

3　建物の貸借の媒介を行う場合、借賃の額並びにその支払の時期及び方法について説明しなければならない。

4　建物の貸借の媒介を行う場合、都市計画法第29条第１項の規定に基づく制限を説明しなければならない。

【問　45】 宅地建物取引業者Ａ（甲県知事免許）が、自ら売主として宅地建物取引業者ではない買主Ｂに新築住宅を販売する場合における次の記述のうち、特定住宅瑕疵担保責任の履行の確保等に関する法律の規定によれば、正しいものはどれか。

1　Ａが住宅販売瑕疵担保保証金の供託をし、その額が、基準日において、販売新築住宅の合計戸数を基礎として算定する基準額を超えることとなった場合、甲県知事の承認がなくても、その超過額を取り戻すことができる。

2　Ａが住宅販売瑕疵担保責任保険契約を締結した場合、Ａ及びＢは、指定住宅紛争処理機関に特別住宅紛争処理の申請をすることにより、当該新築住宅の瑕疵に関するＡとＢとの間の紛争について、あっせん、調停又は仲裁を受けることができる。

3　Ａは、住宅販売瑕疵担保責任保険契約の締結をした場合、当該住宅を引き渡した時から10年間、当該住宅の給水設備又はガス設備の瑕疵によって生じた損害について保険金の支払を受けることができる。

4　Ａは、住宅販売瑕疵担保責任保険契約の締結をした場合、甲県知事の承認を受けた場合を除き、当該住宅販売瑕疵担保責任保険契約の変更又は解除をすることができない。

【問　46】 独立行政法人住宅金融支援機構（以下この問において「機構」という。）に関する次の記述のうち、誤っているものはどれか。

1　機構は、子どもを育成する家庭又は高齢者の家庭に適した良好な居住性能及び居住環境を有する賃貸住宅の建設に必要な資金の貸付けを業務として行っている。

2　機構は、災害により住宅が滅失した場合において、それに代わるべき建築物の建設又は購入に必要な資金の貸付けを業務として行っていない。

3　機構は、団体信用生命保険業務において、貸付けを受けた者が死亡した場合のみならず、重度障害となった場合においても、支払われる生命保険の保険金を当該貸付けに係る債務の弁済に充当することができる。

4　機構は、証券化支援事業（買取型）において、ＺＥＨ（ネット・ゼロ・エネルギーハウス）に優れた住宅を取得する場合に、貸付金の利率を一定期間引き下げる制度を実施している。

【問　47】　宅地建物取引業者が行う広告に関する次の記述のうち、不当景品類及び不当表示防止法（不動産の表示に関する公正競争規約を含む。）の規定によれば、正しいものはどれか。

1　団地（一団の宅地又は建物をいう。）と駅その他の施設との間の道路距離又は所要時間は、取引する区画のうちそれぞれの施設ごとにその施設から最も近い区画（マンション及びアパートにあっては、その施設から最も近い建物の出入口）を起点として算出した数値とともに、その施設から最も遠い区画（マンション及びアパートにあっては、その施設から最も遠い建物の出入口）を起点として算出した数値も表示しなければならない。

2　土地の販売価格については、１区画当たりの価格並びに１区画当たりの土地面積及び１㎡当たりの価格のいずれも表示しなければならない。

3　街道その他の道路の名称（坂名を含む。）が、物件から直線距離で 300 m以内に所在している場合は、物件の名称として、街道その他の道路の名称を用いることができる。

4　不動産物件の近隣に、現に利用できるデパート、スーパーマーケット、コンビニエンスストア、商店等の商業施設が存在することを表示する場合、当該施設までの徒歩所要時間を明示しても、道路距離を明示しなかったときは、不当表示に問われることがある。

【問　48】　次の記述のうち、正しいものはどれか。

1　建築着工統計（令和６年１月公表）によれば、令和５年１月から令和５年 12 月までの新設住宅着工戸数は、持家、貸家及び分譲住宅が増加したため、全体で増加となった。

2　令和４年度法人企業統計調査（令和５年９月公表）によれば、令和４年度における不動産業の営業利益は約５兆円を超え、前年度を上回った。

3　令和６年地価公示（令和６年３月公表）によれば、令和５年１月以降の１年間の地価の変動を見ると、全国平均では、住宅地、商業地のいずれも３年連続上昇し、上昇率が拡大した。

4　令和６年地価公示（令和６年３月公表）によれば、令和５年１月以降の１年間の住宅地の地価は、三大都市圏平均では上昇したものの、それ以外の地方圏平均では下落した。

【問　49】 土地に関する次の記述のうち、最も不適当なものはどれか。

1　低地は、一般に洪水や地震などに対して弱く、防災的見地からは住宅地として好ましくない。

2　台地は、一般に地盤が安定しており、農地として利用され、また都市的な土地利用も多い。

3　山地は、地形がかなり急峻で、大部分が森林となっている。

4　埋立地は、平均海面に対し４～５ｍの比高があり護岸が強固であれば、住宅地としても利用が可能であるが、一般に干拓地に比べ、水害に対して危険である。

【問　50】 建築の構造に関する次の記述のうち、最も不適当なものはどれか。

1　建物の安全確保においては、耐震、制震、免震という考え方がある。

2　制震構造は、制震ダンパーなどを設置し、揺れを制御する構造である。

3　耐震構造は、建物の柱、はり、耐震壁などで剛性を高め、地震に対して十分耐えられるようにした構造である。

4　免震構造は、建物の下部構造と上部構造との間に積層ゴムなどを設置し、揺れを減らす構造であるが、既存不適格建築物の耐震補強として用いることは適していない。

《問題冊子の取り外し方》

問題冊子は、前後を水色の色紙で区切られています。問題冊子を取り外すときは、この色紙を残したまま、下記の要領で白色の冊子部分だけを抜き取ってください。

① この色紙をめくり、上から手で強く押さえる。
② 問題冊子の全体をしっかりとつまみ、丁寧にゆっくり引き抜く。

＊力任せに引き抜くと、冊子を損傷したり、思わぬけがをしたりする場合があります。十分にご注意ください。
＊抜き取りの際に生じた損傷については、お取り替えいたしかねますので、予めご了承ください。

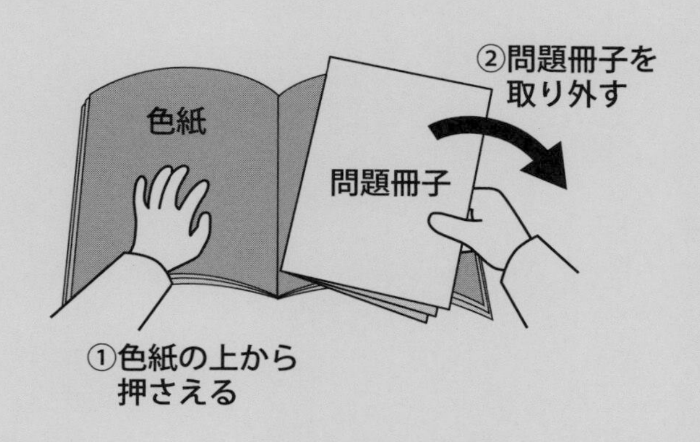

令和６年度
第２回模擬試験
問　題

次の注意事項をよく読んでから、始めてください。

（注意事項）

１　問　題

模擬試験問題は１ページから25ページまでの50問です。
試験開始と同時に、ページ数を確認してください。

２　解　答

解答は、解答用紙の「記入上の注意」に従って記入してください。
正解は、各問題とも一つだけです。
二つ以上の解答をしたもの及び判読が困難なものは、正解としません。

３　適用法令

問題の中の法令に関する部分は、令和６年４月１日現在施行されている規定に基づいて出題されています。

【問　1】 相続に関する次の記述のうち、民法の規定によれば、誤っているものはどれか。

1　相続回復の請求権は、相続人又はその法定代理人が相続権を侵害された事実を知った時から３年間行使しないときは、時効によって消滅する。

2　被相続人は、遺言で、相続開始の時から５年を超えない期間を定めて、遺産の分割を禁ずることができる。

3　相続人が、被相続人が所有していた建物を不法占拠する者に対し明渡しを求めたとしても、単純承認をしたものとはみなされない。

4　被相続人の兄弟姉妹が相続人となるべき場合であっても、相続開始以前に兄弟姉妹及びその子がいずれも死亡していたときは、その者の子（兄弟姉妹の孫）が相続人となることはない。

【問　2】 制限行為能力者に関する次の記述のうち、民法の規定及び判例によれば、正しいものはどれか。

1　精神上の障害により事理を弁識する能力が不十分である者について、家庭裁判所が、配偶者の請求により、補助開始の審判をするには、本人の同意が必要である。

2　被保佐人が、贈与をする場合には、保佐人の同意が必要であるが、贈与の申し出を拒絶する場合には、保佐人の同意は不要である。

3　成年後見人が、成年被後見人に代わって、成年被後見人が居住している建物に抵当権を設定する際、後見監督人がいる場合には、後見監督人の許可があれば足り、家庭裁判所の許可は不要である。

4　未成年者が、法定代理人の同意を得ずに行った建物を売却する意思表示を取り消すには、法定代理人の同意が必要である。

【問　3】　Aは、Aが所有している甲土地をBに売却した。この場合に関する次の記述のうち、民法の規定及び判例によれば、正しいものはいくつあるか。

ア　Bが甲土地の所有権移転登記を備えた後に甲土地につき取得時効が完成したCは、甲土地の所有権移転登記を備えていなくても、Bに対して甲土地の所有権を主張することができる。

イ　Bが甲土地の所有権移転登記を備えないまま甲土地をDに売却した場合、Dは、甲土地の所有権移転登記なくして、Aに対して甲土地の所有権を主張することができる。

ウ　Bが甲土地の所有権移転登記を備えていない場合でも、Aから建物所有目的で甲土地を賃借して甲土地上にE名義の登記ある建物を有するEに対して、Bは自らが甲土地の所有者であることを主張することができる。

エ　甲土地がAとFとの持分1/2ずつの共有であり、Aが自己の持分をBに売却した場合、Bは、持分移転登記を備えていなくても、Fに対して、甲土地の持分の取得を主張することができる。

1　一つ

2　二つ

3　三つ

4　四つ

【問　4】　次の1から4までの記述のうち、民法の規定、判例及び下記判決文によれば、誤っているものはどれか。

（判決文）

無権代理人が本人を他の相続人と共に共同相続した場合において、無権代理行為を追認する権利は、その性質上相続人全員に不可分的に帰属するところ、無権代理行為の追認は、本人に対して効力を生じていなかった法律行為を本人に対する関係において有効なものにするという効果を生じさせるものであるから、共同相続人全員が共同してこれを行使しない限り、無権代理行為が有効となるものではないと解すべきである。そうすると、他の共同相続人全員が無権代理行為の追認をしている場合に無権代理人が追認を拒絶することは信義則上許されないとしても、他の共同相続人全員の追認がない限り、無権代理行為は、無権代理人の相続分に相当する部分においても、当然に有効となるものではない。

1　Aの無権代理人BがAを単独で相続した場合、Bの無権代理行為は、当然に有効になる。

2　Aが無権代理人Bの無権代理行為の追認を拒絶した場合、その後にBがAを単独で相続したとしても、無権代理行為が有効になるものではない。

3　Aの無権代理人BがCとともにAを相続した場合、CがBの無権代理行為を追認しているときは、Bは追認を拒絶することができない。

4　Aの無権代理人BがCとともにAを相続した場合、CがBの無権代理行為の追認を拒絶していても、Bの相続分に相当する部分については、Bの無権代理行為は、当然に有効になる。

【問　5】　ＡとＢとの間で令和６年４月１日に締結された委任契約において、委任者Ａが受任者Ｂに対して報酬を支払うこととされていた場合に関する次の記述のうち、民法の規定によれば、誤っているものはどれか。

1　Ａが破産手続開始決定を受けた場合、委任契約は終了する。

2　Ｂは、ＡＢ双方の責めに帰することができない事由によって委任事務の履行をすることができなくなった場合、Ａに対して既にした履行の割合に応じて報酬を請求することができる。

3　Ｂは、Ｂの責めに帰すべき事由によって委任事務の履行をすることができなくなった場合でも、Ａに対して既にした履行の割合に応じて報酬を請求することができる。

4　Ａの死亡により委任が終了した場合、Ｂは、急迫の事情がないときでも、Ａの相続人が委任事務を処理することができるに至るまで、必要な処分をしなければならない。

【問　6】　Ａは自己所有の甲建物をＢに賃貸し賃料債権を有している。この場合における次の記述のうち、民法の規定及び判例によれば、正しいものはどれか。

1　ＢがＡに対して、Ａの悪意による不法行為に基づく損害賠償請求権を有した場合、Ｂは、Ａに対する不法行為に基づく損害賠償請求権を自働債権として、賃料債務と相殺することができない。

2　Ａに対して乙土地を売却したＢは、Ａに対する乙土地の引渡債務を履行していない場合であっても、Ａに対する乙土地の売買代金債権を自働債権として、賃料債務と相殺することができる。

3　Ａの債権者Ｃが、ＡのＢに対する賃料債権を差し押さえた場合、Ｂは、その差し押さえ前に取得していた、弁済期がその差し押さえの後に到来するＡに対する債権を自働債権として、差し押さえにかかる賃料債務と相殺適状になった段階で相殺し、Ｃに対抗することができる。

4　ＢがＡに対して貸付金債権の請求権を有していたが、時効によって消滅した場合、その貸付金債権が消滅する以前に、賃料債務と相殺適状にあったとしても、Ｂは、Ａに対する貸付金債権を自働債権として、賃料債務と相殺することができない。

【問　7】 Ａを債権者、Ｂを債務者とする金銭の債務不履行に関する次の記述のうち、民法の規定及び判例によれば、誤っているものはどれか。なお、債務は令和６年４月１日に生じたものとする。

1　債務の不履行に関してＡに過失があった場合でも、Ｂから過失相殺する旨の主張がなければ、裁判所は、損害賠償の責任及びその額を定めるに当たり、Ａの過失を考慮することはできない。

2　Ａは、損害の証明をすることなく、Ｂに対して損害賠償の請求をすることができる。

3　Ｂは、不可抗力のために、支払期日に債務を履行できなかった場合でも、履行遅滞の責任を負う。

4　Ｂが債務不履行に陥ったことによりＡがＢに対して請求することができる遅延損害金は、利率についての特段の定めがない場合は、年３％の割合により算出する。

【問　8】 不法行為に関する次の記述のうち、民法の規定及び判例によれば、正しいものはどれか。

1　不法行為による損害賠償の請求権は、不法行為の時から10年間行使しない場合は、時効によって消滅する。

2　不法行為による慰藉料請求権は、被害者が生前に請求の意思を表明しなかった場合は、相続の対象とならない。

3　数人が共同の不法行為によって他人に損害を加えた場合は、各自が連帯してその損害を賠償する責任を負うが、不法行為者を教唆した者及び幇助した者は、損害を賠償する責任を負わない。

4　使用者が被用者の不法行為に関して、使用者責任に基づき被害者に対し損害賠償を支払った場合は、使用者は、その公平な分担という見地から、信義則上相当と認められる限度において被用者に対し求償の請求をすることができる。

【問　9】 AがBとの間で、A所有の甲建物について、賃貸借契約を締結した場合に関する次の記述のうち、民法の規定によれば、誤っているものはどれか。

1　賃料債務その他の賃貸借に基づいて生ずるBのAに対する金銭の給付を目的とする債務を担保する目的で、BがAに交付する金銭は、いかなる名目によるかを問わず、敷金である。

2　Aは、Bから敷金を受領して、Bに賃貸したが、Bは賃料の支払を遅滞している。この場合において、Bは、Aに対して、敷金を未払賃料の弁済に充てることを請求することができない。

3　Bは、甲建物の引渡しを受けた後に甲建物に生じた通常の使用及び収益によって生じた損耗について、賃貸借が終了したときは、原状に復する義務を負う。

4　Bは、民法第605条の2第1項に規定する対抗要件を備えた場合において、甲建物の占有をCが妨害しているときは、Cに対して、妨害の停止の請求をすることができる。

【問　10】 抵当権に関する次の記述のうち、民法の規定及び判例によれば、誤っているものはどれか。

1　抵当権の順位の変更は、その登記をしなければ、その効力を生じない。

2　抵当権は、地上権には設定することができるが、不動産賃借権には設定することができない。

3　抵当権者は、被担保債権の一部について弁済を受けたときであっても、被担保債権の全部について弁済を受けるまでは、目的物の全部について抵当権を実行することができる。

4　建物の共有者の一人がその敷地である土地を単独で所有するときにおいて、同人が当該土地に抵当権を設定し、その抵当権の実行により第三者が当該土地を競落しても、法定地上権は成立しない。

【問　11】 甲土地につき、期間を50年と定めて賃貸借契約を締結しようとする場合（以下「ケース①」という。）と、期間を15年と定めて賃貸借契約を締結しようとする場合（以下「ケース②」という。）に関する次の記述のうち、民法及び借地借家法の規定によれば、正しいものはどれか。

1　賃貸借契約が建物を所有する目的ではなく、駐車場用地とする目的である場合、ケース①の期間は20年となり、ケース②の期間は15年となる。

2　賃貸借契約が建物の所有を目的とする場合、書面で契約を締結しなければ、ケース①の期間は30年となり、ケース②の期間は15年となる。

3　賃貸借契約が居住の用に供する建物の所有を目的とする場合、ケース①では契約の更新がないことを書面で定めればその特約は有効であるが、ケース②では契約の更新がないことを書面で定めても無効であり、期間は30年となる。

4　賃貸借契約が専ら店舗の用に供する建物の所有を目的とする場合、ケース①では契約の更新がないことを公正証書で定めた場合に限りその特約は有効であるが、ケース②では契約の更新がないことを公正証書で定めても無効である。

【問　12】 Aを賃貸人、Bを賃借人とする甲建物の賃貸借契約（以下この問において「本件契約」という。）が締結された場合に関する次の記述のうち、民法及び借地借家法の規定並びに判例によれば、正しいものはどれか。

1　本件契約がBの賃料不払を理由として解除された場合でも、BはAに対して、Aの同意を得てBが建物に付加した造作の買取りを請求することができる。

2　Aが本件契約の解約の申入れをした場合には申入れ日から3月で本件契約が終了する旨を定めた特約は、Bがあらかじめ同意していれば、有効となる。

3　BがAに無断で甲建物をCに転貸した場合には、転貸の事情のいかんにかかわらず、Aは本件契約を解除することができる。

4　甲建物がBに引き渡された後、甲建物の所有権がAからDに移転した場合、本件契約の敷金は、他に特段の合意がない限り、BのAに対する未払賃料債務に充当され、残額がDに承継される。

【問　13】 建物の区分所有等に関する法律（以下この問において「法」という。）に関する次の記述のうち、誤っているものはどれか。

1　規約及び集会の決議は、区分所有者の特定承継人に対しては、その効力を生じない。

2　各共有者の共用部分の持分は、規約に別段の定めがある場合を除いて、その有する専有部分の床面積の割合によるが、この床面積は壁その他の区画の内側線で囲まれた部分の水平投影面積である。

3　法又は規約により集会において決議をすべき場合において、区分所有者が１人でも反対するときは、集会を開催せずに書面によって決議をすることはできない。

4　管理組合法人には、理事を置かなければならないが、理事が数人ある場合において、規約に別段の定めがないときは、管理組合法人の事務は、理事の過半数で決する。

【問　14】 不動産の登記に関する次の記述のうち、誤っているものはどれか。

1　所有権の登記以外の権利に関する登記がある土地については、分筆の登記をすることができない。

2　登記官は、表示に関する登記について申請があった場合及び職権で登記しようとする場合において、必要があると認めるときは、当該不動産の表示に関する事項を調査することができる。

3　区分建物である建物を新築した場合において、その所有者について相続その他の一般承継があったときは、相続人その他の一般承継人も、被承継人を表題部所有者とする当該建物についての表題登記を申請することができる。

4　新たに生じた土地又は表題登記がない土地の所有権を取得した者は、その所有権の取得の日から１月以内に、表題登記を申請しなければならない。

【問　15】 都市計画法に関する次の記述のうち、正しいものはどれか。

1　都市計画区域は、市又は人口、就業者数その他の要件に該当する町村の中心の市街地を含み、かつ、自然的及び社会的条件並びに人口、土地利用、交通量その他の現況及び推移を勘案して、一体の都市として総合的に整備し、開発し、及び保全する必要がある区域であり、市町村の行政区域に沿って指定しなければならない。

2　準都市計画区域については、無秩序な市街化を防止し、計画的な市街化を図るため、都市計画に市街化区域と市街化調整区域との区分を定めることができる。

3　都市計画事業の認可の告示があった後、当該認可に係る事業地内において、当該都市計画事業の施行の障害となるおそれがある建築物の建築をしようとする者は、当該建築行為が非常災害のため必要な応急措置として行う行為であっても、都道府県知事（市の区域内にあっては、当該市の長）の許可を受けなければならない。

4　地区計画の区域のうち地区整備計画が定められている区域内において、建築物の建築等の行為を行った者は、一定の行為を除き、当該行為の完了した日から30日以内に、行為の種類、場所及び設計又は施行方法を市町村長に届け出なければならない。

【問　16】 都市計画法に関する次の記述のうち、誤っているものはどれか。なお、この問において「都道府県知事」とは、地方自治法に基づく指定都市、中核市及び施行時特例市にあってはその長をいうものとする。

1　都道府県知事は、用途地域の定められていない土地の区域における開発行為について開発許可をする場合において必要があると認めるときは、当該開発区域内の土地について、建築物の建蔽率、建築物の高さ及び壁面の位置に関する制限を定めることができる。

2　区域区分が定められていない都市計画区域内において開発許可を受けた者が、開発区域の規模を2,000㎡に縮小しようとする場合においては、都道府県知事の許可を受けなければならない。

3　開発許可を受けた開発区域内の土地であっても、当該許可に係る開発行為に同意していない土地の所有者は、その権利の行使として建築物を建築することができる。

4　市街化調整区域のうち開発許可を受けた開発区域以外の区域内において、非常災害のため必要な応急措置として行う建築物を新築する場合は、都道府県知事の許可を受ける必要はない。

【問　17】 建築基準法に関する次の記述のうち、誤っているものはどれか。

1　一の敷地で、その敷地面積の40％が第一種住居地域に、60％が第二種住居地域にある場合、当該敷地内にダンスホールを建築することができる。

2　建蔽率の限度が10分の8とされている地域内で、かつ、準防火地域内にある準耐火建築物については、建蔽率の限度が10分の9に緩和される。

3　準防火地域内においては、地階を除く階数が3で延べ面積が1,200㎡の事務所は、耐火建築物又は耐火建築物と同等以上の延焼防止性能を有する建築物としなければならない。

4　第一種低層住居専用地域、第二種低層住居専用地域又は田園住居地域内においては、建築物の高さは、一定の場合を除き、10 m又は12 mのうち当該地域に関する都市計画において定められた建築物の高さの限度を超えてはならない。

【問　18】 建築基準法（以下この問において「法」という。）に関する次の記述のうち、誤っているものはどれか。

1　第一種低層住居専用地域、第二種低層住居専用地域及び田園住居地域内の建築物に対しては、法第56条第1項第2号の規定（隣地斜線制限）は適用されないが、法第56条第1項第3号の規定（北側斜線制限）は適用される。

2　商業地域においては、防火地域内にある耐火建築物については、法第53条第1項から第5項までの規定に基づく建蔽率に関する制限は適用されない。

3　地方公共団体は、その敷地が袋路状道路にのみ接する延べ面積が150㎡を超える一戸建ての住宅について、条例で、その敷地が接しなければならない道路の幅員に関して必要な制限を付加することができる。

4　3階建ての共同住宅の2階以上の階にあるバルコニーその他これに類するものの周囲には、安全上必要な高さが1.1 m以上の手すり壁、さく又は金網を設けなければならない。

【問　19】 宅地造成及び特定盛土等規制法に関する次の記述のうち、誤っているものはどれか。なお、この問において「都道府県知事」とは、地方自治法に基づく指定都市及び中核市にあってはその長をいうものとする。

1　国土交通大臣は、基本方針に基づき、かつ、基礎調査の結果を踏まえ、宅地造成に伴い災害が生ずるおそれが大きい市街地若しくは市街地となろうとする土地の区域又は集落の区域（これらの区域に隣接し、又は近接する土地の区域を含む。）であって、宅地造成等に関する工事について規制を行う必要があるものを、宅地造成等工事規制区域として指定することができる。

2　都道府県知事は、宅地造成等に関する工事の許可の申請をした者に、許可の処分をしたときは許可証を交付し、不許可の処分をしたときは文書をもってその旨を通知しなければならない。

3　工事主は、宅地造成等に関する工事の許可の申請をするときは、あらかじめ、宅地造成等に関する工事の施行に係る土地の周辺地域の住民に対し、説明会の開催その他の当該宅地造成等に関する工事の内容を周知させるため必要な措置を講じなければならない。

4　宅地造成等工事規制区域内において行われる宅地造成等に関する工事の許可を受けた者が、工事の着手予定年月日又は工事の完了予定年月日を変更する場合には、遅滞なく、その旨を都道府県知事に届け出ればよく、改めて許可を受ける必要はない。

【問　20】 土地区画整理法に関する次の記述のうち、誤っているものはどれか。

1　施行者が個人施行者であるときは、その換地計画について都道府県知事の認可を受けなければならない。

2　土地区画整理組合が施行する土地区画整理事業に係る施行地区内の宅地について所有権又は借地権を有する者は、すべてその組合の組合員となるが、施行地区内の借家人は組合員とはならない。

3　仮換地が指定された場合においては、従前の宅地について権原に基づき使用し、又は収益することができる者は、仮換地の指定の効力発生の日から換地処分の公告がある日まで、仮換地について、従前の宅地について有する権利の内容である使用又は収益と同じ使用又は収益をすることができる。

4　仮換地となるべき土地について抵当権を有する者があるときは、その抵当権を有する者に仮換地の位置及び地積並びに仮換地の指定の効力発生の日を通知しなければならない。

【問　21】 農地法（以下この問において「法」という。）に関する次の記述のうち、正しいものはどれか。

1　相続によって農地を取得する場合には、法第３条第１項の許可は不要であるが、農業委員会への届出が必要である。

2　金融機関からの資金借入れのために農地に抵当権を設定する場合には、法第３条第１項又は法第５条第１項の許可を受ける必要がある。

3　耕作する目的で山林の所有権を取得し、その取得後、造成して農地にする場合には、法第３条第１項の許可を受ける必要がある。

4　市街化調整区域内の５ヘクタールの農地について、これを転用するために所有権を取得する場合、農林水産大臣の許可を受ける必要がある。

【問　22】 国土利用計画法第23条の都道府県知事への届出（以下この問において「事後届出」という。）に関する次の記述のうち、正しいものはどれか。

1　Ａが市街化調整区域内の6,000㎡の土地を時効取得した場合、Ａは、事後届出を行わなければならない。

2　Ｂ及びＣが、甲県が所有する市街化区域内の5,000㎡の土地について共有持分50%ずつと定めて共同で購入した場合、Ｂ及びＣは、事後届出を行わなければならない。

3　Ｄが行った事後届出に係る土地の利用目的について、都道府県知事が適正かつ合理的な土地利用を図るために必要な助言をした場合、Ｄがその助言に従わないときは、当該知事は、その旨及び助言の内容を公表することができる。

4　Ｅが土地売買等の契約による事後届出を行う場合において、当該土地に関する権利の移転の対価が金銭以外のものであるときは、Ｅは、当該対価を時価を基準として金銭に見積った額に換算して、届出書に記載しなければならない。

【問　23】 印紙税に関する次の記述のうち、正しいものはどれか。

1　一の契約書に土地の譲渡契約（譲渡金額 4,000 万円）と建物の建築請負契約（請負金額 3,000 万円）をそれぞれ区分して記載した場合、印紙税の課税標準となる当該契約書の記載金額は、7,000 万円である。

2 「建物の建築工事に係る請負代金は 2,200 万円（うち消費税額及び地方消費税額 200 万円）とする」旨を記載した工事請負契約書について、印紙税の課税標準となる当該契約書の記載金額は、2,000 万円である。

3　印紙をはり付けることにより印紙税を納付すべき契約書について、印紙税を納付せず、その事実が税務調査により判明した場合には、納付しなかった印紙税額と納付しなかった印紙税額の 10％に相当する金額の合計額が過怠税として徴収される。

4　土地の売買契約書（記載金額 3,000 万円）を３通作成し、売主Ａ、買主Ｂ及び媒介した宅地建物取引業者Ｃがそれぞれ１通ずつ保存する場合は、Ｃが保存する契約書には、印紙税は課されない。

【問　24】 不動産取得税に関する次の記述のうち、正しいものはどれか。

1　共有物の分割による不動産の取得については、当該不動産の取得者の分割前の当該共有物に係る持分の割合を超えない部分の取得をした場合にも、不動産取得税は課される。

2　不動産取得税は、不動産の取得があった日の翌日から起算して１か月以内に当該不動産の所在する都道府県に申告納付しなければならない。

3　令和６年４月に個人が取得した住宅用地に係る不動産取得税の税率は３％であるが、住宅用以外の土地に係る不動産取得税の税率は４％である。

4　相続及び法人の合併により不動産を取得した場合には、不動産取得税は課せられない。

【問　25】　地価公示法に関する次の記述のうち、正しいものはどれか。

1　土地鑑定委員会が標準地の単位面積当たりの正常な価格を判定したときは、標準地の利用の現況については官報で公示する必要があるが、標準地の周辺の土地の利用の現況については官報で公示しなくてもよい。

2　都市及びその周辺の地域等において、土地の取引を行う者は、取引の対象土地に類似する利用価値を有すると認められる標準地について公示された価格を指標として取引を行わなければならない。

3　関係市町村の長は、土地鑑定委員会が公示した事項のうち、当該市町村が属する都道府県に存する標準地に係る部分を記載した書面等を、当該市町村の事務所において一般の閲覧に供しなければならない。

4　標準地の正常な価格とは、土地について、自由な取引が行われるとした場合におけるその取引（一定の場合を除く。）において通常成立すると認められる価格をいい、当該土地に関して地上権が存する場合は、この権利が存するものとしてとして通常成立すると認められる価格となる。

【問　26】　次の記述のうち、宅地建物取引業法の規定によれば、正しいものはどれか。

1　宅地建物取引士ではないAが、宅地建物取引業者Ｂ社（甲県知事免許）の非常勤の取締役に就任したとき、Ｂ社は、その旨を甲県知事に届け出る必要はない。

2　宅地建物取引業者Ｃ社が、免許の更新の申請をしたにもかかわらず、従前の免許の有効期間の満了の日までに、その申請について処分がなされないときは、従前の免許は、有効期間の満了後もその処分がなされるまでの間は、なお効力を有する。

3　宅地建物取引業者Ｄ社（甲県知事免許）は、乙県内で１棟のマンション（100戸）の分譲を行う案内所を設置し、当該案内所においてマンションの売買の契約を締結し、又は契約の申込みを受ける場合、国土交通大臣に免許換えの申請をしなければならない。

4　免許を受けようとするＥ社に、刑法第208条（暴行）の罪により拘留の刑に処せられた者が非常勤役員として在籍している場合、その刑の執行が終わってから５年を経過していなければ、Ｅ社は、免許を受けることができない。

【問　27】 宅地建物取引業者Ａが行う業務に関する次の記述のうち、宅地建物取引業法（以下この問において「法」という。）の規定に違反しないものはどれか。

1　Ａは、法第49条に規定されている業務に関する帳簿に、業務上取り扱ったことについて知り得た秘密が含まれているため、当該帳簿の閉鎖後、直ちに、専門業者に委託して当該帳簿を廃棄した。

2　Ａは、自ら売主として、宅地建物取引業者でないＢとの間で、建築工事が完了した5,000万円の新築マンションの売買契約を締結し、法第41条に定める手付金等の保全措置を講じた上で、Ｂから2,000万円を手付金として受領した。

3　Ａは、宅地建物取引業者Ｃから宅地の売買に関する注文を受けた際、Ｃに対して取引態様の別を明示しなかった。

4　Ａの従業者Ｄは、投資用マンションの販売において、相手方Ｅに事前の連絡をしないままＥの自宅を訪問し、その際、勧誘に先立って、Ａの名称、Ｄの氏名、契約締結の勧誘が目的である旨を告げた上で勧誘を行った。

【問　28】 宅地建物取引業者Ａは、宅地建物取引業者Ｂとの間で、Ａが所有する宅地を2,000万円で売却する売買契約（以下この問において「本件契約」という。）を締結した。この場合における次の記述のうち、宅地建物取引業法（以下この問において「法」という。）の規定に違反するものはいくつあるか。

ア　営業保証金を供託しているＡは、Ｂに対して営業保証金を供託した主たる事務所のもよりの供託所及びその所在地について説明しなかった。

イ　Ａは、Ｂに対して法第35条の規定に基づく重要事項を記載した書面を交付しなかった。

ウ　Ａは、Ｂの承諾があったので、Ｂに対して法第37条の規定に基づく契約の内容を記載した書面を交付しなかった。

エ　Ａは、Ｂとの間で当事者の債務の不履行を理由とする契約の解除があったときの損害賠償の額を800万円とする特約を定めた。

1　一つ

2　二つ

3　三つ

4　四つ

【問　29】 宅地建物取引業法（以下この問において「法」という。）の規定に基づく監督処分及び罰則に関する次の記述のうち、正しいものどれか。

1　甲県知事は、宅地建物取引業者Ａ（乙県知事免許）の甲県の区域内における業務に関し、Ａに対して指示処分をした場合、遅滞なく、その旨を乙県知事に通知するとともに、甲県の公報又はウェブサイトへの掲載その他の適切な方法により公告しなければならない。

2　宅地建物取引業者Ｂ（甲県知事免許）が、乙県の区域内の業務に関し、乙県知事から受けた業務停止の処分に違反した場合、乙県知事は、Ｂの免許を取り消すことができる。

3　宅地建物取引業者Ｃ（国土交通大臣免許）が、甲県の区域内の業務に関し、法第35条の規定に基づく重要事項の説明を行わなかったことを理由に、甲県知事が、Ｃに対して業務停止処分をしようとするときは、あらかじめ、内閣総理大臣に協議しなければならない。

4　宅地建物取引業者Ｄ（甲県知事免許）は、法第72条第１項に基づく甲県職員による帳簿の検査を拒んだ場合、50万円以下の罰金に処せられることがある。

【問　30】 宅地建物取引業者Ａ（消費税課税事業者）が受け取ることのできる報酬の上限額に関する次の記述のうち、宅地建物取引業法の規定によれば、正しいものはいくつあるか。

ア　宅地（代金200万円。消費税等相当額を含まない。）の売買について、Ａが買主Ｂから媒介を依頼され、現地調査等の費用が通常の売買の媒介に比べ８万円（消費税等相当額を含まない。）多く要する場合、その旨をＢに対し説明した上で、ＡがＢから受け取ることができる報酬の上限額は198,000円である。

イ　宅地（代金300万円。消費税等相当額を含まない。）の売買について、Ａが売主Ｃから代理を依頼され、現地調査等の費用が通常の売買の代理に比べ４万円（消費税等相当額を含まない。）多く要する場合、その旨をＣに対し説明した上で、ＡがＣから受け取ることができる報酬の上限額は396,000円である。

ウ　中古住宅（代金500万円。消費税等相当額を含まない。）の売買について、Ａが売主Ｄから媒介を依頼され、現地調査等の費用が通常の売買の媒介に比べ３万円（消費税等相当額を含まない。）多く要する場合、その旨をＤに対し説明した上で、ＡがＤから受け取ることができる報酬の上限額は264,000円である。

エ　中古住宅（１か月分の借賃16万円。消費税等相当額を含まない。）の貸借について、Ａが貸主Ｅから媒介を依頼され、現地調査等の費用が通常の貸借の媒介に比べ２万円（消費税等相当額を含まない。）多く要する場合、その旨をＥに対し説明した上で、ＡがＥから受け取ることができる報酬の上限額は198,000円である。

1　一つ
2　二つ
3　三つ
4　なし

【問　31】　宅地建物取引業者Aが、BからB所有の甲宅地の売却に係る媒介の依頼を受けて締結する一般媒介契約に関する次の記述のうち、宅地建物取引業法（以下この問において「法」という。）の規定によれば、正しいものはいくつあるか。

ア　Aは、当該一般媒介契約が国土交通大臣が定める標準媒介契約約款に基づくものであるか否かの別を、法第34条の2第1項の規定に基づく書面に記載する必要はない。

イ　Aは、甲宅地の価額について意見を述べる場合、Bに対してその根拠を書面により明らかにしなければならない。

ウ　Aは、宅地建物取引士に法第34条の2第1項の規定に基づき交付すべき書面の記載内容を確認させた上で、当該宅地建物取引士をして記名押印させなければならない。

エ　Aは、Bが重ねて依頼する他の宅地建物取引業者を明示する義務がある場合、Bが明示していない他の宅地建物取引業者の媒介又は代理によって売買の契約を成立させたときの措置を、法第34条の2第1項の規定に基づく書面に記載しなければならない。

1　一つ
2　二つ
3　三つ
4　四つ

【問　32】　宅地建物取引業者が行う宅地建物取引業法第35条に規定する重要事項の説明に関する次の記述のうち、正しいものはどれか。なお、説明の相手方は宅地建物取引業者ではないものとする。

1　建物の貸借の媒介を行う場合、当該建物が住宅の品質確保の促進等に関する法律に規定する住宅性能評価を受けた新築住宅であるときは、その旨について説明しなければならない。

2　建物の貸借の媒介を行う場合、飲用水、電気及びガスの供給並びに排水のための施設が整備されていないときは、その整備の見通し及びその整備についての特別の負担に関する事項を説明しなければならない。

3　昭和55年に竣工した建物の売買の媒介を行う場合、当該建物の売主に耐震診断の記録の有無を照会したにもかかわらず、当該有無が判別しないときは、自ら耐震診断を実施し、その結果を説明しなければならない。

4　建物の売買の媒介を行う場合、当該建物の引渡時期を説明しなければならない。

【問　33】 次の記述のうち、宅地建物取引業法の規定によれば、正しいものはいくつあるか。

ア　宅地建物取引業者は、従業者名簿に、その従業者が当該事務所の従業者となった年月日、宅地建物取引士であるか否かの別等を記載しなければならない。

イ　宅地建物取引業者は、その業務に関する帳簿に、取引に関与した他の宅地建物取引業者の商号又は名称を記載しなければならない。

ウ　宅地建物取引業者は、従業者名簿を最終の記載をした日から５年間保存しなければならない。

エ　宅地建物取引業者は、その業務に関する帳簿を各事業年度の末日をもって閉鎖するものとし、閉鎖後５年間（当該宅地建物取引業者が自ら売主となる新築住宅に係るものは10年間）当該帳簿を保存しなければならない。

1　一つ

2　二つ

3　三つ

4　四つ

【問　34】 宅地建物取引業法（以下この問において「法」という。）第37条の規定により交付すべき書面（以下この問において「37条書面」という。）に関する次の記述のうち、法の規定に違反するものいくつあるか。なお、Ａは宅地建物取引業者である。

ア　Ａは、既存建物の貸借の媒介において、建物の構造耐力上主要な部分等の状況について当事者双方が確認した事項を37条書面に記載しなかった。

イ　Ａは、建物の売買の媒介において、当該建物の引渡しの時期について、重要事項説明書に記載して説明を行ったので、37条書面には記載しなかった。

ウ　Ａは、媒介により建築工事完了前の建物の売買契約を成立させ、当該建物を特定するために必要な表示について37条書面で交付する際、法第35条の規定に基づく重要事項の説明において使用した図書の交付により行った。

エ　建物の売主であるＡの宅地建物取引士Ｂは、宅地建物取引業者ではない買主Ｃに37条書面を交付する際、Ｃから宅地建物取引士証の提示を求められなかったので、Ｃに宅地建物取引士証を提示せずに37書面を交付した。

1　一つ

2　二つ

3　三つ

4　四つ

【問　35】　宅地建物取引業者Aが、自ら売主として、宅地建物取引業者でないBと建築工事完了前のマンション（代金5,000万円）の売買契約を締結した場合、宅地建物取引業法第41条の規定に基づく手付金等の保全措置（以下この問において「保全措置」という。）に関する次の記述のうち、正しいものはいくつあるか。

ア　Aが手付金として300万円を受領しようとする場合は、Aは、銀行等による連帯保証、保険事業者による保証保険又は指定保管機関による保管により保全措置を講じなければならない。

イ　売買契約において、500万円の中間金を支払う旨の定めをしたが、Aが保全措置を講じないことを理由に、Bが当該中間金を支払わない場合は、Aは、Bの当該行為が債務不履行に当たるとして契約を解除することができる。

ウ　Aは、Bから手付金250万円を保全措置を講じないで受領し、その後引渡し前に、中間金250万円を受領する場合は、すでに受領した手付金と中間金の合計額500万円について保全措置を講じなければならない。

エ　Aは、Bから手付金250万円を保全措置を講じないで受領し、その後、建築工事が完了しBに引渡す前に、中間金250万円を受領する場合は、保全措置を講じる必要がない。

1　一つ

2　二つ

3　三つ

4　四つ

【問　36】　宅地建物取引業者が行う広告に関する次の記述のうち、宅地建物取引業法（以下この問において「法」という。）の規定によれば、正しいものはどれか。

1　建築基準法第6条第1項の確認を申請中の建物については、当該建物の売買の媒介に関する広告をしてはならないが、貸借の媒介に関する広告はすることができる。

2　宅地の売買に関する広告をインターネットで行った場合において、当該宅地の売買契約成立後に継続して広告を掲載していたとしても、当該広告の掲載を始めた時点で当該宅地に関する売買契約が成立していなかったときは、法第32条に規定する誇大広告等の禁止に違反しない。

3　広告については、実際のものよりも著しく優良又は有利であると人を誤認させるような表示をしてはならないが、誤認させる方法には限定がなく、宅地又は建物に係る現在又は将来の利用の制限の一部を表示しないことにより誤認させることも禁止されている。

4　販売する建物の価格について、実際のものよりも著しく優良であると人を誤認させる表示をした場合でも、当該建物に関する注文がなく、売買が成立しなかったときは、法第32条に規定する誇大広告等の禁止に違反しない。

【問　37】 宅地建物取引業者Aは、自ら売主として、建築工事完了後の建物を割賦販売の方法により、宅地建物取引業者でない買主Bに売却する契約を締結した。この場合に関する次の記述のうち、宅地建物取引業法の規定によれば、正しいものはどれか。

1　当該契約が宅地建物取引業者Cの媒介により締結された場合であれば、「Aが種類又は品質に関して契約の内容に適合しない建物をBに引き渡した場合において、Bが建物の引渡しの日から1年以内にその旨をAに通知しないときは、Bは、その不適合を理由として、履行の追完の請求、代金の減額の請求、損害賠償の請求及び契約の解除をすることができない」旨の特約をすることができる。

2　Aは、売買契約を締結する前に、Bに対して重要事項の説明をする必要があり、この場合には、現金販売価格及び割賦販売価格の双方を説明しなければならない。

3　Bの賦払金の支払額が代金の10分の3を超えたときには、Aは、必ず当該物件の所有権の登記をBに移転しなければならない。

4　Bが賦払金の支払いを遅滞したとしても、Aは、2週間以上の期間を定めて書面で支払いを催告し、その期間内に賦払金の履行がないときでなければ、当該契約の解除をすることはできない。

【問　38】 次の記述のうち、宅地建物取引業法（以下この問において「法」という。）の規定によれば、正しいものはどれか。

1　山林を所有する者が、その山林を造成して、50区画に区画割して、宅地として分譲する場合でも、販売代理を宅地建物取引業者に依頼して行うのであれば、宅地建物取引業の免許を受ける必要はない。

2　都市計画法に規定する都市計画区域及び準都市計画区域外に農地を所有する者が、その農地を30区画に区画割りして、家庭菜園として分譲する場合は、宅地建物取引業の免許を受ける必要がある。

3　都市計画法に規定する用途地域外の土地で、倉庫の用に供されているものは、法第2条第1号に規定する宅地に該当する。

4　都市計画法に規定する工業地域内の土地で、建築資材置き場の用に供されているものは、法第2条第1号に規定する宅地に該当しない。

【問　39】 宅地建物取引業保証協会（以下この問において「保証協会」という。）に関する次の記述のうち、宅地建物取引業法の規定によれば、正しいものはどれか。

1　保証協会は、当該保証協会に加入しようとする宅地建物取引業者から弁済業務保証金分担金の納付を受けたときは、その日から２週間以内に、その納付を受けた額に相当する額の弁済業務保証金を供託しなければならない。

2　保証協会の社員又は社員であった者は、当該保証協会から還付充当金を納付すべき旨の通知を受けたときは、その通知を受けた日から２週間以内に、その通知された額の還付充当金を主たる事務所の最寄りの供託所に供託しなければならない。

3　保証協会の社員と宅地建物取引業に関し取引をした者が、その取引により生じた債権に関し、弁済業務保証金について弁済を受ける権利を実行するときは、当該保証協会の認証を受けるとともに、当該保証協会に対し、還付請求をしなければならない。

4　保証協会の社員は、当該保証協会から特別弁済業務保証金分担金を納付すべき旨の通知を受けた場合で、その通知を受けた日から１か月以内にその通知された額の特別弁済業務保証金分担金を保証協会に納付しないときは、当該保証協会の社員の地位を失う。

【問　40】 建物の貸借の媒介を行う宅地建物取引業者が、宅地建物取引業法第35条に規定する重要事項の説明を行う場合における次の記述のうち、宅地建物取引業法の規定に違反しないものはいくつあるか。なお、取引の相手方は宅地建物取引業者でないものとする。

ア　当該建物が都市計画法の防火地域内にあり、建築基準法第62条第１項に基づく建物の構造に係る制限があるときに、その概要を説明しなかった。

イ　当該建物が津波防災地域づくりに関する法律の規定により指定された津波災害警戒区域内にあるときに、その旨を説明しなかった。

ウ　当該建物について、石綿の使用の有無の調査の結果が記録されていたが、その内容について説明しなかった。

エ　当該建物が土砂災害警戒区域等における土砂災害防止対策の推進に関する法律により指定された土砂災害警戒区域内にあるときに、その旨を説明しなかった。

1　一つ

2　二つ

3　三つ

4　四つ

【問　41】 宅地建物取引業者Ａ（甲県知事免許）の営業保証金に関する次の記述のうち、宅地建物取引業法の規定によれば、誤っているものはどれか。

1　Ａは、甲県知事に営業保証金を供託した旨の届出をしないで営業を開始した場合、懲役の刑に処せられることがある。

2　Ａは、甲県の区域内に新たに３つの支店を設け宅地建物取引業を営もうとする場合、額面金額 1,500 万円の国債証券を供託して営業保証金に充てれば足りる。

3　Ａは、営業保証金の還付により、営業保証金の額が政令で定める額に不足することとなった場合、甲県知事から不足額を供託すべき旨の通知書の送付を受けた日から２週間以内にその不足額を供託しなければならない。

4　Ａは、自ら所有する宅地を売却する場合、当該売却に係る売買契約が成立するまでの間に、その買主に対して、営業保証金を供託した主たる事務所の最寄りの供託所、その所在地及び供託している営業保証金の額を説明するようにしなければならない。

【問　42】 宅地建物取引業者Ａが、甲建物の売買の媒介を行う場合において、宅地建物取引業法第 37 条の規定により交付すべき書面（以下この問において「37 条書面」という。）に関する次の記述のうち、宅地建物取引業法の規定に違反しないものはいくつあるか。

ア　Ａは、宅地建物取引士をして、37 条書面に記名させたが、買主への 37 条書面の交付は、宅地建物取引士ではないＡの従業者に行わせた。

イ　Ａは、甲建物に抵当権に基づく差し押さえの登記がされていたが、37 条書面に当該登記について、記載しなかった。

ウ　Ａは、37 書面の交付に代えて、買主の承諾を得て、37 条書面に記載すべき事項を電磁的方法であって宅地建物取引士の記名に代わる措置を講じたものにより提供した。

エ　Ａは、甲建物の売主である宅地建物取引業者が消費税課税業者であったが、37 条書面に甲建物の売買につき課されるべき消費税等相当額を記載しなかった。

1　一つ

2　二つ

3　三つ

4　四つ

【問　43】 宅地建物取引業者Ａが、自ら売主として、宅地建物取引業者でないＢとの間で宅地の売買契約を締結した場合において、宅地建物取引業法第37条の２の規定に基づくいわゆるクーリング・オフに関する次の記述のうち、正しいものはどれか。

1　Ａは、Ｂが指定した喫茶店でＢから買受けの申込みを受け、その際にクーリング・オフについて書面で告げた上で契約を締結した。その７日後にＢから契約の解除の書面を受けた場合、Ａは、代金全部の支払を受け、当該宅地をＢに引き渡していても契約の解除を拒むことができない。

2　クーリング・オフについて告げる書面には、Ａについては、その商号又は名称及び住所並びに免許証番号、Ｂについては、その氏名（法人の場合、その商号又は名称）及び住所が記載されていなければならない。

3　ＡとＢの間で、クーリング・オフによる契約の解除に関し、Ｂは契約の解除の書面をクーリング・オフの告知の日から起算して８日以内にＡに到達させなければ契約を解除することができない旨の特約を定めた場合、当該特約は有効である。

4　ＡとＢの間で、クーリング・オフによる契約の解除の際に、ＡからＢに対して損害賠償を請求することができる旨の特約を定めた場合、当該特約は有効である。

【問　44】 宅地建物取引業法第35条に規定する重要事項の説明を宅地建物取引士が行う場合における次の記述のうち、正しいものはどれか。なお、説明の相手方は宅地建物取引業者ではないものとする。

1　建物の売買の媒介の場合は、テレビ会議等のＩＴを活用して説明を行うことはできないが、建物の貸借の媒介の場合は、テレビ会議等のＩＴを活用して説明を行うことができる。

2　建物の売買の媒介の場合は、水防法施行規則第11条第１号の規定により、当該建物が所在する市町村の長が提供する図面に当該建物の位置が表示されているときは、当該図面における当該建物の所在地を説明しなければならないが、建物の貸借の媒介の場合は、説明する必要はない。

3　宅地の貸借の媒介の場合は、宅地造成及び特定盛土等規制法の規定により指定された造成宅地防災区域内にあるときはその旨を説明しなければならないが、建物の貸借の媒介の場合は、説明する必要はない。

4　宅地の貸借の媒介の場合は、建築基準法に規定する建蔽率及び容積率に関する制限があるときはその概要を説明しなければならないが、建物の貸借の媒介の場合は、説明する必要はない。

【問　45】 特定住宅瑕疵担保責任の履行の確保等に関する法律に基づく住宅販売瑕疵担保保証金の供託又は住宅販売瑕疵担保責任保険契約の締結に関する次の記述のうち、誤っているものはどれか。

1　宅地建物取引業者は、自ら売主として宅地建物取引業者である買主との間で新築住宅の売買契約を締結し、その住宅を引き渡す場合、住宅販売瑕疵担保保証金の供託又は住宅販売瑕疵担保責任保険契約の締結を行う義務を負わない。

2　宅地建物取引業者は、新築住宅の売買の媒介をする場合においては、住宅販売瑕疵担保保証金の供託又は住宅販売瑕疵担保責任保険契約の締結を行う義務を負わない。

3　金銭のみをもって住宅販売瑕疵担保保証金を供託している宅地建物取引業者は、その本店を移転したためその最寄りの供託所が変更した場合、遅滞なく、供託している供託所に対し、移転後の本店の最寄りの供託所への住宅販売瑕疵担保保証金の保管替えを請求しなければならない。

4　住宅販売瑕疵担保責任保険契約は、新築住宅の買主が住宅瑕疵担保責任保険法人と締結する保険契約であり、当該住宅の引渡しを受けた時から 10 年間、当該住宅の瑕疵によって生じた損害について保険金が支払われる。

【問　46】 独立行政法人住宅金融支援機構（以下この問において「機構」という。）に関する次の記述のうち、誤っているものはどれか。

1　機構は、貸付けを受けた者とあらかじめ契約を締結して、その者が死亡した場合又は重度障害の状態となった場合に支払われる生命保険の保険金を当該貸付けに係る債務の弁済に充当する団体信用生命保険を業務として行っている。

2　機構は、高齢者が自ら居住する住宅に対して行うバリアフリー工事に係る貸付けの業務において、高齢者の死亡時に一括償還をする方法により貸付金の償還を受けるときは、当該貸付金の貸付けのために設定された抵当権の効力の及ぶ範囲を超えて、弁済の請求をしないことができる。

3　機構は、証券化支援事業（買取型）において、債務者又は債務者の親族が居住する住宅の建設又は購入に必要な資金の貸付けに係る金融機関の貸付債権については譲受けの対象としているが、賃貸住宅の建設又は購入に必要な資金の貸付けに係る金融機関の貸付債権については譲受けの対象としていない。

4　機構は、災害により住宅が滅失した場合におけるその住宅に代わるべき住宅の建設又は購入に係る貸付金については、元金据置期間を設けることができない。

【問　47】 宅地建物取引業者が行う広告等に関する次の記述のうち、不当景品類及び不当表示防止法（不動産の表示に関する公正競争規約を含む。）の規定によれば、正しいものはどれか。

1　住戸により管理費が異なる分譲マンションの販売広告を行う場合、全ての住戸の管理費を示すことが広告スペースの関係で困難なときには、全住戸の平均額のみ表示すればよい。

2　宅地の販売広告における地目の表示は、登記簿に記載されている地目と現況の地目が異なる場合には、現況の地目のみを表示すればよい。

3　販売しようとしている土地が、都市計画法第20条第1項の告示が行われた都市計画道路の区域に含まれている場合は、都市計画道路の工事が未着手であっても、広告においてその旨を明示しなければならない。

4　路地状部分のみで道路に接する土地を取引する場合は、その路地状部分の面積が当該土地面積の50%以下であれば、路地状部分を含む旨及び路地状部分の割合又は面積を明示せずに表示してもよい。

【問　48】 次の記述のうち、正しいものはどれか。

1　建築着工統計（令和6年1月公表）によれば、令和5年の貸家の新設着工戸数は約34.4万戸となっており、3年ぶりの減少となった。

2　令和6年地価公示（令和6年3月公表）によれば、令和5年1月以降の1年間の地価の変動を見ると、全国平均の用途別では、住宅地は3年連続の上昇となったが、商業地は3年ぶりに下落に転じた。

3　令和4年度法人企業統計調査（令和5年9月公表）によれば、令和4年度における不動産業の売上高営業利益率は10.1%であり、3年連続で上昇した。

4　令和4年度法人企業統計調査（令和5年9月公表）によれば、令和4年度における不動産業の売上高経常利益率は12.8%であり、3年ぶりに減少した。

【問　49】 土地に関する次の記述のうち、最も不適当なものはどれか。

1　等高線が山頂に向かって高い方に弧を描いている部分は谷で、山頂から見て等高線が張り出している部分は尾根である。

2　扇状地とは、山地から河川により運ばれてきた砂礫等が堆積し、平坦地になった地盤であり、等高線が同心円状になるのが特徴である。

3　地表面の傾斜は、等高線の密度で読み取ることができ、等高線の密度が高い所は傾斜が緩やかである。

4　地形図の上では斜面の等高線の間隔が不ぞろいで大きく乱れているような場所は、地すべりが発生する危険性があるので、注意が必要である。

【問　50】 建物の構造と材料に関する次の記述のうち、最も不適当なものはどれか。

1　コンクリートの引張強度は、圧縮強度より小さい。

2　鉄筋は、炭素含有量が少ないほど、引張強度が増大する傾向がある。

3　常温、常圧において、鉄筋と普通コンクリートを比較すると、熱膨張率は、ほぼ等しい。

4　鉄骨造は、自重が小さく、靱性が大きいことから、大空間の建築や高層建築に使用される。

《問題冊子の取り外し方》

問題冊子は、前後を水色の色紙で区切られています。問題冊子を取り外すときは、この色紙を残したまま、下記の要領で白色の冊子部分だけを抜き取ってください。

① この色紙をめくり、上から手で強く押さえる。
② 問題冊子の全体をしっかりとつまみ、丁寧にゆっくり引き抜く。

＊力任せに引き抜くと、冊子を損傷したり、思わぬけがをしたりする場合があります。十分にご注意ください。
＊抜き取りの際に生じた損傷については、お取り替えいたしかねますので、予めご了承ください。

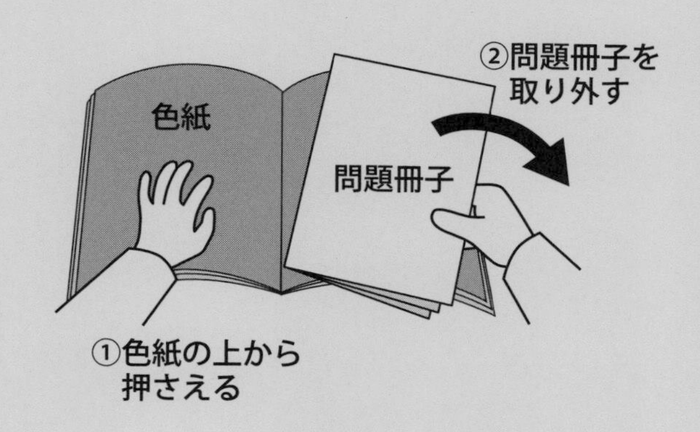

令和６年度
第３回模擬試験
問　題

次の注意事項をよく読んでから、始めてください。

（注意事項）

1　問　題

模擬試験問題は１ページから25ページまでの50問です。

試験開始と同時に、ページ数を確認してください。

2　解　答

解答は、解答用紙の「記入上の注意」に従って記入してください。

正解は、各問題とも一つだけです。

二つ以上の解答をしたもの及び判読が困難なものは、正解としません。

3　適用法令

問題の中の法令に関する部分は、令和６年４月１日現在施行されている規定に基づいて出題されています。

【問　1】 不法行為に関する次の記述のうち、民法の規定及び判例によれば、誤っているものはどれか。

1　契約の一方当事者が、当該契約の締結に先立ち、信義則上の説明義務に違反して、当該契約を締結するか否かに関する判断に影響を及ぼすべき情報を相手方に提供しなかった場合には、一方当事者は、相手方が当該契約を締結したことにより被った損害につき、不法行為による賠償責任を負うことはあっても、債務不履行による賠償責任を負うことはない。

2　不法占拠により日々発生する損害については、被害者が日々発生する損害につき、その各々を知った時から別個に消滅時効が進行する。

3　加害者数人が、共同不法行為として民法第 719 条により各自連帯して損害賠償の責任を負う場合、その１人に対する履行の請求は、他の加害者に対してもその効力を有する。

4　不法行為による損害賠償請求権の期間の制限を定める民法第 724 条における、被害者が損害を知った時とは、被害者が損害の発生を現実に認識した時をいう。

【問　2】 令和６年４月１日に下記ケース①及びケース②の保証契約を締結した場合に関する次の１から４までの記述のうち、民法の規定によれば、正しいものはどれか。

（ケース①）個人Ａが金融機関Ｂから事業資金として 2,000 万円を借り入れ、ＣがＢとの間で当該債務に係る保証契約を締結した場合

（ケース②）個人Ａが建物所有者Ｄと居住目的の建物賃貸借契約を締結し、ＥがＤとの間で当該賃貸借契約に基づくＡの一切の債務に係る保証契約を締結した場合

1　ケース①及びケース②の保証契約がいずれも連帯保証契約である場合、ＢがＣに対して履行を請求してきても、Ｃは、Ａに弁済の資力があり、かつ、執行が容易であることを証明することによって、Ｂの請求を拒むことができるが、ＤがＥに対して履行を請求してきたときは、Ｅは、Ａに弁済の資力があり、かつ、執行が容易であることを証明しても、Ｄの請求を拒むことができない。

2　ケース①の保証契約は、口頭による合意でも有効であるが、ケース②の保証契約は、書面でしなければ効力を生じない。

3　ケース①の保証契約は、Ｃが個人でも法人でも極度額を定める必要はないが、ケース②の保証契約は、Ｅが個人の場合は極度額を定めなければ効力を生じないが、Ｅが法人の場合は極度額を定める必要はない。

4　保証人が保証契約締結の日前１カ月以内に公正証書で保証債務を履行する意思を表示していない場合、ケース①のＣがＡと共同して事業を行う個人であるときでもケース①の保証契約は効力を生じないが、ケース②の保証契約は効力を生じる。

【問　3】　A・B・Cが、持分を6・2・2の割合とする甲建物を共有している場合に関する次の記述のうち，誤っているものはどれか。

1　A・B・Cは、善良な管理者の注意をもって、甲建物の使用をしなければならない。

2　Bが自己の持分を超えて甲建物を使用している場合、Bは、別段の合意がある場合を除き、A・Cに対し、自己の持分を超える使用の対価を償還する義務を負う。

3　AがBの所在を知ることができないときは、裁判所は、Aの請求により、Cの同意を得て甲建物に変更（その形状又は効用の著しい変更を伴わないものを除く。）を加えることができる旨の裁判をすることができる。

4　Aは、B・Cの同意を得なければ、形状又は効用の著しい変更を伴わない変更を甲建物に加えることができない。

【問　4】　Aを売主、Bを買主として、A所有の甲自動車を100万円で売却する契約が締結された場合に関する次の記述のうち、民法の規定によれば、誤っているものはどれか。

1　Bが甲自動車の引渡しを受けたが、甲自動車のエンジンに契約の内容に適合しない欠陥があることが判明した。BはAに対して、甲自動車の修理を請求することができる。

2　Bが甲自動車の引渡しを受けたが、甲自動車のエンジンに契約の内容に適合しない欠陥があることが判明した。BがAに対して、別の自動車の引渡しを請求してきた場合、Aは、Bに不相当な負担を課するものでないときは、甲自動車の修理をすることにより、履行の追完をすることができる。

3　Bが甲自動車の引渡しを受けたが、甲自動車に契約の内容に適合しない損傷があることが判明した。当該損傷が修理可能なものであっても、BはAに対して、履行の追完の催告をすることなく、直ちに売買代金の減額を請求することができる。

4　甲自動車について、第三者CがA所有ではなくC所有の自動車であると主張しており、Bは甲自動車の所有権を失うおそれがある。Aが相当の担保を供したときを除き、BはAに対して、売買代金の支払を拒絶することができる。

【問　5】 代理に関する次の記述のうち、民法の規定及び判例によれば、誤っているものはどれか。

1　制限行為能力者が他の制限行為能力者の法定代理人としてした法律行為は、行為能力の制限を理由として取り消すことができない。

2　売買契約を締結する代理権を授与された者は、特段の事情がない限り、相手方から当該売買契約を取り消す旨の意思表示を受領する権限を有する。

3　夫婦の一方は、個別に代理権の授権がなくとも、日常家事に関する事項について、他の一方を代理して法律行為をすることができる。

4　法定代理人は、自己の責任で復代理人を選任することができるが、この場合において、やむを得ない事由があるときは、本人に対してその選任及び監督についての責任のみを負う。

【問　6】 弁済に関する次の記述のうち、民法の規定及び判例によれば、誤っているものはどれか。

1　弁済者は、弁済を受領する者に不相当な負担を課するものであるときであっても、受取証書の交付に代えて、その内容を記録した電磁的記録の提供を請求することができる。

2　弁済者が、債権者との間で、債務者の負担した給付に代えて他の給付をすることにより債務を消滅させる旨の契約をした場合において、その弁済者が当該他の給付をしたときは、その給付は、弁済と同一の効力を有する。

3　借地上の建物の賃借人は、その建物の敷地の借地人が地代の支払を怠っている場合、借地人の意思に反しても、地代を弁済することができる。

4　借地上の建物の賃借人は、その建物の敷地の借地人が地代の支払を怠っている場合、その敷地の賃貸人に対して地代を支払おうとしても、賃貸人がこれを受け取らないときは、地代を供託することができる。

【問　7】　Ａが、Ｂに対する代金債権をＣに譲渡した場合に関する次の記述のうち、民法の規定及び判例によれば、誤っているものはどれか。

1　ＡのＢに対する債権がＣに譲渡された場合、その意思表示の時に債権が現に発生していないときでも、Ｃは、その後に発生した債権を取得できる。

2　ＡのＢに対する債権に譲渡禁止の特約があり、Ｃがその特約の存在を知りながら債権の譲渡を受けていた場合でも、Ｃからさらに債権の譲渡を受けた転得者Ｄがその特約の存在を知らなかったことにつき重大な過失がないときは、ＢはＤに対して特約の存在を対抗することができない。

3　ＡがＢに対する債権をＥに対しても譲渡し、Ｃへは確定日付のない証書、Ｅへは確定日付のある証書によってＢに通知した場合で、いずれの通知もＢによる弁済前に到達したとき、Ｂへの通知の到達の先後にかかわらず、ＥがＣに優先して権利を行使することができる。

4　ＡがＢに対する債権をＦに対しても譲渡し、Ｃに対する債権譲渡もＦに対する債権譲渡も確定日付のある証書でＢに通知し、それらが同時にＢに到達した場合、Ｃは、Ｂに対して債権金額基準で按分した金額の弁済請求しかできない。

【問　8】　次の記述のうち、民法の規定によれば、正しいものはどれか。

1　17 歳の者は、公正証書遺言の証人となることができる。

2　17 歳の者は、遺言をするには、法定代理人の同意が必要である。

3　18 歳の者は、養親になることができない。

4　18 歳の者は、婚姻をするには、父母がいる場合は、父母の同意が必要である。

【問　9】 甲地のために乙地に地役権を設定した場合に関する次の記述のうち、民法の規定によれば、誤っているものはどれか。

1　甲地をＡＢが共有する場合、Ａのみが地役権を行使して地役権の消滅時効を更新したときは、Ｂに対してもその効力が生じる。

2　甲地の所有者Ａが、甲地に抵当権を設定し、抵当権実行によりＣが甲地の所有権を取得したときは、Ｃは地役権を取得する。

3　甲地の所有者Ａは、甲地に隣接する丙地を所有するＤに対して、地役権のみを譲渡することができる。

4　乙地をＥＦが共有する場合、Ｅは、その持分についてのみ地役権を消滅させることはできない。

【問　10】 遺言に関する次の１から４までの記述のうち、民法の規定、判例及び下記判決文によれば、正しいものはどれか。

(判決文)

本件遺言書は、Ａが遺言の全文、日付及び氏名をカーボン紙を用いて複写の方法で記載したものであるというのであるが、カーボン紙を用いることも自書の方法として許されないものではないから、本件遺言書は、民法968条１項の自書の要件に欠けるところはない。本件遺言書はＢ５判の罫紙４枚を合綴したもので、各葉ごとにＡの印章による契印がされているが、その１枚目から３枚目までは、Ａ名義の遺言書の形式のものであり、４枚目は被上告人Ｂ名義の遺言書の形式のものであって、両者は容易に切り離すことができる、というものである。右事実関係の下において、本件遺言は、民法975条によって禁止された共同遺言に当たらないとした原審の判断は、正当として是認することができる。

1　自筆証書にこれと一体のものとして相続財産の全部又は一部の目録を添付する場合、その目録についても、自書することを要する。

2　夫婦関係にある者は、同一の証書で有効に遺言をすることができる。

3　２人の遺言が同じ証書に書かれている場合でも、両者の遺言が完全に独立していて、切り離せば、２通の遺言書となるようなときは、有効な遺言となる。

4　２人の遺言が同じ証書に書かれている場合でも、そのうちの一方につき氏名を自書しない方式の違背があるときは、有効な遺言となる。

【問　11】　Aは、所有している甲土地につき、Bとの間で建物所有を目的とする賃貸借契約（以下この問において「借地契約」という。）を締結する予定であるが、期間が満了した時点で、確実に借地契約が終了するようにしたい。この場合に関する次の記述のうち、借地借家法の規定によれば、誤っているものはどれか。

1　事業の用に供する建物を所有する目的とし、期間を50年と定める場合には、契約の更新や建物の築造による存続期間の延長がない旨を書面で合意すれば、公正証書で合意しなくても、その旨を借地契約に定めることができる。

2　居住の用に供する建物を所有することを目的とする場合には、借地契約を書面で行えば、借地権を消滅させるため、借地権の設定から20年が経過した日に甲土地上の建物の所有権を相当の対価でBからAに移転する旨の特約を有効に定めることができる。

3　居住の用に供する建物を所有することを目的とする場合には、公正証書によって借地契約を締結するときであっても、期間を10年とし契約の更新や建物の築造による存続期間の延長がない旨を借地契約に定めることはできない。

4　借地契約がBの臨時設備の設置その他一時使用のためになされることが明らかである場合には、期間を1年と定め、契約の更新や建物の築造による存続期間の延長がない旨を借地契約に定めることができる。

【問　12】　Aは、B所有の甲建物(床面積120㎡)につき、居住を目的として、期間5年、賃料月額20万円と定めた賃貸借契約（以下この問において「本件契約」という。）を締結して甲建物の引渡しを受けた。この場合における次の記述のうち、借地借家法の規定によれば、誤っているものはどれか。

1　AがCに対し建物を転貸し、Bがその転貸を承諾した場合、Cが、Bの同意を得て建物に付加した造作については、期間満了により本件契約が終了するときに、Cは、Bに対し、時価で買い取るべきこと請求することができる。

2　本件契約が借地借家法第38条に規定する定期建物賃貸借の場合、Aが、転勤、療養、親族の介護その他のやむを得ない事情により、建物を自己の生活の本拠として使用することが困難となったときは、Aは、賃貸借の解約の申入れをすることができ、賃貸借は、Aの解約の申入れの日から3月を経過することによって終了する。

3　本件契約が借地借家法第38条に規定する定期建物賃貸借の場合、BはAに対し、期間の満了の1年前から6か月前までの間に、期間満了により本件契約が終了する旨の通知をしなければ、期間5年での終了をAに対抗することができない。

4　本件契約期間中にBが建物をDに売却した場合、Aは建物に賃借権の登記をしていなくても、Dに対して賃借権があることを主張することができる。

【問　13】 建物の区分所有等に関する法律に関する次の記述のうち、誤っているものはどれか。

1　共用部分は、区分所有者全員の共有に属するが、規約に特別の定めがあるときは、管理者を共用部分の所有者と定めることもできる。

2　一部共用部分は、これを共用すべき区分所有者の共有に属するが、規約で別段の定めをすることにより、区分所有者全員の共有に属するとすることもできる。

3　区分所有者の承諾を得て専有部分を占有する者は、会議の目的たる事項につき利害関係を有する場合には、集会に出席して議決権を行使することができる。

4　共用部分の管理に要した各区分所有者の費用の負担については、規約に別段の定めがない限り、共用部分の持分に応じて決まる。

【問　14】 不動産の登記に関する次の記述のうち、不動産登記法の規定によれば、誤っているものはどれか。

1　建物が滅失したときは、表題部所有者又は所有権の登記名義人は、その滅失の日から1月以内に、当該建物の滅失の登記を申請しなければならない。

2　共有物分割禁止の定めに係る権利の変更の登記の申請は、当該権利の共有者であるすべての登記名義人が共同してしなければならない。

3　信託の登記の申請は、当該信託に係る権利の保存、設定、移転又は変更の登記の申請と同時にしなければならない。

4　賃借権の設定の登記をする場合において、賃借権の譲渡又は賃借物の転貸を許す旨の定めがあるときであっても、その定めは登記事項とならない。

【問　15】 都市計画法に関する次の記述のうち、誤っているものはどれか。

1　高層住居誘導地区は、住居と住居以外の用途とを適正に配分し、利便性の高い高層住宅の建設を誘導するために定められる地区であり、第一種中高層住居専用地域及び第二種中高層住居専用地域においても定めることができる。

2　市町村長は、地区整備計画が定められた地区計画の区域内において、地区計画に適合しない行為の届出があった場合には、届出をした者に対して、届出に係る行為に関し設計の変更その他の必要な措置をとることを勧告することができる。

3　準都市計画区域については、用途地域が定められている土地の区域であっても、高度利用地区を定めることはできない。

4　都市計画は、都市計画区域内において定められるものであるが、道路、公園、水道などの都市施設については、特に必要があるときは当該都市計画区域外においても定めることができる。

【問　16】 都市計画法に関する次の記述のうち、誤っているものはどれか。なお、この問における都道府県知事とは、地方自治法に基づく指定都市、中核市及び施行時特例市にあってはその長をいうものとする。

1　開発許可を受けようとする者が都道府県知事に提出しなければならない申請書には、工事施行者を記載しなければならない。

2　開発行為の許可又は不許可の処分に関して不服のある者は、開発審査会に対して審査請求をすることができる。

3　開発許可を受けた者は、開発行為に関する工事を廃止したときは、遅滞なく、その旨を都道府県知事に届け出なければならない。

4　都市計画法第33条に関する開発許可の基準のうち、開発許可の申請者の資力及び信用についての基準は、主として自己の居住の用に供する住宅の建築の用に供する目的で行う開発行為に対して適用される。

【問　17】 建築基準法（以下この問において「法」という。）に関する次の記述のうち、正しいものはどれか。

1　延べ面積が 1,000㎡を超える耐火建築物又は準耐火建築物は、防火上有効な構造の防火壁又は防火床によって有効に区画し、かつ、各区画の床面積の合計をそれぞれ 1,000㎡以内としなければならない。

2　地方公共団体は、条例で、津波、高潮、出水等による危険の著しい区域を災害危険区域として指定することができ、当該区域内における住居の用に供する建築物の建築の禁止その他建築物の建築に関する制限で災害防止上必要なものは当該条例で定めることとされている。

3　準防火地域内にある３階建ての木造の建築物を増築する場合、その増築に係る部分の床面積の合計が 10㎡以内であれば、建築確認は不要である。

4　法第 56 条の２第１項の規定による日影規制の対象区域は地方公共団体が条例で指定することとされているが、準工業地域、工業地域及び工業専用地域においては、日影規制の対象区域として指定することができない。

【問　18】 建築基準法（以下この問において「法」という。）に関する次の記述のうち、誤っているものはどれか。

1　居室には、一定の換気設備を設けた場合を除いて、換気のための窓その他の開口部を設け、その換気に有効な部分の面積は、その居室の床面積に対して、25 分の１以上としなければならない。

2　敷地が法第 42 条に規定する道路に２m以上接道していなくても、敷地の周囲に広い空地を有する建築物で、特定行政庁が交通上、安全上、防火上及び衛生上支障がないと認めて建築審査会の同意を得て許可したものについては、建築することができる。

3　建築物の容積率の算定の基礎となる延べ面積には、昇降機の昇降路の部分又は共同住宅若しくは老人ホーム等の共用の廊下若しくは階段の用に供する部分の床面積は、一定の場合を除き、算入しないものとする。

4　防火地域又は準防火地域内にある建築物で、外壁が耐火構造のものについては、その外壁を隣地境界線に接して設けることができる。

【問　19】 宅地造成及び特定盛土等規制法に関する次の記述のうち、誤っているものはどれか。なお、この問において「都道府県知事」とは、地方自治法に基づく指定都市及び中核市にあってはその長をいうものとする。

1　宅地造成等工事規制区域の指定の際に、当該宅地造成等工事規制区域内において宅地造成等に関する工事を行っている者は、当該工事について都道府県知事の許可を受ける必要はない。

2　宅地造成等工事規制区域外に盛土によって造成された一団の造成宅地の区域において、盛土をした土地の面積が3,000㎡未満の場合は、都道府県知事は、当該区域を造成宅地防災区域として指定することができない。

3　宅地造成等工事規制区域内で過去に宅地造成等に関する工事が行われ、現在は工事主とは異なる者がその工事が行われた土地を所有している場合において、当該土地の所有者は宅地造成等に伴う災害が生じないよう、その土地を常時安全な状態に維持するよう努めなければならない。

4　宅地造成等工事規制区域内において行われる切土であって、当該切土をする土地の面積が2,000㎡であり、かつ、高さ３ｍの崖を生ずることとなるものに関する工事について許可を受けた者は、当該許可に係る宅地造成等に関する工事の実施の状況等を都道府県知事に報告する必要はない。

【問　20】 土地区画整理法に関する次の記述のうち、誤っているものはどれか

1　独立行政法人都市再生機構が施行する土地区画整理事業は、すべて都市計画事業として施行される。

2　土地区画整理組合が施行する土地区画整理事業は、市街化調整区域内において施行されることがある。

3　個人施行者について相続があった場合に、その相続人が施行者以外の者であるときは、その相続人は、施行者となる。

4　区画整理会社が施行する土地区画整理事業にあっては、施行後の宅地の総価額が、施行前の宅地の総価額を上回る範囲内においてしか、換地計画に保留地を定めることができない。

【問　21】　農地に関する次の記述のうち、農地法（以下この問において「法」という。）の規定によれば、正しいものはどれか。

1　現況は農地であるが、土地登記簿上の地目が山林である市街化区域外の土地を資材置場にするために取得する場合は、法第５条第１項の許可を受ける必要はない。

2　競売により市街化区域外の農地の買受人となり所有権を取得しようとする場合には、法第３条又は第５条の許可を受ける必要はない。

3　市街化区域内の農地を耕作の目的で取得する場合には、あらかじめ農業委員会に届け出れば、法第３条第１項の許可を受ける必要はない。

4　農業者が、遺産分割により取得した市街化区域外の農地を自己の住宅用地として転用する場合でも、法第４条第１項の許可を受ける必要がある。

【問　22】　国土利用計画法第23条の届出（以下この問において「事後届出」という。）に関する次の記述のうち、正しいものはどれか。

1　金銭消費貸借契約の締結に伴い、債務者の所有する土地に抵当権の設定を受けた場合、事後届出を行わなければならないことがある。

2　Ａ・Ｂ・Ｃの３人が共有（持分均一）する市街化区域内の6,000㎡の土地について、Ａのみからその持分を購入した場合、事後届出を行わなければならない。

3　土地区画整理事業施行区域内の保留地を購入した場合、保留地の面積にかかわらず、事後届出を行う必要はない。

4　国又は地方公共団体が土地を購入した場合、都道府県知事との協議をもって事後届出に代えることができる。

【問　23】 住宅用家屋の所有権の移転登記に係る登録免許税の税率の軽減措置に関する次の記述のうち、誤っているものはどれか。

1　この税率の軽減措置は、以前にこの措置の適用を受けたことがある者が新たに取得した住宅用家屋に係る所有権の移転の登記にも適用される。

2　この税率の軽減措置は、個人が自己の経営する会社の従業員の社宅として取得した住宅用家屋に係る所有権の移転の登記には適用されない。

3　この税率の軽減措置は、個人が分譲住宅を取得した場合において、一定の要件を満たせば、その住宅の所有権の移転の登記だけでなく、その敷地の所有権の移転の登記についても適用される。

4　この税率の軽減措置は、贈与により取得した住宅用家屋に係る所有権の移転登記には適用されない。

【問　24】 固定資産税に関する次の記述のうち、正しいものはどれか。

1　総務大臣は、固定資産の評価の基準並びに評価の実施の方法及び手続（固定資産評価基準）を定め、これを告示しなければならない。

2　区分所有に係る家屋の敷地の用に供されている土地に対して課される固定資産税は、各区分所有者が連帯して納税義務を負う。

3　固定資産税の納税者は、固定資産課税台帳に登録された事項に不服がある場合には、文書をもって、固定資産評価審査委員会に対して登録事項のすべてについて審査の申出をすることができる。

4　土地に対して課する固定資産税の納税者が、その納付すべき当該年度の固定資産税に係る土地について土地課税台帳等に登録された価格と当該土地が所在する市町村内の他の土地の価格とを比較することができるよう、当該納税者は、土地価格等縦覧帳簿をいつでも縦覧することができる。

【問　25】 不動産の鑑定評価に関する次の記述のうち、不動産鑑定評価基準によれば、正しいものはどれか。

1　鑑定評価の各手法の適用に当たって必要とされる取引事例等については、取引等の事情が正常なものと認められるものから選択すべきであり、売り急ぎ、買い進み等の特殊な事情が存在する事例を用いてはならない。

2　不動産の価格は、その不動産の効用が最高度に発揮される可能性に最も富む使用を前提として把握される価格を標準として形成されるが、不動産についての現実の使用方法は当該不動産が十分な効用を発揮していない場合があることに留意すべきである。

3　限定価格とは、一般的に市場性を有しない不動産について、その利用現況等を前提とした不動産の経済価値を適正に表示する価格をいい、例としては、文化財の指定を受けた建造物について、その保存等に主眼をおいた鑑定評価を行う場合において求められる価格があげられる。

4　収益還元法は、賃貸用不動産又は賃貸以外の事業の用に供する不動産の価格を求める場合に特に有効な手法であるが、事業の用に供さない自用の不動産の鑑定評価には適用すべきではない。

【問　26】 宅地建物取引業者が行う宅地建物取引業法（以下この問において「法」という。）第35条に規定する重要事項の説明に関する次の記述のうち、正しいものはどれか。なお、説明の相手方は宅地建物取引業者ではないものとする。

1　重要事項の説明にテレビ会議等のＩＴを活用する場合、宅地建物取引士により記名された重要事項説明書及び添付書類を、重要事項の説明を受けようとする者にあらかじめ送付しておかなければならない。

2　重要事項の説明にテレビ会議等のＩＴを活用する場合、宅地建物取引士は、重要事項の説明を行うとき、相手方の承諾があれば宅地建物取引士証の提示を省略することができる。

3　建物の貸借の媒介を行う場合、当該建物が既存の建物であるときは、既存住宅に係る住宅の品質確保の促進等に関する法律第６条第３項に規定する建設住宅性能評価書の保存の状況について説明しなければならない。

4　建物の売買の媒介を行う場合、当該建物が既存の建物であるときは、法第34条の２第１項第４号に規定する建物状況調査（実施後１年（鉄筋コンクリート造又は鉄骨鉄筋コンクリート造の共同住宅等にあっては、２年）を経過していないものに限る。）を実施しているかどうかを説明しなければならないが、これを実施している場合その結果の概要を説明する必要はない。

【問　27】 宅地建物取引業の免許（以下この問において「免許」という。）に関する次の記述のうち、宅地建物取引業法の規定によれば、誤っているものはどれか。

1　Aが免許の申請前5年以内に宅地建物取引業に関し不正又は著しく不当な行為をした場合には、その行為について刑に処せられていなかったとしても、Aは免許を受けることができない。

2　営業に関し成年者と同一の行為能力を有しない未成年者であるBの法定代理人である法人の役員が、宅地建物取引業法の規定に違反したことにより罰金の刑に処せられていた場合、その刑の執行が終わった日から5年を経過していなければ、Bは免許を受けることができない。

3　C社の政令で定める使用人のうちに、暴力団員による不当な行為の防止等に関する法律に規定する暴力団員でなくなった日から5年を経過しない者がいる場合、C社は免許を受けることができない。

4　宅地建物取引業者D（甲県知事免許）が乙県内に新たに支店を設置して宅地建物取引業を営んでいる場合において、免許換えの申請を怠っていることが判明したときは、甲県知事は、Dに対し、1年間の業務の停止を命ずることができる。

【問　28】 宅地建物取引業の免許（以下この問において「免許」という。）に関する次の記述のうち、宅地建物取引業の規定によれば、正しいものはいくつあるか。

ア　業務上過失致傷罪で罰金刑に処せられた者は、その刑の執行が終わり、又は執行を受けることがなくなった日から5年間は免許を受けることができない。

イ　宅地建物取引業に関し不正又は不誠実なことをすることが明らかな者は、免許を受けることができない。

ウ　営業に関し成年者と同一の行為能力を有しない未成年者は、免許を受けることができない。

エ　成年被後見人は免許を受けることができないが、被保佐人であれば免許を受けることができる。

1　一つ

2　二つ

3　三つ

4　四つ

【問　29】 宅地建物取引士の登録（以下この問において「登録」という）及び宅地建物取引士証に関する次の記述のうち、宅地建物取引業法の規定によれば、正しいものはどれか。

1　成年被後見人又は被保佐人は、宅地建物取引士として都道府県知事の登録を受けることができないが、被補助人は、宅地建物取引士として都道府県知事の登録を受けることができる。

2　宅地建物取引士は、重要事項説明書を交付するに当たり、相手方が宅地建物取引業者である場合、相手方からの請求の有無にかかわらず宅地建物取引士証を提示しなければならない。

3　宅地建物取引士（甲県知事登録）は、従事先として登録している宅地建物取引業者（甲県知事免許）が乙県内に新たに支店を設置したため、国土交通大臣の免許を取得した場合、甲県知事に変更の登録を申請しなければならない。

4　宅地建物取引士（甲県知事登録）が、乙県に所在する宅地建物取引業者の事務所の業務に従事することとなったため、乙県知事に登録の移転の申請とともに宅地建物取引士証の交付の申請をした場合、乙県知事は、有効期間を５年とする宅地建物取引士証を交付しなければならない。

【問　30】 宅地建物取引業者がその業務に関して行う広告に関する次の記述のうち、宅地建物取引業法の規定によれば、正しいものはどれか。

1　宅地又は建物に係る広告の表示項目の中に、取引物件に係る現在又は将来の利用の制限があるが、この制限には、借地権の有無等の私法上の制限は含まれない。

2　宅地建物取引業者は、建物の売却について代理を依頼されて広告を行う場合、取引態様として、代理であることを明示しなければならないが、その後、当該広告を見た者から当該物件の購入の注文を受けたときは、改めて取引態様の別を明示する必要はない。

3　宅地建物取引業者は、複数の区画がある宅地の売買について、数回に分けて広告をするときは、最初に行う広告以外は、取引態様の別を明示する必要はない。

4　宅地建物取引業者は、宅地の売買に関する広告をするに当たり、当該宅地の形質について、実際のものよりも著しく優良であると人を誤認させる表示をした場合、当該宅地に関する注文がなく、売買が成立しなかったときであっても、監督処分の対象となるほか、６月以下の懲役又は 100 万円以下の罰金に処せられることがある。

【問　31】 宅地建物取引業者（消費税課税事業者）が受領する報酬に関する次の記述のうち、宅地建物取引業法の規定によれば、正しいものはいくつあるか。

ア　宅地建物取引業者は、その業務に関し、相手方に不当に高額の報酬を要求した場合、たとえ受領していなくても業務停止の処分を受けることがある。

イ　宅地建物取引業者は、既存住宅の売買の媒介をするに当たり、売主に対して建物状況調査を実施する者をあっせんした場合、報酬とは別にあっせんに係る料金を受領することができる。

ウ　宅地建物取引業者は、建物の売買の媒介をするに当たり、依頼者からの依頼に基づくことなく広告をした場合でも、その広告が売買の契約の成立に寄与したときは、報酬とは別に、その広告料金に相当する額を受領することができる。

エ　宅地建物取引業者が、店舗用建物の貸借（権利金の授受はないものとする。）の媒介に関する報酬について、依頼者の双方から受領することができる報酬の合計額は、借賃（消費税等相当額を含まない。）1か月分の 1.1 倍に相当する金額が上限であり、貸主と借主の負担の割合については特段の規制はない。

1　一つ
2　二つ
3　三つ
4　四つ

【問　32】 宅地建物取引業者Aが宅地建物取引業法（以下この問において「法」という。）第 37 条の規定により交付すべき書面（以下この問において「37 条書面」という。）に関する次の記述のうち、法の規定によれば、正しいものはいくつあるか。

ア　Aは、37 条書面を交付するに当たり、宅地建物取引士をして、その書面に記名の上、その内容を説明させなければならない。

イ　Aは、貸主Bと借主Cの間で締結される建物賃貸借契約について、Bの代理として契約を成立させた場合は、BとCに対して 37 条書面を交付しなければならない。

ウ　Aがその媒介により契約を成立させた場合において、契約の解除に関する定めがあるときは、Aは、当該契約が売買、貸借のいずれに係るものであるかを問わず、37 条書面にその内容を記載しなければならない。

エ　37 条書面は、宅地又は建物の取引に係る契約書とは本来別個のものであるので、Aは、必ず取引の契約書とは別に 37 書面を作成し、交付しなければならない。

1　一つ
2　二つ
3　三つ
4　四つ

【問　33】 宅地建物取引業者が行う宅地建物取引業法第35条に規定する重要事項の説明に関する次の記述のうち、正しいものはいくつあるか。なお、説明の相手方は宅地建物取引業者ではないものとする。

ア　重要事項の説明及び書面の交付は、取引の相手方の自宅又は勤務する場所等、事務所以外の場所で行うことができる。

イ　建物の売買の媒介を行う場合、売買の各当事者すなわち売主及び買主に対して、書面を交付して説明しなければならない。

ウ　建物の貸借の媒介を行う場合、当該建物が都市計画法の第一種低層住居専用地域内にあり、建築基準法第56条第1項第1号に基づく道路斜線制限があるときは、その概要を説明しなければならない。

エ　建物の売買の媒介を行う場合、当該建物の売買代金の額並びにその支払の時期及び方法について説明する必要はないが、売買代金以外に授受される金銭があるときは、当該金銭の額及び授受の目的について説明しなければならない。

1　一つ

2　二つ

3　三つ

4　四つ

【問　34】 宅地建物取引業者Aが、自ら売主として宅地建物取引業者でない買主Bと宅地の売買契約を締結する場合における次の記述のうち、宅地建物取引業法の規定によれば、正しいものはどれか。なお、この問において「重要事項説明」とは同法第35条の規定に基づく重要事項の説明を、「重要事項説明書」とは同条の規定により交付すべき書面を、「37条書面」とは同法第37条の規定により交付すべき書面をいうものとする。

1　Aは、重要事項説明において、移転登記の申請時期について説明するとともに、37条書面に記載しなければならない。

2　Aは、Bの承諾がある場合は、重要事項説明を省略することができるが、37条書面の交付を省略することはできない。

3　Aの従業者である宅地建物取引士Cが、Bに対して重要事項説明をする際、Bから請求がなかったので、宅地建物取引士証を提示せずに説明を行った場合、Cは、10万円以下の過料に処せられることがある。

4　Bに交付した重要事項説明書に、Aの従業者である宅地建物取引士Cが記名をしていた場合は、Bに交付する37条書面には、Cが記名しなければならない。

【問　35】　宅地建物取引士の登録（以下この問において「登録」という。）及び宅地建物取引士証に関する次の記述のうち、宅地建物取引業法（以下この問において「法」という。）の規定によれば、正しいものはどれか。

1　宅地建物取引士証を亡失し、その再交付を申請している者は、再交付を受けるまでの間、法第35条に規定する重要事項の説明をするときは、再交付申請書の写しの提示をもって、宅地建物取引士証の提示に代えることができる。

2　宅地建物取引士は、その住所を変更したときは、遅滞なく、変更の登録の申請をするとともに、宅地建物取引士証の書換え交付を申請しなければならない。

3　宅地建物取引士証の有効期間の更新を受けようとする者は、宅地建物取引士証の有効期間満了の日の90日前から30日前までに、登録をしている都道府県知事に更新の申請書を提出しなければならない。

4　宅地建物取引士は、重要事項の説明をするときは、説明の相手方からの請求の有無にかかわらず宅地建物取引士証を提示しなければならず、提示しなかったときは、50万円以下の罰金に処せられることがある。

【問　36】　宅地建物取引業保証協会（以下この問において「保証協会」という。）に関する次の記述のうち、宅地建物取引業法の規定によれば、誤っているものはどれか。

1　保証協会は、宅地建物取引業の業務に従事し、又は従事しようとする者に対する研修を行わなければならない。

2　保証協会は、宅地建物取引業者の相手方等から社員の取り扱った宅地建物取引業に係る取引に関する苦情について解決の申出があったときは、その相談に応じ、申出人に必要な助言をし、当該苦情に係る事情を調査するとともに、当該社員に対し当該苦情の内容を通知してその迅速な処理を求めなければならない。

3　保証協会は、全国の宅地建物取引業者を直接又は間接の社員とする一般社団法人に対して、宅地建物取引士等に対する研修の実施に要する費用の助成を行わなければならない。

4　保証協会は、新たに社員が加入し、又は社員がその地位を失ったときは、直ちに、その旨を当該社員である宅地建物取引業者が免許を受けた国土交通大臣又は都道府県知事に報告しなければならない。

【問　37】 宅地建物取引業者Aが、Bから自己所有の甲宅地の売却の媒介を依頼され、Bと専任媒介契約（専属専任媒介契約ではない媒介契約）を締結した場合に関する次の記述のうち、宅地建物取引業法（以下この問において「法」という。）の規定によれば、正しいものはどれか。

1　Aは、2週間に1回以上当該媒介契約に係る業務の処理状況をBに報告しなければならないが、当該報告を電子メールで行うことはできない。

2　Aは、甲宅地の売買契約が成立したときは、遅滞なく、登録番号、取引価格、売買契約の成立した年月日、売主及び買主の氏名を指定流通機構に通知しなければならない。

3　Aは、Bに対して甲宅地を売買すべき価額又はその評価額について意見を述べるときは、その根拠を明らかにしなければならない。

4　Aは、専任媒介契約の締結の日から7日以内に甲宅地の所在等を指定流通機構に登録しなければならないが、その期間の計算については、休業日数を算入しなければならない。

【問　38】 宅地建物取引業者Aが、自ら売主として宅地建物取引業者ではない買主Bとの間で締結した宅地の売買契約について、Bが宅地建物取引業法第37条の2の規定に基づき、いわゆるクーリング・オフによる契約の解除をする場合における次の記述のうち、誤っているものはいくつあるか。

ア　Bは、自ら指定した喫茶店で買受けの申込みをし、3日後、Aの事務所で契約を締結した上で代金全額を支払った。その4日後、Bは、宅地の引渡しを受ける前に、クーリング・オフの書面を送付した場合、Aは代金全額が支払われていることを理由に契約の解除を拒むことができる。

イ　Bは、Aが媒介を依頼した宅地建物取引業者Cの事務所で買受けの申込みをし、売買契約を締結した。Bは、Aからクーリング・オフについて何も告げられていなければ、当該契約を締結した日から起算して8日経過していてもクーリング・オフにより契約を解除することができる。

ウ　Bは、仮設のテント張りの案内所において買受けの申込みをし、その際にAからクーリング・オフについて書面で告げられ、契約を締結した。Bが、その翌日にクーリング・オフの書面を送付した場合、Aは既に支払われている手付金の返還を拒むことができる。

エ　Bは、ホテルのロビーにおいて買受けの申込みをし、その際にAからクーリング・オフについて書面で告げられ、契約を締結した。この契約において、「クーリング・オフによる契約の解除の際に、AからBに対して損害賠償を請求することができる」旨の特約を定めた場合、当該特約は無効となる。

1　一つ

2　二つ

3　三つ

4　なし

【問　39】 宅地建物取引業者Aが行う業務に関する次の記述のうち、宅地建物取引業法（以下この問において「法」という。）の規定に違反しないものはいくつあるか。

ア　Aは、税務署の職員から質問検査権の規定に基づき質問を受けたときに、その業務上取り扱ったことについて知り得た秘密を漏らした。

イ　Aは、建物の販売に際して、買主が手付として必要な額を持ち合わせていなかったため、手付について、当初提示した金額を減額することにより、契約の締結を誘引した。

ウ　Aは、宅地建物取引業者でないBが所有する宅地について、自らを売主、宅地建物取引業者Cを買主とする売買契約を締結した。

エ　Aは、土地の売買の媒介に際し重要事項の説明の前に、宅地建物取引士ではないAの従業者Dをして媒介の相手方である宅地建物取引業者ではないEに対し、当該土地の交通等の利便の状況について説明させた。

1　一つ
2　二つ
3　三つ
4　四つ

【問　40】 宅地建物取引業法（以下この問において「法」という。）第37条の規定により交付すべき書面（以下この問において「37条書面」という。）に関する次の記述のうち、宅地建物取引業者Aが法の規定に違反するものはいくつあるか。

ア　Aは、建物の貸借に関し、その媒介により契約が成立した場合に、借賃以外の金銭の授受に関する定めがあったので、その額並びに当該金銭の授受の時期及び目的については３７条書面に記載したが、当該金銭の授受の方法については記載しなかった。

イ　Aは、建物の貸借に関し、自ら貸主として契約を締結した場合に、その借主が宅地建物取引業者であったので、37条書面を交付しなかった。

ウ　Aは、建物の売買に関し、その媒介により契約が成立した場合に、買主にのみ37条書面を交付した。

エ　Aは、建物の売買に関し、自ら売主として契約を締結した場合に、買主から支払われる手付金の額が売買代金の５％未満であったので、当該手付金の授受の時期については３７条書面に記載しなかった。

1　一つ
2　二つ
3　三つ
4　四つ

【問　41】 宅地建物取引業法の規定によれば、次の記述のうち、誤っているものはどれか。

1　宅地建物取引業者は、その事務所ごとに帳簿を備え、取引の関係者から請求があったときは、当該帳簿をその者の閲覧に供しなければならないが、当該帳簿を事務所のパソコンのハードディスクに記録し、ディスプレイの画面に表示する方法で閲覧に供することもできる。

2　宅地建物取引業者は、その事務所ごとに、その業務に関する帳簿を備え、宅地建物取引業に関し取引のあったつど、その年月日、その取引に係る宅地又は建物の所在及び面積その他の事項を記載しなければならない。

3　宅地建物取引業者は、その主たる事務所に、宅地建物取引業者免許証を掲示しなくてもよい。

4　宅地建物取引業者の従業者は、取引の関係者から請求があったときは、従業者証明書を提示しなければならず、従業者が宅地建物取引士であっても、宅地建物取引士証の提示をもってこれに代えることはできない。

【問　42】 宅地建物取引業者Aが、自ら売主として、宅地建物取引業者ではないBとの間で、建物（代金2,000万円）の売買契約を締結する場合における次の記述のうち、宅地建物取引業法（以下この問において「法」という。）の規定によれば、正しいものはどれか。

1　AB間の建物の売買契約において、「Aが種類又は品質に関して契約の内容に適合しない建物をBに引き渡した場合において、Bが建物の引渡しの日から2年以内にその旨をAに通知しないときは、Bは、その不適合を理由として、履行の追完の請求、代金の減額の請求、損害賠償の請求及び契約の解除をすることができない」旨の特約を定めた場合、この特約は有効である。

2　AB間の建物の割賦販売の契約において、「Bからの賦払金が当初設定していた支払期日までに支払われなかった場合、Aは催告なしに契約の解除又は支払時期の到来していない割賦金の支払を請求することができる」旨の特約を定めた場合、この特約は有効である。

3　AB間の建物の売買契約において、「Aが契約の履行に着手した後であっても、Bは手付を放棄して、契約の解除をすることができる」旨の特約を定めた場合、この特約は無効である。

4　AB間の建物の売買契約において、「当事者の債務不履行を理由とする契約解除に伴う損害賠償の予定額400万円に加え、違約金を400万円とする」旨の特約を定めた場合、この特約は全体として無効である。

【問　43】 宅地建物取引業者Ａ（甲県知事免許）の営業保証金に関する次の記述のうち、宅地建物取引業法の規定によれば、正しいものはどれか。

1　Ａは、既に供託した額面金額 1,000 万円の国債証券と変換するため、額面金額が同額である地方債証券及び 100 万円の金銭を新たに供託したときは、遅滞なく、その旨を甲県知事に届け出なければならない。

2　Ａは、甲県内に新たに支店を設置したときは、その支店の最寄りの供託所に政令で定める額を供託し、その旨を甲県知事に届け出なければならない。

3　Ａは、営業保証金の還付が行われ、営業保証金が政令で定める額に不足することとなったときは、甲県知事から不足額を供託すべき旨の通知書の送付を受けた日から２週間以内にその不足額を供託しなければ、50 万円以下の罰金に処せられることがある。

4　Ａは、宅地建物取引業の廃業により営業保証金を取り戻すときは、営業保証金の還付を請求する権利を有する者（以下この問において「還付請求権者」という。）に対して６月以上の期間を定めて申し出るべき旨の公告をしなければならないが、支店の廃止により営業保証金を取り戻すときは、還付請求権者に対して公告をする必要はない。

【問　44】 宅地建物取引業者Ａ（甲県知事免許）が乙県内に所在するマンション（50 戸）を分譲する場合における次の記述のうち、宅地建物取引業法（以下この問において「法」という。）の規定によれば、正しいものはいくつあるか。

ア　Ａが乙県内に案内所を設置して分譲を行う場合、その案内所において契約を締結し、又は契約の申込みを受けるときは、法第 50 条第２項で定める届出を、甲県知事及び甲県知事を経由して乙県知事に、業務を開始する 10 日前までにしなければならない。

イ　Ａが乙県内に案内所を設置して分譲を行う場合、その案内所が一時的かつ移動が容易な施設であるときは、当該案内所には、クーリング・オフ制度の適用がある旨を表示した標識を掲げなければならない。

ウ　Ａが乙県内に案内所を設置して分譲を行う場合、その案内所において契約を締結し、又は契約の申込みを受けるときは、当該案内所には、専任の宅地建物取引士の氏名を表示した標識を掲げなければならない。

エ　Ａが宅地建物取引業者Ｂに販売の代理を依頼し、Ｂが乙県内に案内所を設置してその案内所において契約の締結又は契約の申込みを受ける場合、Ｂは、当該案内所にＡの商号又は名称及び免許証番号を表示した標識を掲げなければならない。

1　一つ
2　二つ
3　三つ
4　四つ

【問　45】 宅地建物取引業者Ａ（甲県知事免許）が自ら売主として、宅地建物取引業者でない買主Ｂに新築住宅を販売する場合における次の記述のうち、特定住宅瑕疵担保責任の履行の確保等に関する法律の規定によれば、誤っているものはどれか。

1　Ａは、基準日に係る住宅販売瑕疵担保保証金の供託及び住宅販売瑕疵担保責任保険契約の締結の状況について、甲県知事に届け出をしなかった場合、宅地建物取引業法の規定に基づく指示処分を受けることがある。

2　Ａは、住宅販売瑕疵担保保証金の供託をした場合、Ｂに対して、売買契約が成立するまでの間に、宅地建物取引士をして、当該保証金の供託をしている供託所の所在地等について記載した書面を交付して説明をさせなければならない。

3　Ａは、住宅販売瑕疵担保保証金を供託する場合、Ａの主たる事務所の最寄りの供託所にしなければならない。

4　Ａは、住宅販売瑕疵担保保証金を国債証券で供託することができる。

【問　46】 独立行政法人住宅金融支援機構（以下この問において「機構」という。）に関する次の記述のうち、誤っているものはどれか。

1　機構は、民間金融機関が貸し付けた住宅ローンについて、住宅融資保険を引き受けることを業務として行っている。

2　証券化支援事業（買取型）における民間金融機関の住宅ローン金利は、金融機関によって異なる場合がある。

3　証券化支援事業（買取型）において、機構による買取りの対象となる貸付債権には、住宅の建設又は購入のための貸付債権は含まれるが、住宅の建設又は購入に付随する土地又は借地権の取得のための貸付債権は含まれない。

4　証券化支援事業（買取型）において、機構は買い取った住宅ローン債権を担保としてＭＢＳ（資産担保証券）を発行することにより、債券市場（投資家）から資金を調達している。

【問　47】　宅地建物取引業者が行う広告に関する次の記述のうち、不当景品類及び不当表示防止法（不動産の表示に関する公正競争規約を含む。）の規定によれば、正しいものはどれか。

1　増築、改築、改装又は改修をした中古住宅については、増築、改築、改装又は改修をした旨を必ず表示しなければならない。

2　分譲住宅について、住宅の購入者から買い取って再度販売する場合、当該住宅が建築工事完了後１年未満で居住の用に供されたことがないものであるときは、広告に「新築」と表示しても、不当表示に問われることはない。

3　半径 300 m以内に病院が所在している中古住宅の販売広告においては、当該住宅からの道路距離の表示を省略して、「病院近し」と表示すればよい。

4　取引しようとする物件の周辺に存在するデパート、スーパーマーケット、コンビニエンスストア等の商業施設については、現に利用できるものでなければ広告に表示することはできない。

【問　48】　次の記述のうち、正しいものはどれか。

1　建築着工統計（令和６年１月公表）によれば、令和５年の貸家の新設着工戸数は約 34.4 万戸となっており、３年ぶりの増加となった。

2　建築着工統計（令和６年１月公表）によれば、令和５年の新設住宅着工戸数は前年比 4.6％の減少だったが、新設住宅のうち、分譲住宅の着工戸数は前年比 3.6％の増加となった。

3　令和４年度法人企業統計調査（令和５年９月公表）によれば、不動産業の売上高経常利益率は、平成 30 年度から令和４年度までの５年間は、いずれも５％以下となっている。

4　令和６年地価公示（令和６年３月公表）によれば、令和５年１月以降の１年間の地価変動率は、全国平均では住宅地、商業地のいずれも３年連続で上昇し、上昇率が拡大した。

【問　49】 土地に関する次の記述のうち、最も適当なものはどれか。

1　干拓地は、一般に海面に対して数mの比高を持つので、埋立地より災害に対して安全である。

2　崩壊跡地は、周辺と異なる植生を示し、微地形的には馬蹄形状の凹地形を示すことが多く、一度崩壊しているので、安定した土地とはいえない。

3　旧河道は、水はけが良く、地盤が安定しているので、宅地として良好な土地であることが多い。

4　自然堤防の背後に広がる低平地は、主に砂や小礫からなり、排水性がよく地盤の支持力もあるため、宅地として良好な土地であることが多い。

【問　50】 建物の構造に関する次の記述のうち、最も不適当なものはどれか。

1　鉄骨構造は、不燃構造であり、火熱による耐力の低下が比較的小さいので、耐火材料による耐火被覆がなくても耐火構造にすることができる。

2　鉄筋コンクリート構造は、耐火性、耐久性が大きく、耐震性、耐風性にも優れた構造である。

3　木造建物を造る際には、強度や耐久性において、できるだけ含水率が小さい状態の木材を使用するのが好ましい。

4　集成木材構造は、集成木材で骨組を構成したもので、体育館等の大規模な建物にも使用されている。

《第１回模擬試験について》

解答・解説

・権利関係について（問１～14）

マイナーな分野から２問出題された（問１の辞任、問４の選択債権）。ただし、最近はマイナーな分野から出題されることが多いので、この点は例年通りといえる（令和５年は不在者、令和４年は期間、失踪宣告、辞任、令和３年は申込みの効力から出題されている）。問３は新しい形式の問題であったが内容は平易であったので正解したい（この形式の問題は令和４年が初登場だ）。問 10 の判決文問題は各選択肢は非常に難しかったが、判決文をしっかり読めば正解にたどりつける問題であった。全体的な難度は標準といえる。９点以上を獲得したい。

・法令上の制限について（問 15 ～ 22）

法令上の制限は、土地区画整理法では難しい問題が出題されることが多いが、それ以外は普通・カンターンな問題が出題されることが多い。今回の模擬試験では難しい問題が４問も出題されているので、難度は高い。５点以上を獲得したいが、４点でも許容範囲である。

・宅建業法について（問 26 ～ 45）

宅建業法は難しい問題の割合が低い分野だが、今回の模擬試験においては難しい問題が５問もあった。宅建業法にしては多いといえる。また、個数問題が８問もあった。個数問題は消去法が使えない。そして、四肢択一問題と比較すると時間もかかる（つまり、個数問題の数が多いほど難しくなるのだ）。ちなみに過去 10 回の本試験での個数問題（組み合わせ問題を含む）の平均数は 5.5 問である。したがって、全体的な難度は高いといえる。確かに、難度は高いが、宅建業法で 15 点以下だと合格は厳しくなる。16 点以上を獲得したい。

・その他の分野について（問 23 ～ 25、問 46 ～ 50）

税法が２問とも難しかった（特に問 23 の所得税は難度が高い）。それでも１問は正解したいところである。問 46 ～ 50（免除科目）は、最近は以前より易しくなってきた。今回の模擬試験もその傾向通り、全体的には易しかった。ここで点数を稼ぎたいところだ。全体的な難度は標準といえる。５点以上は獲得したい。

問 1　正解 3　辞　任　難度 難しい

1　**正**。遺言執行者は、正当な事由があるときは、「**家庭裁判所の許可**」を得て、その任務を辞することができる。

2　**正**。親権者は、やむを得ない事由があるときは、「**家庭裁判所の許可**」を得て、その親権を辞することができる。

3　**誤**。後見人は、正当な事由があるときは、「**家庭裁判所の許可**」を得て、その任務を辞することができる。本肢は、「後見監督人の許可」となっているので×だ。

4　**正**。委任は、委任者からでも受任者からでも**いつでも**解除をすることができる。だから、委任によって代理権を授与された者（受任者）は、いつでも解除して代理権を消滅させて、代理人を辞することができる。

260 頁 Q 6

辞する（辞める）ために必要なこと

1 親権　→　やむを得ない事由＋**家庭裁判所**の許可（肢２）
2 後見人　→　正当な事由＋**家庭裁判所**の許可（肢３）
3 遺言執行者　→　正当な事由＋**家庭裁判所**の許可（肢１）

問 2　正解 3　相隣関係　難度 普　通

1　**正**。隣地の竹木の枝が境界線を越える場合、土地の所有者は、その竹木の所有者に、その枝を切除させることができる。しかし、自ら切り取ることは**できない**。ただし、竹木の**所有者**を知ることができず、または、その所在を知ることができないとき（どこにいるか分からないとき）は、自らその枝を切り取ることができる。

2　**正**。隣地の竹木の枝が境界線を越える場合、土地の所有者は、その竹木の所有者に、その枝を切除させることはできるが、自ら切り取ることは**できない**。ただし、竹木の所有者に枝を切除するよう**催告**したにもかかわらず、竹木の所有者が相当の期間内に切除しないときは、その枝を自ら切り取ることができる。

3　**誤**。土地の所有者は、境界またはその付近における障壁、建物その他の工作物の築造、収去または修繕等の一定の目的のために必要な範囲内で隣地を使用することができる。ただし、**住家**については、その居住者の**承諾**がなければ、立ち入ることはできない。

4　**正**。土地の所有者は、境界またはその付近における障壁、建物その他の工作物の築造、収去または修繕等の一定の目的のために必要な範囲内で隣地を使用することができる。この場合、使用の日時・場所・方法は、隣地の所有者及び隣地を現に使用している者のために**損害**が**最も少ない**ものを選ばなければならない。お隣さんになるべく迷惑をかけてはいけないという話だ。

土地の所有者は、境界またはその付近における障壁、建物その他の工作物の築造、収去または修繕等の一定の目的のために必要な範囲内で隣地を使用することができる。

注意１　住家については、その居住者の**承諾**がなければ、立ち入ることはできない（肢３）。

注意２　使用の日時・場所・方法は、隣地の所有者及び隣地を現に使用している者（隣地使用者）のために損害が**最も少ない**ものを選ばなければならない（肢４）。

注意３　あらかじめ、目的・日時・場所・方法を隣地の所有者及び隣地使用者に**通知**しなければならない。ただし、あらかじめ通知することが困難なときは、使用を開始した後、遅滞なく、通知することをもって足りる。

注意４　隣地の所有者、隣地使用者は損害を受けたときは、**償金**（賠償金のこと）を請求することができる。

問３　正解　１　虚偽表示　難度 普通

Ｃが**善意**なら、Ａはその先の追求ができなくなり、Ｄは**悪意**でも土地を返さなくていい（Ｄの勝ち）。逆に、Ｄが善意ならＤ自身が善意の第三者として、保護されるから、Ｃが**悪意**でもＤは土地を返さなくていい（Ｄの勝ち）。結局、Ａが虚偽表示の無効をＤに主張できるのは、ＣＤの両方が悪意の場合（エの場合）だけだ。エの場合以外（つまり、アとイとウの場合）は、Ａは無効をＤに主張できない。以上により、正解は肢１となる。

以上全体につき、図31頁 表

C	D	AとDのどちらが勝つか？
善意	善意	D
善意	悪意	**D**
悪意	善意	**D**
悪意	悪意	A

問 4　正解 2　選択債権　難度 難しい

1 **誤**。第三者を選択権者とすることができる。そして、その場合（第三者が選択権者の場合）において、第三者が選択をすることができず、または選択をする意思を有しないときは、選択権は、**債務者**（本問ではA）に移転する。（「美術品を引き渡せ」という債権を基準にした場合、売主Aが債務者、買主Bが債権者となる）。債権者Bに移転するのではない。

2 **正**。第三者が選択権者の場合、その選択は、債権者**または**債務者に対する意思表示によってする。AとBのどちらか一方に意思表示すればOKだ。AとBの両者に対して意思表示をする必要はない。

3 **誤**。合意（特約）がない場合は、**債務者**Aが選択権者となる。債権者Bが選択権者となるのではない。

4 **誤**。どちらの美術品にするかの選択権は、相手方に対する意思表示によって行使する。この意思表示は、相手方の**承諾**を得なければ、撤回することができない（承諾を得れば、撤回することができる）。

選択権者は、

1 合意（特約）で決める。注意！

2 合意（特約）がない場合は、**債務者**が選択権者となる（肢3）。

注意！ **第三者**を選択権者にすることもできる。なお、第三者は債権者**または**債務者に対する意思表示によって、選択権を行使する（肢2）。

問　5	正解　1	配偶者居住権　難度 普　通

1　**正**。通常の必要費（㊎ 建物の修繕費）を負担するのは、配偶者（**配偶者居住権者**）のＢだ（所有者Ａが負担するのでない）。

2　**誤**。配偶者居住権は、**登記**がないと第三者に対抗できない（配偶者居住権の対抗要件は登記だ）。Ｂは登記がないから、Ｄに対抗できない。ちなみに、引渡しは建物賃借権（借家権）の場合は対抗要件になるが、配偶者居住権の場合は対抗要件に**ならない**。

3　**誤**。配偶者が第三者に建物を賃貸する（使用収益させる）には、建物の所有者の**承諾**が必要だ。ちなみに、配偶者が建物の改築・増築をする場合も、建物の所有者の承諾が必要だ。ついでに覚えておこう。

4　**誤**。配偶者居住権の存続期間は、原則として、配偶者の終身の間（一生の間）だ。ただし、遺産分割協議等で存続期間が定められた場合は、**定められた期間**が存続期間となる。本肢は定められなかったのだから、原則通り、存続期間は、配偶者の終身の間となる。存続期間を定めなかった場合、期間の定めがないものとなるのは、建物賃借権（借家権）だ。ヒッカケに注意。

配偶者居住権の対抗要件は
→　**登記**だ。引渡しは対抗要件にならない（肢２）。

注意！　建物の所有者は、配偶者に対し、配偶者居住権の設定の登記を備えさせる義務を**負う**。

問　6	正解　4	地上権・賃借権　難度 カンターン

1　**誤**。地上権の場合、地上権設定者（地主のこと）は使用及び収益に必要な修繕をする義務を**負わない**。賃借権の場合、賃貸人は使用及び収益に必要な修繕をする義務を**負う**。　207頁 (1)

2　**誤**。建物所有を目的とする場合（要するに**借地権**の場合）は、地上権でも賃借権でも30年未満の期間を定めてもそれは無効で、自動的に**30年**となる。しかし、本問は建物所有を目的としない場合だ（つまり、借地権ではない場合だ）。だから、20年と定めたら、①でも②でも20年となる。　223頁 条文、224頁 (1)

3　**誤**。地上権者は地上権設定者の承諾なしで、地上権を譲渡できる。しかし、賃借人が賃借権を譲渡するには、賃貸人の**承諾**が**必要**だ。本肢は、話が逆になっている。　214頁 条文①

4　**正**。抵当権は、不動産（土地・建物）だけでなく**地上権**・永小作権にも設定**できる**。しかし、**賃借権**には設定**できない**。　144頁 条文

抵当権を設定できるか？

1 地上権　→　○（肢4）
2 永小作権　→　○
3 地役権　→　×
4 賃借権　→　×（肢4）

問　7	正解　2	抵　当　権　難度 普　通

ア　**正**。更地に抵当権が設定された後でその更地に建物が建てられると、抵当権者は土地と建物の**両方を競売**できるが、優先弁済を受けられるのは、**土地**の代金からだけだ。　149頁 条文

イ　**誤**。1**債務者**と2保証人は、抵当権消滅請求をすることはできない。Dは保証人だ。だから、甲土地を買っても抵当権消滅請求をすることはできない。　152頁 ちなみに

ウ　**正**。抵当不動産を買った第三者が、抵当権者の請求に応じて抵当権者に**代価を弁済**したときは、抵当権は、その第三者のために消滅する。　153頁 (4)

エ　**誤**。抵当権が設定されている**建物**の賃借人は、賃借権が抵当権者に対抗できない場合におい

て、抵当権が実行されても、６カ月間は建物を買受人に引き渡す必要はない（６カ月間は出ていかなくてOK）。この「６カ月間は出ていかなくてOK」というルールは、「**建物**」の場合に適用される。本肢は「土地」なので、このルールは適用されない。 150頁(2)

以上により、正しいものはアとウなので、正解は肢２となる。

建物の賃借権が抵当権者に対抗できない場合

→ 抵当権が実行されても、６カ月間は**建物**を買受人に引き渡す必要はない。

注意！ 「６カ月間は買受人に引き渡す必要はない」というルールは、建物の場合に適用され、土地の場合は適用されない（肢４）。

問 8 正解 3 連帯債務 難度 カンターン

1 **誤**。ＤがＡに対して、期限を猶予しても、その効力は他の連帯債務者ＢＣには**及ばない**（ＢＣの債務は猶予されない）。 192頁 6

2 **誤**。請求の効力は、他の連帯債務者には**及ばない**。だから、ＤがＡに請求しても、ＢとＣの債務の消滅時効の完成には影響しない。 191頁 1

3 **正**。連帯債務者の１人（Ａ）が債権者（Ｄ）に対して債権を有する場合、Ａが相殺しないなら、Ａの**負担部分**（100万円）の限度において、他の連帯債務者（ＢＣ）は履行を拒むことができる（つまり、200万円支払えばＯＫとなる）。履行を拒むことができるのは**負担部分**（100万円）の限度であって、全額（300万円）ではない点に注意しよう。 189頁(2)

4 **誤**。更改による連帯債務の効力は、他の連帯債務者に**及ぶ**。つまり、ＢもＣも300万円の連帯債務を免れることになる。だから、ＤはＢに対してもＣに対しても支払いを請求することはできない。 190頁 2

連帯債務者の１人が債権者に対して債権を有する場合

→ その連帯債務者が相殺しないなら、その連帯債務者の**負担部分**の限度において、他の連帯債務者は履行を拒むことができる（肢３）。

問　9	正解　4	時　　効	難度 普　通

1　**正**。相続回復の請求権は、相続人またはその法定代理人が相続権を侵害された事実を知った時から**5**年間行使しないときは、時効によって消滅する。

2　**正**。遺留分侵害額の請求権は、遺留分権利者が、相続の開始及び遺留分を侵害する贈与または遺贈があったことを知った時から**1**年間行使しないときは、時効によって消滅する。

3　**正**。定期金債権とは、定期的に一定の金銭等の支払いを目的とする債権のことだ（㊟ 毎月支払う約束をした子供の養育費）。定期金債権は行使することができることを知った時から**10**年間行使しないときは、時効によって消滅する。

4　**誤**。不法行為による損害賠償請求権は、被害者またはその法定代理人が損害及び加害者を知った時から３年間（**人の生命**または**身体を害する**不法行為の場合は**5**年間）行使しないときは、時効によって消滅する。

265頁Ｑ７

1　相続回復の請求権は、次の場合に、時効によって消滅する。

①　相続人またはその法定代理人が相続権を侵害された事実を知った時から**5**年間行使しないとき（肢１）。

②　相続開始の時から**20**年を経過したとき。

2　遺留分侵害額の請求権は、次の場合に、時効によって消滅する。

①　遺留分権利者が、相続の開始及び遺留分を侵害する贈与または遺贈があったことを知った時から**1**年間行使しないとき（肢２）。

②　相続開始の時から**10**年を経過したとき。

3　定期金債権は、次の場合に、時効によって消滅する。

①　債権者が定期金の債権から生ずる金銭その他の物の給付を目的とする各債権を行使することができることを知った時から**10**年間行使しないとき（肢３）。

②　各債権を行使することができる時から**20**年間行使しないとき。

4　不法行為による損害賠償の請求権は、次の場合に、時効によって消滅する。

①　被害者またはその法定代理人が損害及び加害者を知った時から３年間（**人の生命**または**身体を害する**不法行為の場合は**5**年間）行使しないとき（肢４）。

②　不法行為の時から**20**年間行使しないとき。

問 10	正解 2	相続（判決文問題）	難度 普 通

1 **正**。利益相反行為（利益が相反する行為）とは、一方にとっては利益になるが、もう一方にとっては不利益になる行為のことだ。たとえば、後見人の借金について、後見人が、被後見人を保証人とすることだ（債務者が後見人で、保証人が被後見人。これは、後見人には利益だが、被後見人には不利益だから利益相反行為だ）。後見人と被後見人の利益が相反する行為については、後見監督人がいない場合は、後見人は、被後見人のために**特別代理人**を選任することを家庭裁判所に請求しなければならない。ちなみに、後見監督人がいる場合は、**特別代理人**の選任の請求は不要だ。

2 **誤**。契約はAとBの意思表示で成立する（㊞ 売買契約。売主Aと買主Bの「売りましょう」「買いましょう」という合意で成立する）。それに対して、単独行為はAだけで成立する（㊞ 相殺。相殺するAの一方的意思表示で成立する。相殺される側のBの合意は不要だ）。相続の放棄は相手方のない**単独行為**だ（契約ではない。前半は○）。ただし、**利益相反行為**になることがあるので後半が×だ（このことは、判決文の6～7行目に書いてある。つまり、判決文の中に答えがある）。

3と4 **正**。肢3と肢4の場合（肢3は共同相続人でもある後見人が**先**に相続放棄するパターン、肢4は共同相続人でもある後見人が**同時**に相続放棄するパターン）は、利益相反行為になるとは**いえない**（**先**または**同時**に相続放棄→利益相反行為にならない）。

本問は各選択肢だけ見ると難問に見えるが……

肢1 → 民法（条文）からの出題だ。

肢2 → **判決文**からの出題だ。

肢3 → 判例からの出題だ。

肢4 → 判例からの出題だ。

そして、本問は肢2が正解肢だ。だから、判決文さえしっかり読めば、正解にたどりつける問題だ。

問 11	正解 4	借地借家法（借地）	難度 普 通

1 **誤**。転借地権が設定されている場合、転借地権者がする建物の築造は借地権者がする建物の築造とみなされる。だから、転借地上の建物が滅失しても、転借地権は**消滅せず**、転借地権者は建物を再築することができる。

2　**誤**。借主に**不利**な特約は**無効**だ。本肢の「～残存期間を超えて存続する建物を築造しない旨」の特約は、借主に**不利**だ。だから、本肢の特約は無効だ。　221頁 条文 2

3　**誤**。借地権の存続期間満了前に、借地権者が、借地権設定者の**承諾を得て**残存期間を超えて存続するような建物を再築した場合、承諾日か再築日のどちらか早い日から20年間存続する（つまり、借地権の期間の延長の効果が生じる）。だから、借地権設定者の**承諾**がない場合は、借地権の期間の延長の効果は生じない。　230頁 条文

4　**正**。借地権者は、借地権設定者が建物の買取代金を支払うまで、建物の引渡しを**拒める**。しかし、その拒んでいる間も借地権者は敷地を使用しているわけだから、敷地の賃料相当額を**返還**しなければならない。　235頁 よく出るポイント②③

借主を守れ！

1　借主に有利な特約　→　有効

2　借主に**不利**な特約　→　**無効**（肢2）

問 12　正解　3　借地借家法（借家）　難度 カンターン

1　**正**。普通建物賃貸借の場合、契約の期間を1年未満と定めると、**期間の定めがない**ものとみなされる。しかし、定期建物賃貸借の場合、契約の期間を1年未満と定めてもその定めは有効で、**期間の定めがない**ものとはみなされない。たとえば、普通建物賃貸借の場合、契約の期間を1年未満である6カ月と定めると、**期間の定めがない**ものとみなされるが、定期建物賃貸借の場合、1年未満である6カ月と定めると、6カ月の定期建物賃貸借となる）。　254頁(1)

2　**正**。賃貸人は、あらかじめ、建物の賃借人に対し、建物の賃貸借は契約の更新がなく、期間の満了により当該建物の賃貸借は終了することについて、その旨を記載した書面を交付して説明しなければならない。そして、賃借人の**承諾**を得れば、書面の交付に代えて、**電磁的方法**により提供することができる。　254頁(2)

3　**誤**。居住用の建物でも、非居住用の建物でも契約の更新がない旨を定めることができる。定期建物賃貸借は居住用の建物でも非居住用でもOKなのだ。ちなみに、非居住用に限るのは、事業用定期借地権だ。　241頁 A 1

4　**正**。普通建物賃貸借の場合だけでなく、定期建物賃貸借の場合も「造作買取請求権を行使することはできない」という特約は**有効**だ（造作買取請求権を否定する特約は**有効**だ）。

250頁 下の(2)

事前の説明（肢２）

1　賃貸人は、あらかじめ、建物の賃借人に対し、建物の賃貸借は契約の更新がなく、期間の満了により当該建物の賃貸借は終了することについて、その旨を記載した書面を交付して説明しなければならない。

2　賃借人の**承諾**があれば、電磁的方法により提供することができる。

問 13　正解 1　区分所有法　難度 普通

1　**誤**。制限を知らない第三者（善意の第三者）は保護すべきだ。だから、管理者の代理権に加えた制限は、善意の第三者に対抗することが**できない**。

2　**正**。管理者は、規約または集会の決議により、その職務に関し、区分所有者のために、原告または被告となることができる。そして、**規約**により、原告または被告となったときは、遅滞なく、その旨を各区分所有者に**通知**しなければならない。ちなみに、集会の決議により、原告または被告となったときは、その旨を各区分所有者に通知する必要はない。

3　**正**。管理者の選任・解任は普通決議事項だ。だから、規約に別段の定めがない限り、区分所有者及び議決権の各**過半数**の賛成があればできる。

129頁 注2

4　**正**。区分所有者の５分の１以上で議決権の５分の１以上を有する者は、管理者に対し、会議の目的たる事項を示して、集会の招集を請求することができる。なお、この定数は規約で**減らす**ことができる。ちなみに、増やすことはできない。

128頁 2. 表

管理者が原告または被告となったとき、区分所有者に通知する必要があるか？

1　**規約**によりなったとき　→　必要（遅滞なく通知）（肢２）

2　集会の決議によりなったとき　→　不要

問 14 正解 2 不動産登記法 難度 普通

1 **正**。相続により所有権を取得した者は、自己のために相続の開始があったことを知り、かつ、その所有権を取得したことを知った日から**3年**以内に、所有権の移転の登記を申請**しなければならない**。相続による所有権の移転登記は権利登記だ。権利登記には、原則として、登記の申請義務はない。しかし、相続による所有権の移転登記については、例外として、申請義務があるのだ。

106頁(3) キーポイント

2 **誤**。新築した建物または区分建物以外の表題登記がない建物の所有権を取得した者は、その所有権の取得の日から1カ月以内に、**表題登記**を申請しなければならない。本旨の場合において1カ月以内に申請しなければならないのは**表題登記**だ。所有権保存登記ではないから×だ。

103頁(3)

3 **正**。地目に変更（たとえば、駐車場に住宅を建てたら、地目が雑種地から宅地になる）があった後に表題部所有者または所有権の登記名義人となった者は、その者に係る表題部所有者についての更正の登記または所有権の登記があった日から**1カ月**以内に、変更の登記を申請しなければならない。

102頁 注2

4 **正**。建物の**種類**（たとえば､居宅を変更して店舗にすること）･構造･床面積について変更があったときは、1カ月以内に、変更の登記を申請しなければならない。

権利登記

→ 登記を申請する義務は**ない**。

注意！ ただし、相続による所有権の移転登記については、申請義務が**ある**（**3年**以内に登記を申請しなければならない）（肢1）。

問 15 正解 4 都市計画全般（都市計画法） 難度 普通

1 **誤**。準都市計画区域は、**都道府県**が関係市町村及び都道府県都市計画審議会の意見を聴いて指定する（準都市計画区域の指定権者は都道府県だ。市町村ではない）。

398頁 2.

2 **誤**。準都市計画区域はガンガン都市化する場所ではない。だから、準都市計画区域において**市街地開発事業**を定めることはできない。

400頁 注2

3 **誤**。都市計画事業の認可の告示があった旨の公告の日の翌日から起算して10日を経過した後に、事業地内の土地建物等を有償で譲り渡そうとする者は、原則として、事前に、一定の事項を

施行者に**届け出な**ければならない。許可は不要なので（届出でよいので）、「許可を受けなければならない」とある本肢は×だ。

4　**正**。田園住居地域内の農地の区域内において、①建築物の建築 ②工作物の建設 ③土地の形質の変更④土石等の堆積を行おうとする者は、一定の場合を除き、**市町村長**の許可を受けなければならない。

409 頁 原則

指定権者は誰？

① 都市計画区域 → 都道府県（２つ以上の都府県にまたがって指定する場合は国土交通大臣）

② 準都市計画区域 → **都道府県**（肢 1）

問 16	正解 4	開発許可（都市計画法） 難度 難しい

1　**誤**。都市公園法に規定する**公園**は、世の中のためグループだ（公園は、世の中の役に立つ）。だから、許可は不要だ。

413 頁 表

2　**誤**。世の中のためグループなら、許可は不要だ。しかし、病院は世の中のためグループではない。だから、市街化区域において、**1,000㎡**以上の病院の建築を目的とした土地の区画形質の変更を行おうとする場合は、知事の許可が必要だ。

413 頁 表

3　**誤**。庭球場が１ヘクタール（**10,000㎡**）以上なら、第二種特定工作物となる。しかし、本肢の庭球場は 6,000㎡だ。だから、第二種特定工作物ではない（つまり、庭球場の建設を目的とした 6,000㎡の土地の区画形質の変更は開発行為では**ない**）。だから、許可は不要だ。

412 頁 用語の意味

4　**正**。農林漁業の「**生産資材**の貯蔵」に必要な建築物は農林漁業用建築物だ。しかし、本肢の建築物は、「農産物の貯蔵」に必要な建築物だ。だから、農林漁業用建築物では**ない**。だから、市街化調整区域で農産物の貯蔵に必要な建築物の建築を目的とした土地の区画形質の変更を行おうとする場合は、許可が必要だ。

413 頁 表

農林漁業用建築物か？

① 農林水産物の生産・集荷用 → ○

② 農林漁業の生産資材の貯蔵・保管用 → ○（肢４）

③ **農林漁業者の住宅** → ○

④ 農産物の貯蔵用 → ×（肢４）

問　17	正解　2	総合問題（建築基準法）　難度 難しい

1　**誤**。病院で延べ面積が500㎡を超えるものには、排煙設備を設けなければならない。ただし、**階段**の部分、昇降機の昇降路の部分には、排煙設備を設けなくてOKだ。

2　**正**。容積率の限度が10分の120（1200％）を超えている商業地域では、建築物の高さは、前面道路の反対側の境界線からの水平距離が**50 m**以下の範囲内においては、当該部分から前面道路の反対側の境界線までの水平距離に、1.5を乗じて（掛けて）得た値以下でなければならない。本肢は道路斜線制限の具体的な内容の問題だが、あまりにも細かいことなので、解けなくてOKだ。

3　**誤**。本肢は、建築物が木造なのか、それとも木造以外なのか書かれていない（このように、あえて隠している問題が本試験でも出題されたことがある）。ただし、木造なら**500㎡**超で、木造以外なら**200㎡**超で大規模建築物だ。本肢の建築物は600㎡なのだから、木造であっても、木造以外であっても**大規模建築物**になる。大規模建築物の大規模修繕なのだから、建築確認を受ける必要がある。

452頁 Ⓐ㋑ ⑴ ② ⑵ ②

4　**誤**。建築基準法の改正により、現に存する建築物が改正後の法の規定に適合しなくなった場合、建築基準法の規定は適用**されない**。だから、改正後の法の規定に適合させる必要はない。つまり、建築物はそのままでOKということ（建て替え等をする必要はない）。 422頁 ① 注!

600㎡の建築物（肢３）

→　木造なら**500㎡**超で、木造以外なら**200㎡**超で大規模建築物となる。だから、600㎡の建築物は大規模建築物だ。

問 18	正解 1	総合問題（建築基準法） 難度 難しい

1　**誤**。理髪店、美容院、クリーニング取次店等の兼用住宅は、①延べ面積の **1/2** 以上が居住用で、かつ、②店の部分の床面積が 50㎡以内であるならば、第一種低層住居専用地域内に建てることができる。本肢の理髪店兼用住宅は延べ面積の 5/8（つまり、1/2 以上）が居住用で、店の部分の床面積が 30㎡（つまり、50㎡以内）なので建てることができる。

2　**正**。幼保連携型認定こども園は、**すべて**の用途地域で建てることができる。だから、工業専用地域内に幼保連携型認定こども園を建てることができる。 424 頁、425 頁 表

3　**正**。第３章の規定（集団規定のことだ）が適用されるに至った際に、現に建築物が立ち並んでいる幅員 **1.8 m** 未満の道で、あらかじめ、建築審査会の同意を得て特定行政庁が指定したものは、道路とみなされる。 426 頁 (2)

4　**正**。建築物の壁またはこれに代わる柱等は、原則として、壁面線を越えて建築してはならない。しかし、例外として、地盤面下の部分または**特定行政庁**が**建築審査会**の同意を得て許可した歩廊の柱等は、壁面線を越えて建築してよい。

法第３章の規定とは？（肢３）

→　集団規定（都市計画区域及び準都市計画区域に適用される規定）のこと。

問 19	正解 3	盛土規制法	難度 普 通

1 **正**。知事は災害防止のために必要な**条件**（例 雨の日は工事するな）を付けて許可することができる。そして、知事は条件に違反した者に対して、許可を取り消すことができる。467頁(1)

2 **正**。宅地造成等工事規制区域内で、高さが**2m**を超える崖面崩壊防止施設の除却工事を行おうとする者は、一定の場合を除き、工事に着手する日の**14日前**までに、知事に**届け出**なければならない（許可は不要、届出でよい）。472頁④

3 **誤**。宅地造成等工事規制区域内においては、①盛土で高さが2mを超えるがけを生じるもの、②切土で高さが**5m**を超えるがけを生じるもの、③盛土と切土を同時に行い、高さが5mを超えるがけを生じるもの、④盛土で高さが5mを超えるもの（がけを生じない場合だ）、⑤①から④以外で盛土または切土をする面積が**3,000㎡**を超えるもののどれかに当たれば中間検査が必要だ。本肢は①～⑤のどれにも当たらないから中間検査は不要だ。本肢は中間検査の話だ。「許可が必要になる規模」と「中間検査が必要になる規模」は異なるから注意しよう。

475頁 8. 表、476頁Ⓑ

4 **正**。宅地造成等工事規制区域内においては、①土石の堆積の高さが**2m**を超え、かつ面積が300㎡を超えるもの、②土石の堆積の面積が**500㎡**を超えるもののどちらかに当たれば許可が必要だ。本肢は②に当たるから許可が必要だ。475頁 8. 表、476頁Ⓒ

宅地造成等工事規制区域内において、次の①～⑤のどれかに当たる場合、中間検査が必要になる（肢3）。

① 盛土で高さが**2m**を超えるがけを生じるもの。
② 切土で高さが**5m**を超えるがけを生じるもの。
③ 盛土と切土を同時に行い、高さが**5m**を超えるがけを生じるもの。
④ 盛土で高さが**5m**を超えるもの（がけを生じない場合だ）。
⑤ ①から④以外で盛土または切土をする面積が**3,000㎡**を超えるもの。

問 20	正解 3	土地区画整理法	難度 難しい

1 **正**。①施行地区内の宅地の所有権者と借地権者は、**すべて**組合員となる。②参加組合員というのは、この①以外の組合員のことだ（つまり、「所有権者・借地権者」以外の組合員）。換地計画

においては、組合の定款で施行地区内の土地が参加組合員に与えられるように定められているときは、一定の土地を**換地**として定めないで、その土地を参加組合員に対して与えるべき宅地として定めなければならない。

2　**正**。換地計画において参加組合員に対して与えるべきものとして定められた宅地は、換地処分の公告があった日の**翌日**において、当該宅地の所有者となるべきものとして換地計画において定められた参加組合員が取得することになる。

3　**誤**。**都市再生機構**、地方住宅供給公社その他政令で定める者であって、組合が都市計画事業として施行する土地区画整理事業に参加することを希望し、定款で定められたものは、参加組合員として、組合の組合員となる。つまり、参加組合員になれるのは、都市再生機構、地方住宅供給公社等だ。たとえ、資力と信用を有する者であっても、都市再生機構、地方住宅供給公社等でなければ、参加組合員にはなれない。

4　**正**。「参加組合員以外の組合員」とあるが、要するに単なる組合員のことだ（参加組合員以外の組合員→つまり、肢1の①の組合員のことだ）。組合は、その事業に要する経費に充てるため、賦課金として参加組合員以外の組合員に対して金銭を賦課徴収することができる。

以上全体につき、482頁 以下

参加組合員

→ **都市再生機構、地方住宅供給公社**等であって、組合が参加することを希望し、**定款**で定められたものが参加組合員となる（肢3）。

問 21　正解 4　農地法　難度 普通

1　**誤**。農地法上の農地であるかどうかは、**現況**（現在の状況）で判断される。登記簿の**地目は全く無関係**だ。だから、登記簿の地目が雑種地であっても、現況が農地であるなら、農地法上の農地であり、規制の対象となる。

477頁 キーワード

2　**誤**。「農地を砂利採取のために借り受ける」、つまり、農地を砂利採取地にするわけだ（農地を農地以外にするパターンだ）。だから、5条の許可が必要だ。なお、「一時的に」とあるが、**一時的**であっても、農地を農地以外にするするのだから、もちろん、5条の許可が**必要**だ。

478頁 表の下段

3　**誤**。農地所有適格法人以外の法人は、農地の所有権を取得することはできない。ただし、農地を借り入れることは**できる**（所有はできないが、借りることはできる）。

4　**正**。農地を畜舎（つまり、農地以外）にするのだから、**転用目的権利移動**だ。だから、5条の許可が必要だ。

477頁③

農地を畜舎（農業用施設）にする場合

① 自分の農地を畜舎にする　→　2アール（200㎡）未満なら4条の許可不要。

② 農地を購入して畜舎にする　→　5条の許可必要（肢4）。

問 22　正解 1　国土利用計画法　難度 カンターン

1　**正**。知事は、事後届出に係る土地の**利用目的**について、勧告することができる。そして、勧告を受けた者が勧告に従わなかった場合、その旨及びその勧告の内容を公表することができる。

459頁ポイント①③

2　**誤**。権利取得者となった者が事後届出を行わなかったら、6カ月以下の**懲役**または100万円以下の**罰金**だ。だから、罰則の適用はある。ちなみに、「届出を行うよう勧告される」という部分も×だ。

459頁ポイント⑤

3　**誤**。契約当事者の一方または双方が国または**地方公共団体**（都道府県・市町村）の場合、わざわざ知事がチェックする必要はない。だから、届出は不要だ。

463頁①

4　**誤**。利用目的について、知事から勧告を受けた場合でも、知事に対し、土地を買い取るべきことを請求することは**できない**。ちなみに、買取請求制度があるのは、**規制**区域だ。

465頁表⑤

利用目的と対価の額

	届出事項か？	知事は勧告できるか？
利用目的	○	○（肢1）
対価の額	○	×

注意！　利用目的は、届出事項（届出が必要な事項）で、知事は勧告できる。対価の額は、届出事項ではあるが、知事は勧告できない。

問 23　正解 2　所得税　難度 難しい

1　**正**。①不動産を売ってもうかったら**譲渡所得**として課税される。②不動産を貸してもうかったら**不動産所得**として課税される（売った場合が譲渡所得で、貸した場合が不動産所得）。本肢の建物の所有を目的とする土地の賃借権（つまり、借地権）は②の場合の話だ。しかし、権利金の金額が土地の価額の10分の5を超えるときは、権利金は不動産所得ではなく、**譲渡所得**として課税される。

2　**誤**。プロ（不動産業者）が営利を目的として継続的に行っている不動産の譲渡による所得は、**事業所得**として課税される。ちなみにシロートの不動産の譲渡による所得は、譲渡所得として課税される（たとえば、一般人が自宅を売却した場合は、譲渡所得として課税される）。

3　**正**。居住者が、**災害**等により、**生活に通常必要でない資産**（㊎別荘）について受けた損失の金額（保険金、損害賠償金その他これらに類するものにより補てんされる部分の金額を除く）は、その者のその損失を受けた日の属する年分またはその翌年分の譲渡所得の金額の計算上控除される。たとえば、Aが自分が所有している土地を売却して1,000万円もうけたとする（譲渡所得）。その一方で災害により別荘が壊れて1,000万円損したとする。この場合、もうけの1,000万円（譲渡所得）－損した1,000万円（別荘について受けた損失）＝0円となり、譲渡所得による税金は0円となる。

4　**正**。取得費には、その資産の取得時に支出した購入代金や購入手数料だけでなく、その資産の取得後に支出した**設備費**や**改良費**も含まれる。

借地権の権利金（肢1）

1　権利金の金額が、土地の価額の10分の5以下　→　不動産所得

2　権利金の金額が、土地の価額の10分の5超　→　**譲渡所得**

たとえば、1,000万円の土地を建物の所有を目的として貸す場合、権利金が500万円以下のときは不動産所得となり、500万円を超えるときは譲渡所得になる。

問 24　正解 3　固定資産税　難度 難しい

1　**誤**。固定資産税の納税者は、固定資産課税台帳に登録された価格に不服があるときは、公示の日から納税通知書の交付を受けた日後**3月**を経過するまでの間において、**文書**で、固定資産評価審査委員会に審査の申出をすることができる。本肢は「2週間」という部分が×だ。

516頁(3) 注3

2　**誤**。固定資産税の納期は、4月、7月、12月、2月中において、市町村の条例で定める。ただし、**特別の事情**がある場合は、これと異なる納期を定めることが**できる**。

3　**正**。市町村長は、固定資産課税台帳に登録された**価格**等に**重大な錯誤**があることを発見した場合は、直ちに決定された価格等を**修正**して、これを固定資産課税台帳に登録しなければならない。

4　**誤**。固定資産税の納税義務者は、毎年1月1日（賦課期日）現在に、固定資産課税台帳に**所有者**として登録されている者だ。この所有者として登録されている者が、1年分全額支払うことになる。年度の途中で売買があった場合でも、売主と買主で按分して（日割り計算して）納付するのではない（**売主**が1年分全額納付する）。

514頁 1.

固定資産税の納期（肢2）

1　4月、7月、12月、2月中において、市町村の条例で定める。

2　**特別の事情**がある場合は、1と異なる納期を定めることが**できる**。

問　25	正解　2	公示価格　難度 普　通

1　**正**。公示区域とは、土地取引が相当程度見込まれる場所のことで、都市計画区域外も含まれる（「都市計画区域その他」だから、都市計画区域外も含まれる）が、**規制区域**は除かれる。

497頁 (1)

2　**誤**。土地鑑定委員会は、自然的及び社会的条件からみて類似の利用価値を有すると認められる地域において、土地の利用状況、環境等が「**通常**」と認められる一団の土地について標準地を選定する。本肢は「特に良好」という部分が×だ。

497頁 注1

3　**正**。標準地の単位面積当たりの価格だけでなく、標準地の**地積・形状**も公示事項だ。だから、土地鑑定委員会は、標準地の単位面積当たりの価格のほか、標準地の**地積・形状**についても官報で公示しなければならない。

498頁 (3)

4　**正**。正常な価格とは、土地について、自由な取引が行われるとした場合におけるその取引において通常成立すると認められる価格のことだ。この取引には、「農地・採草放牧地・森林」を「農地・採草放牧地・森林」**以外**とするための取引も含まれる。本肢は「農地」→「住宅地」（つまり、「農地・採草放牧地・森林」**以外**）のケースだから、取引に含まれる。

公示区域に含まれるか？

1　都市計画区域外　→　○

2　規制区域　→　×（肢１）

問　26	正解　2	37 条書面　難度　難しい

ア　誤。業者は、相手方の**承諾**を得れば、37 条書面の交付に代えて、電磁的方法（電子メール等）で提供することができる。ただし、承諾を受けた後に、相手方から電磁的方法による**提供を受けない旨の申出**があった場合には、電磁的方法による提供をしてはならない。 382 頁 1.

イ　正。電磁的方法による提供をする場合、説明の相手方が出力することにより**書面**（紙）を作成できるものであることが必要だ。要するに、印刷（プリントアウト）できるものであることが必要だということ。

ウ　正。電磁的方法による提供をする場合、改変されていないかどうかを**確認**することができる措置を講じていることが必要だ。

エ　誤。書面の電磁的方法による提供をする場合において、提供に係る宅地建物取引士を明示することが必要だ。

以上により、正しいものはイとウなので、正解は肢２となる。

電磁的方法による提供の場合の承諾

1　書面等で**承諾**を得れば、電磁的方法による提供をすることができる（肢ア）。

2　1の承諾を得た場合でも、相手方から書面等で電磁的方法による**提供を受けない旨の申出**があった場合には、電磁的方法による提供をしてはならない（肢ア）。

3　2の**提供を受けない旨の申出**があった場合でも、相手方から再び書面等で承諾する旨の申し出があった場合には、電磁的方法による提供をすることができる。

問 27	正解　1	総合問題　難度 

ア　**違反する**。重要事項説明書（35 条書面）や 37 条書面と違って、クーリング・オフ関連の書面については、電磁的方法による提供は認められて**いない**（承諾を得ても電磁的方法はダメ）。だから、A はクーリング・オフについて電磁的方法で告げることはできない（クーリング・オフの告知は**書面**で行う必要がある）。 354 頁 3.

イ　**違反しない**。業者は、重要事項説明書（35 条書面）の交付に代えて、相手方の**承諾**を得て、宅地建物取引士に、電磁的方法で提供させることが**できる**（承諾を得れば電磁的方法で OK）。

373 頁 上の 注!

ウ　**違反しない**。業者は、37 条書面の交付に代えて、相手方の**承諾**を得て、電磁的方法で提供することが**できる**（承諾を得れば電磁的方法で OK）。 382 頁 1.

以上により、違反するものはアなので、正解は肢 1 となる。

電磁的方法による提供ができるか？

1　重要事項説明書（35 条書面）　→　○（肢イ）

2　37 条書面　→　○（肢ウ）

3　媒介契約書　→　○

注意 1　1～3のいずれも相手方の**承諾**が必要。

注意 2　クーリング・オフ関連の書面については、電磁的方法による提供は認められて**いない**（肢ア）。

問 28　正解 3　総合問題　難度 普通

1　**正**。建物状況調査を実施する者は**建築士**であって**国土交通大臣**が定める講習を修了した者でなければならない。

337頁 1 注意！

2　**正**。報酬とは別に受領することができるのは、①依頼者から頼まれてやった**広告**の料金、②依頼者から特別に頼まれてやった支出を要する**特別の費用**で、事前に依頼者の承諾があるものだ。だから、建物状況調査を実施する者のあっせんを行った場合でも、あっせんに係る料金を報酬とは別に受領することはできない。

349頁 (1)

3　**誤**。「建物の構造耐力上主要な部分等の状況について当事者の双方が確認した事項」は、既存（中古）建物の**売買・交換**の場合の必要的記載事項だ。だから、貸借の媒介の場合は記載不要だ。

383頁 6

4　**正**。既存（中古）の建物の場合は、**建物状況調査**（調査実施後1年（鉄筋コンクリート造または鉄骨鉄筋コンクリート造の共同住宅等は2年）を経過していないものに限る）を①実施しているかどうか、及び②実施している場合は、結果の概要を重要事項として説明しなければならない。

377頁 14 ③ a)

建物状況調査を実施する者は

→　①**建築士**であって、②**国土交通大臣**が定める講習を修了した者でなければならない（肢1）。

問 29　正解 1　監督処分　難度 カンターン

1　**正**。業者が、指示処分・業務停止処分を受けたときは、業者名簿にその**年月日**と**内容**が記載される。

385頁 注意！

2　**誤**。知事は、当該都道府県の区域内で宅建業を営む者に対して、宅建業の適正な運営を確保するため必要があると認めるときは、その業務について必要な**報告**を求め、またはその職員に事務所その他その業務を行なう場所に立ち入り、**帳簿**、書類その他業務に関係のある物件を**検査**させることができる。

3　**誤**。免許取消処分は、**免許権者**しかできない。Cの免許権者は甲県知事だ。だから、国土交通大臣は、Cの免許を取り消すことはできない。

384頁 表 上の3

4　**誤**。国土交通大臣は、一般消費者の利益の保護に関する規定違反（㊍ 37 条書面を交付しなかった）を理由に処分しようとするときは、あらかじめ、内閣総理大臣に**協議**しなければならない。しなければならないのは、「内閣総理大臣に協議」であって「内閣総理大臣に通知」ではない。

389 頁 6.(1)

業者名簿の登載事項

業者が、指示処分・業務停止処分を受けたときは、

→　業者名簿にその**年月日**と**内容**が記載される（肢１）。

問　30	正解　3	媒介契約	難度 カンターン

ア　**誤**。業者は、媒介契約の目的物である宅地建物の売買・交換の申込みがあったときは、遅滞なく、その旨を依頼者に**報告**しなければならない。この報告は一般媒介契約の場合も必要だ。

335 頁 (6)

イ　**誤**。媒介契約書（法第 34 条の２第１項の規定に基づく書面）には、**売買価額**を記載しなければならない。この記載は一般媒介契約の場合も必要だ。　337 頁 ❶ ②

ウ　**正**。業者は、売買価額について意見を述べるときは、その根拠を明らかにしなければならない。なお、書面で行う必要はない。**口頭**でも OK だ。　338 頁 ポイント ①

エ　**誤**。専任媒介契約と専属専任媒介契約では、有効期間は３カ月が限度だ。そして、依頼者の申出があれば、契約を更新することができるが、更新後の有効期間も**３カ月**が限度だ。

333 頁 ③ ❷、334 頁 (3)

以上により、誤っているものはアとイとエなので、正解は肢３となる。

売買価額について業者が意見を述べるとき

①　**根拠**を明らかにしなければならない。

②　①の根拠の明示は**口頭**で行っても OK だ（肢ウ）。

問 31	正解 4	宅地建物取引士 難度 難しい

ア　**正**。宅地建物取引士証に旧姓を**併記**することができる。そして、旧姓が**併記**された宅地建物取引士証の交付を受けた日以降は、書面の記名等の業務（㊄ 重要事項説明書に記名する場合、37条書面に記名する場合）において旧姓を使用することができる。 304 頁 2つの OK

イ　**正**。宅地建物取引士は、宅地建物取引士証の提示に当たり、個人情報保護の観点から、宅地建物取引士証の**住所欄**にシールを貼ったうえで提示することができる（住所を隠して OK ということ）。 304 頁 2つの OK

ウ　**正**。登録簿には、登録を受けた者の住所が記載されている。また、宅地建物取引士証にも、宅地建物取引士の住所が記載されて**いる**。だから、宅地建物取引士が住所を変更したら、遅滞なく変更の登録を申請するとともに、**宅地建物取引士証の書換え交付**を申請しなければならない。

301 頁 (1)、306 頁 上の(3)

エ　**正**。登録簿には、登録を受けた者の本籍が記載されている。しかし、宅地建物取引士証には、宅地建物取引士の本籍は記載されて**いない**。だから、宅地建物取引士が本籍を変更したら、遅滞なく変更の登録を申請しなければならないが、宅地建物取引士証の書換え交付を申請する必要はない。 301 頁 (1)

以上により、正しいものはアとイとウとエなので（全部正しいので）、正解は肢 4 となる。

1　宅地建物取引士証に旧姓を**併記**することができる。

2　旧姓が**併記**された宅地建物取引士証の交付を受けた日以降は、書面の記名等の業務（㊄ 重要事項説明書に記名する場合、37 条書面に記名する場合）において旧姓を使用することができる（肢ア）。

問　32	正解　4	免　　許	難度 難しい

1　**誤**。1**国**、2**地方公共団体**、3**信託**銀行、4**信託**会社なら、免許なしで宅建業ができる。しかし、社会福祉法人は1～4のどれにも該当しない。だから、社会福祉法人が宅建業をするには、免許が必要だ。

276頁(3)

2　**誤**。1**国**、2**地方公共団体**、3**信託**銀行、4**信託**会社なら、免許なしで宅建業ができる。しかし、農業協同組合は1～4のどれにも該当しない。だから、農業協同組合が宅建業をするには、免許が必要だ。

276頁(3)

3　**誤**。宿泊施設（たとえば、ホテル）は建物だ。だから、「宿泊施設等のリゾート施設の所有権を会員が共有するもの」の売買の媒介は、「建物」の売買の媒介と考えてOKだ。したがって、免許が必要だ。

273頁 2.

4　**正**。用途地域外の土地であっても、1今現在、建物が建っている土地、2今現在、建物は建っていないが、建物を建てる目的で取引される土地なら、宅地だ。しかし、ソーラーパネルは、**建物**では**ない**。だから、本肢の土地は、**宅地**では**ない**。したがって、免許は不要だ。

272頁 1 2 3

肢4について

①ソーラーパネルは、建物に該当**しない**　→　②建物ではないソーラーパネルが設置されている土地は宅地に該当**しない**　→　③宅地ではない土地の取引を業として営んでも宅建業には**ならない**　→　④Dは宅建業をするのではないから免許は**不要**。

問　33	正解　3	業務上の規制	難度 普　通

1　**誤**。相手方が業者であっても、37条書面の交付は**必要**だ。だから、業者が、買主として、業者との間で宅地の売買契約を締結した場合、売主に対して第37条書面を交付しなければならない。

382頁 注1

2　**誤**。相手方が業者の場合、重要事項の説明は**不要**だ。しかし、相手方が業者であっても、重要事項説明書（35条書面）の交付は必要だ。

374頁(8)

3　**正**。業者は、取引の相手方に対して、契約が成立するまでの間に、供託所等について説明するようにしなければならない。ただし、相手方が業者の場合は、この説明は**不要**だ。

381頁 第2節

4　**誤**。媒介契約を締結した宅地建物取引業者は、媒介契約の目的物である宅地建物の売買・交換の申込みがあったときは、遅滞なく、その旨を依頼者に**報告**しなければならない。この報告は媒介の依頼者が業者であっても**必要**だ。 335頁(6)

相手方が業者の場合でも必要か？

1　供託所等の説明　→　不要（肢3）
2　重要事項の説明　→　**不要**（肢2）
3　重要事項説明書の交付　→　**必要**（肢2）
4　37条書面の交付　→　必要（肢1）

問 34　正解　1　業務上の規制　難度 カンターン

1　**正**。成年である業者が宅建業の業務に関し行った行為は、行為能力の制限を理由に取り消すことが**できない**。たとえば、成年である業者Aが被保佐人である場合、Aが宅建業の業務に関し行った行為は、被保佐人であることを理由に取り消すことができないということ。 290頁 上の 注!

2　**誤**。**正当な理由**があれば、秘密を漏らしてよい。「裁判の証人として証言をすること」は正当な理由になる。だから、証言してOKだ。 324頁 ③

3　**誤**。業者は、**事務所ごと**に、従業者の氏名等を記載した従業者名簿を備えなければならない（前半は○）。従業者名簿の保存期間は、最終の記載をした日から**10**年間だ（後半が×）。 292頁(3)

4　**誤**。案内所には、**標識**を掲示しなければならない。たとえ、契約の締結・契約の申し込みの受付を行わない場合でも、標識の掲示は必要だ。 293頁 1 ①

正当な理由があれば、秘密を他に漏らしてよい。次の4つは、正当な理由に当たる（1～4に該当すれば秘密を他に漏らしてよい）。

1　法律上秘密事項を告げる義務がある場合 注意！
2　取引の相手方に真実を告げなければならない場合
3　依頼者本人の承諾があった場合
4　他の法令に基づく事務のための資料として提供する場合

注意！　1の例としては①**裁判の証人**として証言を求められたとき（肢2）、②**税務署**の職員から**質問検査権**の規定に基づき質問を受けたときがある。

問 35	正解 2	総合問題 難度 普通

ア **誤**。知事は、宅地建物取引士資格登録簿を一般の閲覧に供する必要はない。業者名簿は一般の閲覧に供されるが、**資格登録簿**は一般の閲覧に**供されない**のだ。(業者名簿は公開されるが、資格登録簿は非公開)。違いに注意しよう！ 282 頁 下の 注!

イ **正**。国土交通大臣または知事は、業者名簿を一般の閲覧に供しなければならない。**業者名簿**は一般の閲覧に**供される**が、資格登録簿は一般の閲覧に供されないのだ(業者名簿は公開されるが、資格登録簿は非公開)。違いに注意しよう！ 282 頁 下の 注!

ウ **正**。業者は、取引の関係者から請求があったときは、従業者名簿を閲覧に**供しなければならない**。なお、「その事務所ごとに従業者名簿を備え」という部分も○だ。 292 頁 (3)

エ **誤**。業者は、取引の関係者から請求があったときでも、帳簿を閲覧に供する必要は**ない**。なお、「その事務所ごとにその業務に関する帳簿を備え」という部分は○だ。 292 頁 (4)

以上により、正しいものはイとウなので、正解は肢２となる。

一般の閲覧に供されるか？

1 業者名簿 → ○(肢イ)

2 資格登録簿 → ×(肢ア)

問 36	正解 4	37 条書面 難度 普通

ア **違反しない**。37 条書面への記名は、宅地建物取引士が行う必要がある。しかし、37 条書面の**交付**は、宅地建物取引士**以外**の者が行っても OK だ。 382 頁 1.

イ **違反しない**。37 条書面には宅地建物取引士の**記名**は必要だが、押印は不要だ。 382 頁 1. 3

ウ **違反しない**。**物件の引渡時期**は、37 条書面の必要的記載事項だ(必ず記載しなければならない事項だ)。しかし、賃借権設定登記の申請の時期は、37 条書面の記載事項ではない。 383 頁 4

エ　**違反しない**。**移転登記の申請時期**は売買の場合の37条書面の必要的記載事項だ。しかし、登記された権利の種類及び内容は37条書面の記載事項ではない（これは、重要事項説明書の記載事項だ）。　375頁 3、383頁 5

以上により、違反しないものはアとイとウとエなので（全部が違反しないので）、正解は肢4となる。

37条書面の記載事項か？

1　**移転登記の申請時期**　→　売買・交換の場合の必要的記載事項（肢エ）。
2　賃借権設定登記の申請の時期　→　記載事項ではない（肢ウ）。
3　登記された権利の種類及び内容　→　記載事項ではない（肢エ）。

問 37　正解 3　37条書面　難度 カンターン

1　**誤**。「解除に関する事項」は、**任意的**記載事項だ（定めがある場合は、記載しなければならない事項だ）。だから、定めがない場合は、記載する必要はない。　383頁 7

2　**誤**。「代金についての金銭の貸借のあっせんに関する定め」は、**任意的**記載事項だ。だから、定めがない場合は、記載する必要はない。　383頁 9

3　**正**。「建物が既存（中古）の建物であるときは、建物の構造耐力上主要な部分等の状況について当事者の双方が確認した事項」は、**必要的**記載事項だ（必ず記載しなければならない事項だ）。だから、確認した事項がない場合は、確認した事項が**ない**旨を37条書面に記載しなければならない。　383頁 6

4　**誤**。「天災その他不可抗力による損害の負担（危険負担）に関する定め」は、**任意的**記載事項だ。だから、定めがない場合は、記載する必要はない。　383頁 13

37条書面ー定めがないとき

1　必要的記載事項　→　記載必要（「なし（ない）」と記載する）（肢3）。
2　任意的記載事項　→　記載**不要**（肢1、肢2、肢4）。

問 38	正解 2	割賦販売 難度 普通

1 **誤**。割賦販売とは、代金の全部または一部について、目的物の引渡し後「**1年**」以上の期間にわたり、かつ、**2回**以上に分割して受領することを条件として販売することをいう。本肢は「6か月」という部分が誤っている。 370頁 注!

2 **正**。割賦販売価格（分割払いの場合の合計額はいくらか）だけでなく、現金販売価格（引渡しまでにその代金の全額を受領する場合の価格）を説明しなければならない。 378頁 17

3 **誤**。Aは、自ら売主となる割賦販売契約において、シロートの買主Bからの賦払金が支払期日までに支払われなかった場合、Bに対して1 **30日**以上の相当の期間を定めて、2 **書面**で催告し、それでも支払いがないときに限って、契約の解除や残金の一括請求ができる。直ちに解除はできないので、本肢は×だ。 370頁 第7節

4 **誤**。業者が自ら売主となって、シロートに割賦販売を行なった場合は、代金の**30**%（本問の場合は900万円）の支払いを受けるまでは、所有権を留保してもよい（所有権の移転登記をする必要はない）。600万円は代金の20%だから、Aは、所有権を留保してもよい（所有権の移転登記をする必要はない）。 371頁 第8節

割賦販売をする場合の重要事項説明書の記載事項（肢２）

1 **現金**販売価格

2 **割賦**販売価格

3 頭金・賦払金の額・支払の時期・支払いの方法

問　39	正解　3	営業保証金　難度 カンターン

1　**正**。業者は、営業保証金を供託し、供託した旨を免許権者に**届け出た後**でなければ、事業（営業）を開始できない。
309頁 (3) 1

2　**正**。免許権者は、免許をした日から３カ月以内に営業保証金を供託した旨の届出をしない業者には、早く届出をしろと**催告**をしなければならない。そして、催告が到達した日から**1カ月**以内に業者が届出を行わないときは、免許を取り消すことができる。
310頁 (4)

3　**誤**。業者は、追加供託をした場合は、その日から**2週間**以内に免許権者に供託した旨を届け出なければならない。
314頁 注!

4　**正**。業者は、営業保証金を取り戻す際、**6カ月**を下らない一定の期間を定めて、「債権をお持ちの方はお申し出下さい」と**公告**し、期間内にその申出がなかった場合でなければ、取り戻すことができない。
315頁 原則

営業保証金の不足額の供託

1　業者は、営業保証金が不足することとなったときは、免許権者から供託すべき旨の通知書の送付を受けた日から**2週間**以内にその不足額を供託しなければならない。

2　業者は、1の不足分の営業保証金を供託したときは、その供託物受入れの記載のある供託書の写しを添付して、**2週間**以内にその旨を免許権者に届け出なければならない（肢３）。

問　40	正解　4	保証協会　難度 普　通

1　**誤**。弁済業務保証金**分担金**は、**金銭だけ**で納付しなければならないが、**弁済業務保証金**は、**有価証券でも**供託できる（金銭または有価証券で供託できる）。
319頁 枠内

2　**誤**。業者は、２つの保証協会の社員になることは**できない**。だから、更に別の保証協会に加入することはできない。
317頁 システム

3　**誤**。還付（弁済）の限度額は、「その業者が社員でないとした場合の**営業保証金の額**」だ。
320頁 (3)

4　**正**。保証協会は、認証に係る事務を処理する場合には、**認証申出書**の**受理**の順序に従ってしなければならない。

認証事務の処理

保証協会は、認証に係る事務を処理する場合には、**認証申出書**の**受理**の順序に従ってしなければならない（取引が成立した時期の順序ではない）（肢４）。

問　41	正解　4	手付金等保全措置　難度 カンターン

1　**違反しない**。未完成物件で手付金等の額が300万円だから（代金の**５**％を超えているから）買主がシロートなら、保全措置が必要だ。しかし、本肢の買主Ｂは**業者**だ。だから、Ａは保全措置を講じずに、300万円を受領できる。
351頁 2

2　**違反しない**。 買主Ｃが登記さえ得れば、その後にＡが二重譲渡をしたとしても、Ｃは安泰だ。だから、Ｃが登記を得た場合は、保全措置は不要だ。
363頁 (1)

3　**違反しない**。300万円だから（代金の**５**％を超えているから）、保全措置が必要だ。そして、Ａは保全措置を講じた上で手付金を受領している。だから、違反しない。
362頁 (3)

4　**違反する**。保全措置は全額について講じなければならない。だから、Ａは450万円**全額**（手付金の150万円＋中間金300万円＝450万円）について講じなければならない。中間金の300万円についてだけに講じてもダメだ。
364頁 よく出るポイント②

手付金等保全措置

→　限度額を超える部分だけに講じてもダメ。**全額**について講じなければならない（肢４）。

問 42	正解 3	クーリング・オフ　難度 普通

ア **正**。告知書面には、**売主**（本肢ではＡ）の商号または名称・住所・免許証番号を記載しなければならない。

イ **誤**。告知書面には、**売主**（本肢ではＡ）の商号または名称・住所・免許証番号を記載しなければならない。媒介業者（本肢ではＢ）の商号または名称・免許証番号の記載ではない。

ウ **正**。告知書面には、買主（本肢ではＣ）の氏名（法人の場合、その商号または名称）・住所が記載されていなければならない。

エ **正**。告知書面には、クーリング・オフによる買受けの申込みの撤回または売買契約の解除は、Ｃが買受けの申込みの撤回または売買契約の解除を行う旨を記載した書面を**発した時**に、その効力を生ずることが記載されていなければならない。

355頁 4.

以上により、正しいものはアとウとエなので、正解は肢３となる。

クーリング・オフの告知書面の記載事項

1. **売主**業者　→　商号または名称・住所・免許証番号
2. **買主**シロート　→　氏名（法人の場合、その商号または名称）・住所
3. 媒介業者　→　不要

問　43	正解　4	報酬額の制限　　難度 **難しい**

ア　**誤**。居住用建物とは、**専ら**居住の用に供する建物のことだ。だから、本肢の事務所兼住宅は、居住用建物**ではない**（居住用建物は専ら居住用であることが要件だから、兼用住宅は居住用建物ではないのだ）。したがって、本肢の事務所兼住宅には、「依頼者（貸主・借主）の一方から受け取ることができる報酬の限度額は、借賃の半月分（消費税分を上乗せすると 0.55 月分）」というルールは適用されない。依頼者双方から合計で借賃の 1 月分（消費税分を上乗せすると 1.1 月分）以内であれば、貸主側と借主側からどのような比率で受け取っても OK だ。だから、依頼者の一方から受け取る報酬は 16万 5,000 円を超えても OK だ（たとえば、貸主側からは 0 円で、借主側からは 33万円という内訳でも OK だ）。 345 頁 (1) 注!

イ　**誤**。タダで貸すのが使用貸借だ。使用貸借の場合の報酬の限度額は、**通常の借賃**を想定し、それを元にして計算する。この通常の借賃とは、通常定められる適正かつ客観的な賃料だが、**必要に応じて**不動産鑑定業者の鑑定評価を求めることとされている。あくまでも「必要に応じて」なので、「求めなければならない」とある本肢は×だ。 347 頁 (4)

ウ　**誤**。**400万円**以下の売買の媒介だから、空家等の売買の媒介の規定が適用される。ただし、空家等の売買の媒介は、報酬と現地調査費用等の合計で **18万円**（消費税分を上乗せすると **19万 8,000円**）が限度額だ。だから、報酬の限度額は 20万 2,400円であるとなっている本肢は×だ（本肢は計算しないでも答えが出るぞ。計算したら時間がモッタイナイ）。 341 頁 (1) ②

以上により、正しい肢はないので（全部誤っているので）、正解は肢 4 となる。

肢ウについて

肢ウは計算しなくても、答えが出る。だから計算しなくて OK だが、計算すると次のようになる。

① 税抜き価格にすると、260万円になる 注意！ 建物は税込み 220万円だから、税抜きにすると、200万円。土地は 60万円のまま（土地については、そもそも消費税が課税されないから 60万円のまま）。200万円＋ 60万円＝ 260万円。

② ①を元にして計算すると 260万円× 4 %＋ 2 万円＝ 12万 4,000円になる。

③ 12万 4,000円に現地調査等の費用 6 万円を加えると 18万 4,000円だ。そして、18万 4,000円に消費税分の 10%を上乗せすると 20万 2,400円になる。しかし、限度額は報酬と現地調査費用等の合計で **18万円**（消費税分を上乗せすると **19万 8,000円**）だ。だから、A が C から 20万 2,400円もらったらアウトだ。

問　44	正解　1	重要事項の説明　難度 難しい

1　**正**。中古（既存）の建物の売買と交換の場合は、建物の建築・維持保全の状況に関する書類で国土交通省令で定めるもの（検査済証、建物状況調査の結果についての報告書等）の**保存の状況**を説明しなければならない。だから、建物状況調査の結果についての報告書が存在しない場合は、その旨を説明しなければならない。
377 頁 ⑭ ③ b)

2　**誤**。建物（昭和 56 年 6 月 1 日以降に新築の工事に着手したものを除く）の場合は、耐震診断を受けたものであるときは、「その**内容**（耐震診断の内容）」を説明しなければならない。本肢は「その旨（耐震診断を受けた旨）」を説明しなければならない、となっているので×だ。 377 頁 ⑭ ②

3　**誤**。借賃**以外**に授受される金銭の額・授受の目的を説明しなければならないが、借賃そのものについては説明する必要はない。
376 頁 ⑩

4　**誤**。「都市計画法第 29 条第 1 項の規定」とは開発許可のことだ。「都市計画法第 29 条第 1 項の規定の制限（開発行為をする場合は開発許可が必要ですよ）」は、建物の貸借**以外**（宅地の売買・交換・貸借と建物の売買・交換）の場合に説明が必要だ。だから、建物の貸借の媒介の場合は説明不要だ。
375 頁 ④

建物の場合は、

→　耐震診断を受けたものであるときは、その「**内容**」を説明しなければならない（肢 2）。

注意！　ただし、昭和 56 年 6 月 1 日以降に新築の工事に着手した建物なら、この説明は不要だ。

問　45	正解　2	住宅瑕疵担保履行法　難度 普　通

1　**誤**。基準日において、保証金の額が基準額を超えることとなった場合は、免許権者の**承認**を受けて、その超過額を取り戻すことができる。　392頁(5)1

2　**正**。指定住宅紛争処理機関は、保険契約に係る新築住宅の売買契約に関する紛争の当事者の双方または一方からの申請により、紛争のあっせん・調停・**仲裁**の業務を行うことができる。

392頁(5)3

3　**誤**。保険金の支払を受けることができるのは、1**構造耐力上**主要な部分と2**雨水の浸入**を防止する部分の隠れた瑕疵によって生じた損害についてだ。給水設備またはガス設備の隠れた瑕疵によって生じた損害については保険金の支払を受けることができない。　391頁(2)注!

4　**誤**。住宅販売瑕疵担保責任保険は、**国土交通大臣**の承認を受けた場合を除き、変更または解除をすることができない。知事の承認ではないので、本肢は×だ。　392頁(5)2

住宅販売瑕疵担保責任保険契約
→ **国土交通大臣**の承認を受けた場合を除き、変更・解除をすることができない（国土交通大臣の承認を受ければ変更・解除をすることができる）（肢4）。

問　46	正解　2	住宅金融支援機構　難度 普　通

1　**正**。機構は、原則として、直接融資（資金の貸付け）をしてくれない。しかし、例外として、**子ども**を育成する家庭または高齢者の家庭に適した賃貸住宅の建設または改良に必要な資金については、直接融資をしてくれる。　494頁(3)1

2　**誤**。機構は、原則として、直接融資（資金の貸付け）をしてくれない。しかし、例外として、**災害**により住宅が滅失した場合において、それに代わるべき建築物（災害復興建築物）の建設または購入に必要な資金ついては、直接融資をしてくれる。　494頁(1)

3　**正**。団体信用生命保険とは、住宅ローンを組んだ人が、ローンの返済中に死亡したり、**重度障害**になった場合に、生命保険会社が本人の代わりに残ったローンを支払う保険のことだ。だから、機構は貸付けを受けた者が死亡した場合だけでなく、**重度障害**となった場合においても、債務の弁済に充当することができる。　495頁4.ちなみに

4　**正**。機構は、証券化支援事業（買取型）において、ＺＥＨ（ネット・ゼロ・エネルギーハウス）に優れた住宅を取得する場合に、貸付金の**利率**を一定期間**引き下げる**制度を実施している。ちなみに、ＺＥＨ住宅とは、消費するエネルギーと同等以上のエネルギーを生み出す住宅のことだ。

たとえば、甲住宅が、太陽光発電等により、100 というエネルギーを生み出す一方で、消費するエネルギーが 80 だったとする。この場合、生み出すエネルギーの方が消費するエネルギーを上回っているから、甲住宅はＺＥＨ住宅である。

団体信用生命保険

→ 死亡の場合だけでなく、**重度障害**の場合も対象となる（肢４）。

問 47 正解 1 不当景品類及び不当表示防止法 難度 普通

1 **正**。団地と駅その他の施設との間の道路距離または所要時間は、取引する区画のうちそれぞれの施設ごとにその施設から最も近い区画を起点として算出した数値とともに、その施設から最も**遠い**区画を起点として算出した数値も表示しなければならない。たとえば、２つの棟（Ａ棟とＢ棟※Ａ棟の方が駅に近い）を販売する場合において「○○駅まで○○m（○○駅まで○○分）」と表示するときは、駅から最も近い棟であるＡ棟からの道路距離・所要時間だけでなく、駅から最も遠い棟であるＢ棟からの道路距離・所要時間についても表示しなければならないということ。

2 **誤**。土地の価格については、①**１区画**当たりの価格を表示しなければならない。②ただし、１区画当たりの**土地面積**を明らかにし、これを基礎として算出する場合に限り、**１㎡**当たりの価格で表示することができる。つまり、①か②のどちらか一方の表示でＯＫなのだ。本肢は「いずれも表示」となっているから×だ。

3 **誤**。街道その他の道路の名称（坂名を含む。）が、物件から直線距離で **50 m**以内に所在している場合は、物件の名称として、街道その他の道路の名称を用いることができる。たとえば、マンションが○×街道から直線距離で 50 m以内にある場合は、「○×街道マンション」という名称を用いることができるということ。

4 **誤**。デパート、スーパーマーケット、コンビニエンスストア、商店等の商業施設は、現に利用できるものを物件からの「道路距離」**または**「徒歩所要時間」を明示して表示しなければならない（「道路距離」か「徒歩所要時間」のどちらか一方でOKだ。だから、本肢が不当表示に問われることない）。

以上全体につき、503 頁 以下

土地の価格（肢２）

→ **１区画**当たりの価格を表示しなければならない。

注意！ ただし、１区画当たりの**土地面積**を明らかにし、これを基礎として算出する場合に限り、**１㎡**当たりの価格で表示することができる。

問　48	正解　3	統　　計	難度 普　通

1　**誤**。令和５年１月から令和５年12月までの新設住宅着工戸数は、持家、貸家及び分譲住宅が**減少**したため、全体で**減少**となった。

2　**誤**。令和４年度の不動産業の営業利益は約４．７兆円なので、約５兆円を超えていない（前半は×）。そして、前年度を**下回った**（後半も×）。

3　**正**。令和５年１月以降の１年間の地価の変動は、全国平均の用途別では、住宅地、商業地のいずれも３年連続で**上昇**し、上昇率が**拡大**した。

4　**誤**。令和５年１月以降の１年間の住宅地の地価は、三大都市圏平均では**上昇**した（前半は○）。また、地方圏平均でも**上昇**した（後半が×）。

全国平均の地価（肢３）

[1]　全用途平均　→　３年連続で上昇、上昇率は拡大

[2]　住宅地　→　３年連続で上昇、上昇率は拡大

[3]　商業地　→　３年連続で上昇、上昇率は拡大

[注意！]　[1]～[3]のすべてが**上昇**で、かつ、上昇率は**拡大**

問　49	正解　4	土　　地	難度 カンターン

1　**適　当**。低地は、一般に洪水や地震などに対して**弱い**（前半は適当）。だから、防災的見地からは住宅地として**好ましくない**（後半も適当）。

2　**適　当**。台地は、一般に地盤が**安定**している（前半は適当）。地盤が安定しているから、農地として利用されているし、都市的な土地利用も**多い**（後半も適当）。

507頁[4]

3　**適　当**。山地は、地形がかなり**急峻**だ（前半は適当。ちなみに、急峻とは急でけわしいこと）。そして、大部分が森林となっている（後半も適当）。

4　**不適当**。埋立地は、平均海面に対し４～５ｍの比高（水面より高いということ）があり護岸が強固であれば、住宅地としても利用が可能だ（前半は適当）。埋立地は水面より高いが、干拓地は水面より低い。だから、埋立地の方が干拓地より水害に対して**安全**だ（後半が不適当）。

507頁[6]

埋立地は水面より高いが、干拓地は水面より低い。

→　だから、埋立地の方が干拓地より水害に対して**安全**だ（肢４）。

問 50　正解 4　建物　難度 カンターン

1 **適 当**。建物の安全確保においては、①**耐震**（建物を頑丈にしよう）、**制震**（揺れを制御しよう）、**免震**（揺れを減らそう）という考え方がある。

2 **適 当**。制震構造は、制震ダンパーなどを設置し、**揺れを制御**する構造である（制震ダンパーという装置が地震のエネルギーを吸収してくれる。そのおかげで揺れが制御される）。

3 **適 当**。耐震構造は、建物の柱・はり・耐震壁などで**剛性を高め**（変形しにくくすること）、地震に対して十分耐えられるようにした構造だ。

4 **不適当**。免震構造は、建物の下部構造と上部構造との間に積層ゴムなどを設置し、**揺れを減らす**構造である。免震構造は、既存不適格建築物の耐震補強として用いることができる。だから、「用いることは適していない」とある本肢は不適当だ。

以上全体につき、507 頁以下

［第１回］模擬試験

わたしの弱点一覧表

番号	出題項目	正解	難度	自己採点
問 1	辞任	3	C	
問 2	相隣関係	3	B	
問 3	虚偽表示	1	B	
問 4	選択債権	2	C	
問 5	配偶者居住権	1	B	
問 6	地上権・賃借権	4	A	
問 7	抵当権	2	B	
問 8	連帯債務	3	A	
問 9	時効	4	B	
問10	相続（判決文問題）	2	B	
問11	借地借家法（借地）	4	B	
問12	借地借家法（借家）	3	A	
問13	区分所有法	1	B	
問14	不動産登記法	2	B	
問15	都市計画全般（都市計画法）	4	B	
問16	開発許可（都市計画法）	4	C	
問17	総合問題（建築基準法）	2	C	
問18	総合問題（建築基準法）	1	C	
問19	盛土規制法	3	B	
問20	土地区画整理法	3	C	
問21	農地法	4	B	
問22	国土利用計画法	1	A	
問23	所得税	2	C	
問24	固定資産税	3	C	
問25	公示価格	2	B	

番号	出題項目	正解	難度	自己採点
問26	37 条書面	2	C	
問27	総合問題	1	B	
問28	総合問題	3	B	
問29	監督処分	1	A	
問30	媒介契約	3	A	
問31	宅地建物取引士	4	C	
問32	免許	4	C	
問33	業務上の規制	3	B	
問34	業務上の規制	1	A	
問35	総合問題	2	B	
問36	37 条書面	4	B	
問37	37 条書面	3	A	
問38	割賦販売	1	B	
問39	営業保証金	3	A	
問40	保証協会	4	B	
問41	手付金等保全措置	4	A	
問42	クーリング・オフ	3	B	
問43	報酬額の制限	4	C	
問44	重要事項の説明	1	C	
問45	住宅瑕疵担保履行法	2	B	
問46	住宅金融支援機構	2	B	
問47	不当景品類及び不当表示防止法	1	B	
問48	統計	3	B	
問49	土地	4	A	
問50	建物	4	A	

難度＝A：カンターン　B：普通　C：難しい

A 目標点（合格ライン）	B 私の得点	恐怖の引算
35 ／ 50	／ 50	B－A=

《第２回模擬試験について》

解答・解説

・権利関係について（問１～ 14）

カンターンな問題が１問しかなかった。ただし、権利関係はもともと難しい分野であり、このこと自体は珍しくはない（カンターンな問題が出題されないこともある）。また､難しい問題が４問あったが、これも珍しくはない（もっと多いこともある）。個数問題があったので、驚いた人もいるかもしれない（問３）。実は、権利関係でも個数問題が出題されることがあるのだ。最近では令和５年、令和２年、平成 30 年に個数問題が出題されている。全体的な難度は標準といえる。９点以上を獲得したい。

・法令上の制限について（問 15 ～ 22）

法令上の制限は普通レベルの問題が多く出題される分野だ（カンターンな問題は少ないが、その代わり難しい問題も少ない）。今回の模擬試験も８問中５問が普通レベルであった。最近の本試験では、建築基準法は総合問題で出題される。今回の模擬試験も２問とも総合問題であった。全体的な難度は標準といえる。５点（できれば６点）を獲得したい。

・宅建業法について（問 26 ～ 45）

難しい問題が３問、普通の問題が 12 問、カンターンな問題が５問であった。宅建業法にしては、難しい問題の割合が高い。また、宅建業法にしては、カンターンな問題の割合が低い。そして、消去法が使えず、四肢択一問題と比較すると時間もかかる個数問題が８問もあった。以上を考慮すると全体的な難度はやや高い。本来であれば、宅建業法は 17 点以上を獲得したい分野であるが、今回の模擬試験では 15 ～ 16 点を獲得できれば OK である。

・その他の分野について（問 23 ～ 25、問 46 ～ 50）

税法において難しい問題が出題されなかった。また､鑑定評価（難問であることが多い）ではなく、公示価格が出題された。問 48 の統計は難しい肢を含む問題ではあったが、正解肢である肢１はカンターンな肢であった。キチンと勉強していれば正解できる問題だ。したがって、免除科目（問 46 ～ 50）は全問正解も狙える。全体的な難度は低いといえる。６点（できれば７点）は獲得したい。

問 1 | 正解 1 | 相続 難度 普通

1 **誤**。相続回復請求権は、①相続人またはその法定代理人が相続権を侵害された事実を知った時から**5年間**行使しないとき、または②相続開始から 20 年間経過したときは時効によって消滅する。

2 **正**。被相続人は、遺言で、**5年**を超えない期間を定めて、遺産の分割を禁ずることができる。

76 頁 ② 例外

3 **正**。**保存行為**をしても、単純承認をしたものとは**みなされない**。不法占拠者に対し明渡しを求めることは、保存行為だ。だから、不法占拠者に対し明渡しを求めたとしても、単純承認をしたものとはみなされない。 73 頁 ①、121 頁 ① 例

4 **正**。被相続人の兄弟姉妹が相続開始以前に死亡したときは、その者の子が代襲して相続人となる。しかし、代襲者も死亡していたときは、代襲者の子（兄弟姉妹の孫）は、再代襲**できない**。だから、代襲者の子（兄弟姉妹の孫）は相続人となることはない。兄弟姉妹が相続人となる場合においては、再代襲相続は認められていないのだ。 71 頁 注!

再代襲相続

① 直系卑属が相続人となる場合 → 再代襲相続あり。

② 兄弟姉妹が相続人となる場合 → 再代襲相続**なし**（肢 4）。

問 2 | 正解 1 | 制限行為能力者 難度 普通

1 **正**。本人（補助開始の審判を受ける者）以外の者の請求により、補助開始の審判をするには、本人の**同意**が必要だ（本人だけでなく、配偶者や四親等内の親族等、本人以外の者でも請求できる。ただし、本人以外の者の請求により、補助開始の審判をするには、本人の同意が必要だということ）。 18 頁 注2

2 **誤**。被保佐人は、一定の**重大な契約**（大損をする恐れのある契約）をする場合は、保佐人の同意が必要だ。贈与をすることも、贈与の申し出を拒絶することも、大損をする恐れがある。だから、贈与をする場合も、贈与の申し出を拒絶する場合も、保佐人の同意が必要だ。 10 頁 下の⑤

3 **誤**。成年後見人が、成年被後見人の居住している建物・敷地の売却・賃貸借・抵当権の設定を行うには、**家庭裁判所**の許可が必要だ。 10 頁 上の⑤

4　**誤**。未成年者自身も取り消すことができるし（取り消す場合に、法定代理人の同意は**不要**）、法定代理人も取り消すことができる。つまり、取消権（契約を取り消して、なかったことにする権利）は、本人（未成年者）と法定代理人にあるのだ。

7頁 誰か？

家庭裁判所は、本人・配偶者・四親等内の親族等の請求により、補助開始の審判をすることができる。

注意！　本人以外の者の請求により補助開始の審判をするには、本人の**同意**が必要だ（肢１）。

問　3　｜　正解　2　｜　物権変動の対抗要件　難度 普　通

ア　**正**。時効取得者と時効完成前の譲受人では、**時効取得者**の勝ちとなる。この場合、登記は関係ない。だから、時効取得者Ｃは、登記がなくても時効完成前の譲受人Ｂに対して甲土地の所有権を主張することができる。

60頁 表

イ　**正**。甲土地がＡ→Ｂ→Ｄと順次売買された場合、Ｄは、登記がなくても、Ａに対して甲土地の所有権を主張することができる。「Ａ←Ｂ→Ｄ」（二重譲渡）の場合は、Ｄは、登記がないとＡに対して所有権を主張することができないが、本肢は「Ａ→Ｂ→Ｄ」なので、二重譲渡の場面ではない。だから、Ｄは、登記がなくてもＡに対して甲土地の所有権を主張することができる。

91頁 条文

ウ　**誤**。甲土地の譲受人Ｂは、所有権の移転の登記がないと賃借人Ｅに対して甲土地の所有者であることを主張することが**できない**（Ｂは登記がないとＥに対して、「甲土地は俺の土地だ。だから、賃料は俺に払え」と主張することができない）。

91頁 条文

エ　**誤**。不動産の共有者（ＡとＦ）のうちの１人（Ａ）が自己の持分をＢに譲渡した場合、譲受人（Ｂ）は、登記がないと他の共有者（Ｆ）に対して、持分の取得を主張することができない。

91頁 条文

以上により、正しいものはアとイなので、正解は肢２となる。

1　時効取得者と時効完成前の譲受人　→　**時効取得者**の勝ち（肢ア）。

2　時効取得者と時効完成後の譲受人　→　先に**登記**した方の勝ち。

問　4	正解　4	無権代理（判決文問題）　難度 カンターン

1　**正**。無権代理人が**単独**で本人を相続した場合、無権代理行為は、当然に有効になる。

50 頁 ケース1

2　**正**。本肢は、本人が追認を拒絶した**後**に、無権代理人が本人を相続したパターンだ。①Aが生前に追認を拒絶→②その後、Aが死亡してBがAを相続。この場合、①の時点で無権代理行為の効力がAに**及ばない**ことが確定する（理由－本人であるAが追認を拒絶しているから）。だから、①の後にBがAを相続しても、無権代理行為は有効にならない。ⓐ本人Aが何もしないで（追認を拒絶しないで）死亡し、Bが相続→無権代理行為は有効になる。ⓑ本人Aが追認を拒絶した後に死亡し、Bが相続→無権代理行為は有効にならない。本肢は、ⓑのパターンの話だ。

3　**正**。本人Aが死亡して、無権代理人Bが他の相続人と**共同**でAを相続した場合、他の相続人が追認しているときは、Bが追認を拒絶することは信義則上許されない（つまり、Bは追認を拒絶**できない**）（判決文の5～6行目参照）。

4　**誤**。本人Aが死亡して、無権代理人Bが他の相続人と**共同**でAを相続した場合、Bの無権代理行為は、他の共同相続人の追認がない限り、Bの相続分に相当する部分おいても、当然に有効になるわけではない（無権代理行為が当然に有効になるのは、無権代理人が**単独**で本人を相続した場合だ。共同で相続した場合は、当然に有効になるわけではない）（判決文の7～8行目参照）。

51 頁の ケース1 の注意点！

1　無権代理人が本人を**単独**で相続　→　無権代理行為は当然に有効に**なる**（肢1）。

2　無権代理人が本人を**共同**で相続　→　無権代理行為は他の共同相続人全員の追認がない限り、無権代理人の相続分に相当する部分においても、当然に有効となるものでは**ない**（肢4）。

問　5	正解　4	委　　任　難度 普　通

1　**正**。委任者の死亡・**破産**、受任者の死亡・破産・後見開始で委任は終了する。　260 頁 Q7

2　**正**。受任者は、当事者双方の責めに帰することができない事由によって（委任者にも受任者にも落ち度がない事由によって）、委任事務の履行をすることができなくなった場合、**既にした履行の割合**に応じて報酬を請求することができる。

3　**正**。受任者は、受任者の責めに帰する事由によって（受任者に落度がある事由によって）、委任事務の履行をすることができなくなった場合でも、**既にした履行の割合**に応じて報酬を請求することができる。

4　**誤**。委任者が死亡したら、委任は終了する。そして、委任が終了した場合において、急迫の事情があるときは、受任者等は、委任者の相続人等が委任事務を処理することができるように至るまで、必要な処分をしなければならない。本肢においては急迫の事情がないので、必要な処分をする必要はない。

260頁 Q8

受任者は、次の場合、**既にした履行の割合**に応じて報酬を請求することができる。

[1]　当事者双方責めに帰することができない事由によって委任事務の履行をすることができなくなった場合（肢2）。

[2]　受任者の責めに帰すべき事由によって委任事務の履行をすることができなくなった場合（肢3）。

問　6	正解　3	相　　殺　　難度 **難しい**

1　**誤**。悪意による不法行為によって生じた債権（例えば、Aが悪意をもって、Bの所有物をこわした。その結果、BがAに対して取得した損害賠償請求権）は、加害者からは相殺できないが、被害者からは相殺**できる**。Bは被害者なので相殺できる。

258頁 Q7 注!

2　**誤**。Bは引渡債務を履行して**いない**ので、相殺できない（引渡債務を履行していないのに、相殺をするなんて虫のいい話は許されない。相殺したければ、乙土地を引渡した後にしなさい、ということ）。ちなみに、Bが引渡債務を履行したなら、Bは相殺できる。

3　**正**。Cが、AのBに対する債権を差し押さえた場合でも、その**差押えよりも前**にBがAに対する債権を取得していれば、Bは相殺をCに対抗できる（注意！ 差押え前に取得していれば、弁済期が差押えの後に到来する場合であっても、対抗できる）。

259頁 キーポイント

4　**誤**。**時効消滅する前**には相殺適状にあったのに、時効完成後は自分の債務だけ弁済するしかないとしては、あまりにもBが気の毒だ。だから、Bは相殺できることになっている。

258頁Q6

Bが債権B→Aを取得したのが、Cが債権A→Bを差し押さえたのより

前なら → Bは相殺をCに対抗**できる**。 注意1

後なら → Bは相殺をCに対抗**できない**。注意2

注意1 取得が差押えより前であるなら、弁済期は、差押えの後に到来する場合であっても、BはCに対抗**できる**（3）。

注意2 1Bの債権（債権B→A）が、Cの差押えより後に取得したものであっても、そのBの債権が、Cの差押え前の**原因**に基づいて生じたものなら、BはCに対抗できる。なお、2Bの債権が、Cの差押え前の原因に基づいて生じたものであっても、そのBの債権は、もともとDが取得したものであり、それをCの差押えの後にBがDから取得したものなら、BはCに対抗できない。

問 7　正解 1　債務不履行　難度 普通

1 **誤**。たとえば、本来であれば損害賠償額が100万円なのに、債権者にも過失があったため、損害賠償額がオマケされ80万円になるのが、過失相殺だ。過失相殺は、債務者の主張がなくても、裁判所が**職権**でできる。

2 **正**。金銭債務の場合、債務の不履行による損害賠償については、債権者は、損害の証明をする**必要はない**（債権者は、損害の証明をせずに、損害賠償請求できる）。 166頁(3)

3 **正**。金銭債務の場合、たとえ**不可抗力**で支払いが遅れた場合でも、履行遅滞に**なる**。

167頁(4)

4 **正**。金銭債務の場合、債務の不履行による遅延損害金（損害賠償）の額は、法定利率によって定める。法定利率は**3%**だ。だから、AがBに対して請求できる遅延損害金は、利率についての定めがない場合は、年3%の割合により算出する。 166頁 条文①

1 金銭債務 → **不可抗力**で遅れた場合でも、履行遅滞に**なる**（肢3）。

2 金銭債務以外 → 不可抗力で遅れた場合は、履行遅滞にならない。

問　8	正解　4	不法行為　難度 **難しい**

1　**誤**。不法行為による損害賠償の請求権は、不法行為の時から **20** 年間行使しないときは時効によって消滅する。10 年間ではないので、本肢は×だ。　265 頁 Q7

2　**誤**。不法行為によって精神的な損害を受けた場合、被害者は、慰謝料を請求できる。この慰謝料を請求できる権利（慰謝料請求権）は、**相続の対象となる**（被害者の A が、慰謝料を請求する前に死亡したら、A の相続人が慰謝料を請求できる）。　265 頁 Q9

3　**誤**。教唆とはそそのかすことだ。幇助とは手助けすることだ。不法行為者を**教唆した者**も**幇助した者**も、共同不法行為者として損害を賠償する責任を負う（そそのかした人も手助けした人も損害を賠償する責任を負うということ）。　265 頁 Q8

4　**正**。サラリーマン（被用者）が仕事の上で不法行為をして、被害者に損害を与えた場合において、会社（使用者）が損害賠償を払ったときは、会社は、サラリーマンに**信義則上相当**と認められる限度まで、求償できる。　265 頁 Q6

不法行為による損害賠償の請求権は、次の①②の場合には、時効によって消滅する。

① 被害者またはその法定代理人が損害及び加害者を**知った時**から **3** 年間（人の生命または身体を害する不法行為による損害賠償請求権の場合は**知った時**から **5** 年間）行使しないとき。

② 不法行為の時から **20** 年間行使しないとき（肢 1 ）。

第2回 模擬試験　解答・解説

問　9	正解　3	賃　貸　借　　難度 **普　通**

1　**正**。「賃料債務その他の賃貸借に基づいて生ずる賃借人の賃貸人に対する金銭の給付を目的とする債務を**担保**する目的で、賃借人が賃貸人に交付する金銭」であれば、いかなる名目（名称）によるかを**問わず**、敷金だ（敷金という名目でなくても、要件を満たせば敷金として扱われるということ）。　212頁(1)

2　**正**。賃借人のBが賃料を滞納したら、賃貸人のAは、敷金を未払い賃料の弁済に充当できる。しかし、Bの方から、Aに対して「未払いの賃料は、敷金から充当してくれ」と請求**できない**（充当するかどうかを決める権限は賃貸人にある。賃借人にはその権限はない）。　213頁(2)

3　**誤**。**通常損耗**（家具の設置による床のへこみ、テレビの後ろの壁の黒ずみ等）については、原状回復義務を負わない。　209頁 下のコメント

4　**正**。不動産の賃借人は、**対抗要件**を備えた場合において、不動産の占有を第三者が妨害しているときは、第三者に対して**妨害の停止**の請求ができる。

次の①②については、賃借人は、原状回復義務を負わない。

① 通常の使用収益によって生じた損耗（**通常損耗**）・賃借物の**経年変化**によるもの（肢３）。

② 賃借人の責めに帰することができない事由によるもの（賃借人に責任がない損傷のこと）。

問　10	正解　4	抵　当　権　　難度 **難しい**

1　**正**。抵当権の順位の変更は、その**登記**をしなければ、効力を生じない（意思表示だけでは効力を生じない）。つまり、登記をしなければ、順位を変更したことにならないということ。

2　**正**。抵当権は、不動産（土地・建物）だけでなく**地上権**・永小作権にも設定できるが、**賃借権**には設定できない。　144頁 条文

3　**正**。抵当権は、被担保債権の全部（全額）が弁済されるまでは、目的物**全部**に効力を有する。だから、抵当権者は被担保債権の全部について弁済を受けるまでは、目的物の**全部**について抵当権を実行できる。　156頁 上の条文

4　**誤**。難しく考えなくてOKだ。要するに、土地が単独所有で、建物が共有の場合において、土地に抵当権が設定された。このケースにおいて法定地上権は成立するか？　という問題だ。答えは、成立する、だ（**土地**が**単独所有**で、建物が共有の場合において、土地に抵当権を設定→法定地上権は成立**する**）。　148頁

法定地上権は成立するか？

1 **土地**が**単独所有**で、建物が共有の場合において、土地に抵当権を設定
→ 成立**する**（肢4）。

2 **土地**が**単独所有**で、建物が共有の場合において、建物の共有持分に抵当権を設定
→ 成立**する**。

3 土地が共有で、**建物**が**単独所有**の場合において、土地の共有持分に抵当権を設定
→ 成立**しない**。

4 土地が共有で、**建物**が**単独所有**の場合において、建物に抵当権を設定
→ 成立**しない**。

問 11 正解 3 借地借家法（借地） 難度 普 通

1 **誤**。建物の所有を目的にしていないのだから、借地権ではない。だから、借地借家法は適用されない（民法だけが適用される）。民法の世界では、賃貸借の存続期間は **50 年**が限度だ（50 年を超える期間を定めても、50 年に短縮される）。だから、ケース①の期間は「50 年」となり、ケース②の期間は「15 年」となる（ケース①は誤りだが、ケース②は正しい）。

219 頁 (1)、223 頁 条文

2 **誤**。借地権の存続期間は 30 年以上であれば何年でも OK だ。そして、30 年未満の期間を定めた場合や期間を定めなかった場合は、存続期間は自動的に **30 年**となる。だから、ケース①の期間は「50 年」となり、ケース②の期間は「**30 年**」となる（ケース①もケース②も誤り）。なお、普通の借地権を設定する場合は、口頭で OK だ。 224 頁 (1)、253 頁 表

3 **正**。契約の更新がない一般の定期借地権の場合は、存続期間は **50 年**以上であれば何年でも OK だ。そして、公正証書等の**書面**で契約する必要がある。だから、期間が 50 年であるケース①では契約の更新がないことを書面で定めればその特約は有効だ。ケース②の存続期間は 15 年だから、一般の定期借地権は設定できない。そして、目的が居住用だから、事業用定期借地権の設定もできない。だから、ケース②は普通の借地権となる。そして、普通の借地権の場合は、30 年未満の期間を定めたときは、期間は「**30 年**」となる（ケース①もケース②も正しい）。

224 頁 (1)、241 頁 表1 2

4 **誤**。ケース①の存続期間は 50 年だ。だから、一般の定期借地権を設定できる（一般の定期借地権の目的は事業用でも居住用でも OK）。そして、一般の定期借地権の設定契約は、**書面**ですることは必要だが、公正証書である必要はない。だから、「公正証書で定めた場合に限り有効」というのは誤りだ。ケース②の存続期間は 15 年だ。15 年だから、一般の定期借地権は設定できないが、事業用定期借地権は設定できる（なお、事業用定期借地権の設定契約は**公正証書**です

る必要がある）。だから、「公正証書で定めても無効」というのは誤りだ（ケース①もケース②も誤り）。

241頁 表 1 2

存続期間

1 民法 → 最高 **50年**（肢1）注意1

2 普通の借地権 → 最低 **30年** 注意2

注意1 50年を超える期間を定めた場合 → 50年となる。

注意2 30年未満の期間を定めた場合や期間を定めなかった場合 → 30年となる（肢2）。

問 12 正解 4 借地借家法（借家） 難度 普通

1 **誤**。賃借人の**債務不履行**によって賃貸借契約が解除された場合は、賃借人は保護に値しないから、造作の買取りを請求できない。 251頁 (4)

2 **誤**。本肢の「建物の賃貸人が解約を申し入れた場合は、3カ月で契約が終了する」という特約は、「建物の賃貸人が解約を申し入れた場合は、**6カ月**で契約が終了する」という借地借家法の規定より、賃借人に不利だ。だから、無効だ。 221頁 条文 2、244頁 (2) A

3 **誤**。無断転貸があっても常に解除できるわけではなく、「**背信的行為**と認めるに足りない特段の事情があるとき」（信頼関係が破壊されていないとき、という意味）は、解除できない。だから、「事情のいかんにかかわらず、解除できる」とある本肢は×だ。 215頁 解除の条件は？

4 **正**。建物が譲渡され、賃貸人の地位に承継があった場合は、敷金も新賃貸人が承継する（賃貸人が交代した場合は、敷金関係も移転**する**）。なお、旧賃貸人に差し入れられた敷金は、未払賃料債務があればこれに**充当**され、残額が新賃貸人に承継される。 218頁 ♥

賃借権の無断転貸・無断譲渡があった場合でも、

→ 「**背信的行為**と認めるに足りない特段の事情があるとき」は解除できない（肢3）。

問 13 正解 1 区分所有法 難度 普通

1 **誤**。規約及び集会の決議は、区分所有者の特定承継人（譲受人のこと）に対しても、効力が**及ぶ**（効力が生じる）。なぜなら、現に建物を使っている人に効力が及ばなければ意味がないからだ。

130頁 効力が及ぶ

2　**正**。各共有者の共用部分の持分は、規約に別段の定めがある場合を除いて、その有する専有部分の床面積の割合による（前半は○）。そして、この床面積は壁その他の区画の「**内側**線」で囲まれた部分の水平投影面積による（後半も○）。

125頁 床面積の算出方法

3　**正**。区分所有者**全員**の承諾があるときは、集会を開催せずに書面または電磁的方法（電子メール等）によって決議をすることができる。全員の承諾が必要なので、１人でも反対するときは、集会を開催せずに書面によって決議をすることはできない。

4　**正**。管理組合法人には、**理事**を置かなければならない（前半は○）。理事が数人いる場合、規約に別段の定めがないときは、管理組合法人の事務は、理事の**過半数**で決する（後半も○）。

各共有者の共用部分の持分

→　規約に別段の定めがある場合を除いて、その有する専有部分の床面積の割合による。

注意！　床面積は壁その他の区画の「**内側**線」で囲まれた部分の水平投影面積による（「中心線」ではない）（肢２）。

問 14　正解　1　不動産登記法　難度 難しい

1　**誤**。所有権の登記以外の権利に関する登記がある土地についても、**分筆**の登記をすることが**できる**。たとえば、甲土地に抵当権の登記がある場合でも、甲土地の分筆の登記をすることができる。ちなみに、所有権の登記以外の権利に関する登記がある土地については、原則として、合筆の登記をすることはできない（分筆の登記→○、合筆の登記→原則×）。

103頁 (5)

2　**正**。登記官は、**表示**に関する登記について申請があった場合及び職権で登記しようとする場合において、必要があると認めるときは、表示に関する事項を**調査**することができる。

3　**正**。区分建物（マンション）を新築した場合において、その所有者に相続等があったときは、相続人等も、被相続人（**被承継人**）を表題部所有者とする表題登記を申請することができる。たとえば、Ａがマンションを新築したが、表題登記をする前に死亡してしまった。この場合、Ａの相続人は、Ａを表題部所有者とする表題登記を申請することができるということ。

4　**正**。新たに生じた土地または表題登記がない土地の所有権を取得した者は、その所有権の取得の日から**１カ月**以内に、表題登記を申請しなければならない。

表示の登記

→　登記官は、表示に関する事項を**調査**することができる（肢２）。

問 15　正解 3　都市計画全般（都市計画法）　難度 普通

1　**誤**。都市計画区域は、**行政区画**とは**無関係**に指定される。だから、2つの市町村にまたがって指定することもできる（例えば、A市とB市にまたがって指定することもできる）。　398頁

2　**誤**。**準**都市計画区域については、市街化区域と市街化調整区域との区分を定めることができない（準都市計画区域を市街化区域と市街化調整区域に分けることはできないということ）。

399頁

3　**正**。都市計画事業の認可の告示があった後は、事業の障害になる①建築物の建築、②工作物の建設、③土地の形質の変更、④重量5トン超の物件の設置・堆積をしようとするときは、知事等の許可が必要だ（**非常災害**の応急処置として行う場合でも許可が**必要**だ）。　408頁 第2段階 注1

4　**誤**。地区整備計画が定められている地区計画区域内で、土地の区画形質の変更や建築物の建築等をしようとするときは、着手の**30日前**までに市町村長に届け出なければならない。完了した日から30日以内ではないので、本肢は×だ。　411頁 ②

都市計画事業の認可・承認の告示の後は、
→　事業の障害になる①建築物の建築、②工作物の建設、③土地の形質の変更、④重量5トン超の物件の設置・堆積をしようとするときは、知事等の許可が必要。
注意！　**非常災害**の応急処置として行う場合でも許可が**必要**（肢3）。

問 16　正解 2　開発許可（都市計画法）　難度 普通

1　**正**。知事は、用途地域**外**での開発行為を許可するときは、**建蔽率**・建築物の高さ・壁面の位置等を制限できる。　416頁 ポイント②

2　**誤**。許可不要な規模に縮小する場合（市街化区域なら1,000㎡未満に、非線引区域と準都市計画区域なら**3,000㎡**未満に、両区域外なら1ヘクタール未満に縮小する場合）は、許可不要だ。ちなみに、区域区分が定められていない都市計画区域とは、非線引区域のことである。

416頁 注2

3　**正**。工事完了公告前（造成工事中）は、原則として、建築できない。しかし、例外として、開発行為に**同意していない**土地所有者等は、建築できる。　421頁 表 Ⓐ ③

4　**正**。市街化調整区域のうち開発許可を受けた開発区域以外の区域内（要するに、タダの市街化調整区域のこと）では、原則として、建築できない。しかし、例外として、**非常災害**の応急措置として行う場合は、建築できる。　421頁 表 Ⓓ ③ ㋑

建築制限

知事は、用途地域**外**での開発行為を許可するときは、下記の[1]～[3]等について、制限できる（肢1）。

[1] **建蔽率**

[2] 建築物の高さ・敷地・構造・設備

[3] 壁面の位置

問 17	正解 3	総合問題（建築基準法） 難度 普通

1 **正**。建築物の敷地が2つの用途地域にまたがっている場合、**過半を占める**（つまり、広い方）の地域の用途規制が敷地全体に適用される。だから、本肢の場合、第二種住居地域の規制が適用される。第二種住居地域には、ダンスホールを建てることが**できる**ので、本肢は○だ。

423頁 注!、424頁、425頁 表

2 **正**。準防火地域内に、①耐火建築物等（耐火建築物・耐火建築物と同等以上の延焼防止性能を有する建築物）か、②**準耐火建築物**等（準耐火建築物・準耐火建築物と同等以上の延焼防止性能を有する建築物）を建てる場合、建蔽率が**1/10**プラスされる。

433頁 例外②

3 **誤**。準防火地域内では、地階を除く階数が**3**で、延べ面積が**1,500㎡**以下の建築物は、①耐火建築物等（耐火建築物・耐火建築物と同等以上の延焼防止性能を有する建築物）か、②**準耐火建築物**等（準耐火建築物・準耐火建築物と同等以上の延焼防止性能を有する建築物）にしなければならない。だから、本肢の事務所は②でもOKだ。したがって、①にしなければならないとある本肢は×だ。

429頁 下の表

4 **正**。第一種・第二種低層住居専用地域と田園住居地域内では、建築物の高さは、**10m**または**12m**（どちらにするかは都市計画で定める）を超えてはならない。

442頁 1. 原則

準防火地域内の建築物（肢3）

延面積 / 階数(地階除く)	500㎡以下	500㎡超～1,500㎡以下	1,500㎡超
4階以上	①	①	①
3階	①か②	①か②	①
2階以下	①か②か③	①か②	①

①→耐火建築物等、②→準耐火建築物等、③→一定の基準に適合する建築物

問　18	正解　3	総合問題（建築基準法）　難度 難しい

1　**正**。低層住居専用地域グループ（第一種・第二種低層住居専用地域、田園住居地域）には、**隣地**斜線制限は適用**されない**が、**北側**斜線制限は適用**される**。

447 頁 表 1

2　**正**。防火地域内にある耐火建築物等については、もともとの建蔽率が **8/10** のときは、建蔽率の制限は適用されない。そして、商業地域の建蔽率は **8/10** だ。だから、商業地域においては、防火地域内にある耐火建築物等については、建蔽率の制限は適用されない。ちなみに「建蔽率の制限は適用されない」というのは、建蔽率が 10/10（無制限）になるということだ。

433 頁 例外②

3　**誤**。行き止まりがある道路のことを袋路状道路という。地方公共団体は、その敷地が**袋路状道路**にのみ接する建築物で、延べ面積が **150㎡**を超えるものについて、条例で、その敷地が接しなければならない道路の幅員に関して必要な制限を付加することができる（厳しくすることができる）。しかし、その建築物が**一戸建て**の**住宅**の場合は、150㎡を超えていても付加することができない（一戸建ての住宅は、人の出入りが少ないから、付加するまでもないということ）。

427 頁 (3)

4　**正**。屋上広場または **2 階**以上の階にあるバルコニー等の周囲には、安全上必要な高さ **1.1 m** 以上の手すり壁、さくまたは金網を設けなければならない。

地方公共団体は、次の建築物について、その用途、規模または位置の特殊性により、避難または通行の安全の目的を十分に達成することが困難であると認めるときは、条例で、その敷地が接しなければならない道路の幅員等に関して必要な制限を付加することができる。

1　特殊建築物
2　３階以上の建築物
3　政令で定める窓その他の開口部を有しない居室を有する建築物
4　延べ面積が 1,000㎡を超える建築物
5　敷地が**袋路状道路**にのみ接する建築物で、延べ面積が **150㎡**を超えるもの 注意！

注意！　5に該当する建築物であっても、その建築物が**一戸建て**の**住宅**の場合は、付加することができない（肢３）。

問　19	正解　1	盛土規制法　　難度 普　通

1　**誤**。宅地造成等工事規制区域の指定権者は**知事**だ。国土交通大臣ではない。なお、本肢は指定権者以外の部分の記述については正しい。
466頁 ポイント1

2　**正**。知事は、申請者に、許可の処分をしたときは**許可証**を交付し、不許可の処分をしたときは**文書**でその旨を**通知**しなければならない。
470頁 ポイント1

3　**正**。工事主は、許可の申請をするときは、あらかじめ、宅地造成等に関する工事の施行に係る土地の周辺地域の住民に対し、**説明会の開催**その他の当該宅地造成等に関する工事の内容を**周知**させるため必要な措置を講じなければならない。
467頁 (2)

4　**正**。工事の許可を受けた者が、工事の計画に**軽微**な変更（工事主・設計者・工事施行者の変更、工事の**着手予定年月日**・工事の**完了予定年月日**の変更）をした場合は、遅滞なく、その旨を知事に**届け出**なければならない（許可は不要、届出でよい）。

許可証の交付・不許可の通知（肢2）

1　許可の場合　→　**許可証**を交付

2　不許可の場合　→　**文書**でその旨を**通知**

問　20	正解　4	土地区画整理法　　難度 難しい

1　**正**。施行者は、換地計画を定めなければならない。そして、施行者が1**個人**2土地区画整理組合3区画整理会社4市町村5都市再生機構・地方住宅供給公社であるときは、その換地計画について**知事の認可**を受けなければならない。

2　**正**。施行地区内の宅地の所有者と**借地権者**はすべて組合員となる。しかし、借家権者は組合員とならない。
482頁 (5) ポイント②

3　**正**。仮換地が指定された場合、従前の宅地について権原に基づき使用収益できる者は、仮換地の**指定の効力発生日**から換地処分の**公告日**まで、仮換地を使用収益できる（従前の宅地の所有者は、従前の宅地の使用収益ができなくなる代わりに、仮換地の使用収益ができるということ）。
484頁 4.

4　**誤**。仮換地となる土地に地上権や賃借権等の土地を**使用収益**できる権利を有する者があるときは、これらの者に仮換地の位置・地積と仮換地の指定の効力発生の日を通知しなければならない。抵当権者は使用収益できる権利を有しない（抵当権の目的物を使用収益できない）。だから、抵当権者に通知する必要はない。

換地計画の認可

施行者が下記の①～⑤の場合、換地計画について**知事の認可**を受けなければならない。

① **個人**（肢１）

② 土地区画整理組合

③ 区画整理会社

④ 市町村

⑤ 都市再生機構・地方住宅供給公社

問 21	正解 1	農 地 法	難度 カンターン

1 **正**。相続によって農地を取得する場合は、３条の許可は**不要**だ。ただし、遅滞なく、農業委員会に**届け出**なければならない。 479頁 例外①

2 **誤**。権利移動とは、所有権の移転に限らず、地上権、永小作権、賃借権、使用借権、質権の設定・移転も含む。しかし、**抵当権**の設定・移転は含まない。だから、農地に抵当権を設定する場合には、許可は**不要**だ。 477頁 ①

3 **誤**。耕作をする目的で**農地**を取得するのであれば、３条の許可が必要だ。しかし、本肢の場合、取得したのは山林だ。だから、３条の許可は不要だ。ちなみに、取得した山林を造成して農地にする場合、４条の許可は不要だ（４条の許可が必要なのは、農地を農地以外にする場合だ。結局、本肢の場合、農地法上の許可は不要だ）。 477頁 ①

4 **誤**。５条（転用目的権利移動）の場合の許可権者は、**知事**等だ（面積は関係ない）。どんなに面積が大きくても許可権者は知事等であって、農林水産大臣ではない。 478頁 表の下段

権利移動とは

→ 所有権の移転に限らず、地上権、永小作権、賃借権、使用借権、質権の設定・移転も含む。しかし、**抵当権**の設定・移転は含まない。

注意！ だから、抵当権の設定・移転をする場合には、許可は**不要**だ（肢２）。

問 22　正解 4　国土利用計画法　難度 普通

1　**誤**。届出が必要になる取引は、「所有権・地上権・賃借権を**対価**を得て、設定・移転する**合意**」の場合だ。時効は対価も合意もないから届出不要だ。　463 頁 9

2　**誤**。国や**地方公共団体**（**都道府県**と市町村のこと）がからんでいる場合は、わざわざ知事がチェックする必要はない。だから、契約当事者の一方または双方が国または地方公共団体の場合は届出不要だ。　463 頁 1

3　**誤**。勧告をムシされたら、知事は、制裁としてその旨と内容を公表できる。しかし、**助言**をムシされても、知事は、その旨と内容を公表**できない**（公表できるのは「勧告」をムシされた場合だ。「助言」をムシされた場合ではない）。　459 頁 注2

4　**正**。権利取得者が知事に届け出るのは、1誰が（契約の両当事者）、2いくらで（**対価**の額）、3何のために（土地の利用目的）だ。そして、対価が金銭以外の場合は、対価を時価を基準として、**金銭に見積った額**を届け出ることになる。　459 頁 ポイント 4

勧告・助言に従わなかった場合どーなる？

	契　約	罰則（懲役・罰金）	知事は公表できるか？
勧　告	有　効	な　し	できる
助　言	有　効	な　し	**できない**（肢3）

問 23　正解 2　印　紙　税　難度 普通

1　**誤**。譲渡契約と請負契約の両方の記載がされている場合は、金額の**高い方**が記載金額となる（譲渡契約の金額と請負契約の金額を比較して、高い方が記載金額となる）。　528 頁 5. 注2

2　**正**。消費税額が区分記載されている場合は、消費税額は記載金額に**含めない**。だから、本肢の記載金額は 2,000万円だ（2,200万円－消費税額 200万円＝ 2,000万円）。　528 頁 5. 注1

3　**誤**。印紙税を納付しなかったことが税務調査により判明した場合は、納付しなかった印紙税額と、その２倍の合計額（つまり、印紙税額の**3倍**）が過怠税として徴収される。たとえば、もともとの印紙税が 1,000円だとしたら、1,000円＋ 2,000円（２倍）＝ 3,000円（３倍）が徴収されるということ。ちなみに、税務調査により判明したのではなく、自ら印紙税を納付していない旨の申出をした場合は、**1.1 倍**の過怠税で許してもらえる。　529 頁 6. 1

4　**誤**。土地の売買契約書は、**課税文書**だ。そして、同じ内容の課税文書を複数作成した場合は、

すべてに印紙税が課税される。だから、媒介業者Cが保存する契約書にも、印紙税は課される。

記載金額

1 譲渡契約（4,000万円）と譲渡契約（3,000万円）が記載 → 合わせた金額（7,000万円）が記載金額となる。

1 請負契約（4,000万円）と請負契約（3,000万円）が記載 → 合わせた金額（7,000万円）が記載金額となる。

3 譲渡契約（4,000万円）と請負契約（3,000万円）が記載 → **高い方**の金額（4,000万円）が記載金額となる（肢１）。

問 24	正解 4	不動産取得税	難度 普通

1 **誤**。共有物の分割による不動産の取得については、分割前の持分の割合を**超える**部分の取得をした場合に、不動産取得税が課される。だから、超えない部分の取得をした場合は、不動産取得税は課されない。

2 **誤**。不動産取得税の納付方法は**普通徴収**だ（納税者に納税通知書が送られてくる。そして納税者はそれにしたがって、税金を納める）。申告納付ではないので、本肢は×だ。 512頁 注2

3 **誤**。不動産取得税の税率は、土地については**３％**だ。その土地が住宅用地であっても、住宅用地以外であっても税率は３％なので、本肢は×だ。 510頁 注!

4 **正**。不動産取得税が課されるのは、1売買 2交換 3贈与 4新築増改築の場合だ。だから、**相続**により取得した場合も**法人の合併**により取得した場合も、不動産取得税は課されない。

513頁 注1

肢１の具体例

ＡとＢが持分を各50％とする甲地（100㎡）を共有している。そして、共有物分割によって、Ａが60㎡の土地を、Ｂが40㎡の土地を取得したとする。

1 60％（60㎡）を取得したＡ → 持分の割合である50％（50㎡）を**超えている**から、不動産取得税が課される。注意！

2 40％（40㎡）を取得したＢ → 持分の割合である50％（50㎡）を超えていないから、不動産取得税は課されない。

注意！ 50％（50㎡）を超えた10％（10㎡）について、不動産取得税が課される。

問 25 | 正解 3 | 公示価格　難度 普通

1　**誤**。標準地の**周辺の土地**の利用の現況についても官報で公示する必要がある（標準地の利用の現況だけでなく、標準地の**周辺の土地**の利用の現況も公示事項だ）。　498 頁 (3)

2　**誤**。土地の取引を行う者は、公示価格を指標として取引を行なうよう**努めなければならない**。「努めなければならない（強制力なし）」であって、「行わなければならない（強制力あり）」ではないので、本肢は×だ。　499 頁 (1)

3　**正**。土地鑑定委員会は、公示をしたときは、速やかに、関係**市町村長に**対して、公示事項を記載した書面及び図面を送付しなければならない。そして、送付を受けた市町村長は、書面及び図面を市町村の事務所において一般の**閲覧**に供しなければならない。　498 頁 (4)

4　**誤**。正常価格は土地に建物や地上権等が存在する場合は、これらが**存在しない**ものと仮定して（純然たる更地として）算定する。　498 頁 2

公示事項

1　標準地の所在

2　標準地の単位面積（1㎡）当たりの価格及び価格判定の基準日

3　標準地の地積及び形状

4　標準地及びその**周辺の土地の利用の現況** 注意！

注意！　標準地だけでなく、その周辺の土地（標準地の周辺の土地）の利用状況も公示事項になっている、ということに注意（4だけは標準地だけでなく、周辺の土地の利用の現況も含まれている）。

問 26 | 正解 2 | 免許その他　難度 カンターン

1　**誤**。役員（**非常勤を含む**）の氏名に変更が生じたら、業者は、30 日以内に免許権者に届け出なければならない。新取締役が就任したときも、役員の氏名に変更が生じたことに**なる**。だから、B 社は、30 日以内に甲県知事に届け出なければならない。　283 頁 (1) 3

2　**正**。免許の更新を受けようとする者は、免許の有効期間の満了の日の 90 日前から 30 日前までの間に申請しなければならない。ただし、更新手続きをしたとしても、免許権者が新しい免許証を今までの免許の有効期間中に交付できないときもある（有効期間の満了の日までに、その申請について処分がなされないときもある）。この場合は、業者側に落度がないわけだから、旧免許（従前の免許）は、有効期間満了後も**効力を有する**。　281 頁 (2)

3　**誤**。国土交通大臣免許が必要なのは、２つ以上の都道府県内に**事務所**を設置する場合だ。だから、甲県知事免許のD社が乙県内に新たに事務所を設置するのであれば、国土交通大臣に免許換えを申請しなければならない。しかし、D社が乙県内に設置するのは案内所だ。案内所は事務所ではないから、国土交通大臣に免許換えを申請する必要はない。 277頁(1)、280頁1

4 **誤**。会社の役員の中に欠格事由に当たる人がいる場合は、その会社は免許を受けることができない。拘留は欠格事由に**当たらない**。だから、E社の役員の中に欠格事由に当たる人はいない。したがって、E社は、免許を受けることができる。 287頁よく出るポイント③、289頁14

役員・政令で定める使用人の氏名に変更が生じたことになるか？

1 新たに役員・政令で定める使用人が就任した → **なる**。

2 現在の役員・政令で定める使用人が退任した → なる。

注意！ だから、1の場合（就任）も2の場合（退任）も、業者は、30日以内に免許権者に届け出なければならない（肢1）。

問 27	正解 4	業務上の規制 難度 普通

1 **違反する**。帳簿の保存期間は、閉鎖後**5年間**（業者が自ら売主となる新築住宅に係るものは**10年間**）だ。だから、「閉鎖後、直ちに」廃棄したら違反となる。 292頁(4)

2 **違反する**。売主である業者がシロートの買主から受け取れる手付の額は、代金の**20%**（本肢の場合は1,000万円）が限度だ。たとえ、保全措置を講じても、代金の20%を超える手付金を受け取ることはできない。 366頁 第4節

3 **違反する**。業者は、取引態様を「**注文を受けたら遅滞なく**」明示しなければならない。この取引態様の明示は、お客さんが業者の場合でも省略できない（業者間にも適用あり）。だから、業者Cに対して取引態様の別を明示しなかったAは違反となる。 329頁5

4 **違反しない**。勧誘する場合は、勧誘に先立って1**業者名**2勧誘を行う者の**氏名**3**勧誘目的**である旨を告げる必要がある。Dは1 2 3を告げた上で勧誘しているので、違反にならない。 325頁4

勧誘する場合は、勧誘に先立って次の1～3を告げる必要がある（肢4）。

1 **業者名**

2 勧誘を行う者の**氏名**

3 **勧誘目的**である旨

問 28	正解 2	総合問題（宅建業法） 難度 普通

ア **違反しない**。業者は、取引の相手方に対して、契約が成立する前に、どこの供託所に営業保証金を供託しているか等を説明するようにしなければならない。ただし、相手方が**業者**である場合は、この説明をする必要はない。 381頁 第2節

イ **違反する**。相手方が業者である場合は、重要事項の**説明**を省略できる。しかし、相手方が業者であっても、重要事項説明書の交付は省略できない（重要事項の説明は不要だが、重要事項説明書の交付は必要）。 374頁 (8)

ウ **違反する**。相手方が業者であっても、37条書面の交付は省略できない（もちろん、承諾があっても省略できない）。ちなみに、重要事項の説明は相手方が業者である場合は省略できる（肢イの解説を参照）。 382頁 注1

エ **違反しない**。業者が自ら売主となり、**シロート**の買主との間で、債務不履行による契約解除について、1損害賠償の予定、2違約金の約定をする場合、1 2の合計額は、代金の**20%**（本肢の場合は、2,000万円×20%＝400万円）が限度だ。しかし、買主のBは**業者**なので、20%を超えてもOKだ。 351頁 1 2、367頁 第5節

以上により、違反するものはイとウなので、正解は肢2となる。

業者間取引の場合、適用されないもの（不要なもの）

1 8つの制限（肢エ）

2 **供託所**等の説明（肢ア）

3 重要事項の**説明** 注意！

4 住宅瑕疵担保履行法

注意！ 業者間取引であっても、重要事項説明書の交付は必要（説明は不要だが、説明書の交付は必要）（肢イ）。

第2回 模擬試験 解答・解説

問　29	正解　4	監督処分　難度 普通

1　**誤**。公告が必要なのは、**業務停止処分**か**免許取消処分**をした場合だ。指示処分をした場合は、公告をする必要はない。なお、「その旨を乙県知事に通知する」という点は○だ（現地の知事である甲県知事は、監督処分をした場合、遅滞なく、その旨を免許権者である乙県知事に通知しなければならない）。
389頁 5.(1)、(2)

2　**誤**。免許取消処分は、**免許権者**しかできない。だから、免許権者ではない乙県知事は、Bの免許を取り消すことができない。
384頁 表 上の3

3　**誤**。**国土交通大臣**が業者に対して、一般消費者の利益の保護に関する義務違反（例 重要事項の説明を行わなかった）を理由に、監督処分しようとするときは、あらかじめ、内閣総理大臣に協議しなければならない。内閣総理大臣に協議しなければならないのは、国土交通大臣が監督処分をする場合だ。知事が監督処分をする場合は、内閣総理大臣に協議する必要はない。
389頁 6.(1)

4　**正**。知事は、その都道府県の区域内で宅建業を営む者に対して、職員に事務所その他その業務を行なう場所に立ち入り、**帳簿**、書類その他業務に関係のある物件を**検査**させることができる。これが、第72条第1項に基づく職員による帳簿の検査だ。業者がこの検査を拒んだら、50万円以下の**罰金**だ。

報告と検査

国土交通大臣は、宅建業を営むすべての者に対して、知事は、その都道府県内で宅建業を営む者に対して、宅建業の適正な運営を確保するため必要があると認めるときは、

1　業務について必要な**報告**を求めることができる。注意1

2　職員に事務所その他その業務を行なう場所に立ち入り、帳簿、書類その他業務に関係のある物件を**検査**させることができる。注意2

注意1　1の報告をしなかったら、50万円以下の**罰金**。

注意2　2の検査を拒み、妨げ、または忌避したら、50万円以下の**罰金**（肢4）。

問 30	正解 4	報酬額の計算	難度 難しい

空家等の特例について？

物件の値段が安いと、当然、媒介の報酬も安くなる。苦労して契約までこぎつけても、儲けはスズメの涙だ。それではあんまりだ。そこで、**400万円**以下の物件の場合、媒介をした業者は、売主から、**現地調査等の費用**を含めて **18万円**（消費税分の 10%を上乗せすると 19万 8,000 円）まで受け取ることができることになっている。

ア **誤**。現地調査等の費用は**売主**から受け取ることができる（買主から受け取ってはダメ）。Bは買主なので、Bから現地調査等の費用を受け取ることはできない。

200万円× 5%＝ 10万円

この 10万円に、消費税分の 10%を上乗せした 11万円（10万円× 1.1）が、AがBから受け取ることができる限度額だ。

341 頁 4

イ **誤**。代理だから、報酬は媒介の **2 倍**もらえる。ただし、現地調査等の費用の部分ついては、2倍もらっては**ダメ**だ（難しく考える必要はない。代理であっても、現地調査等の費用が媒介の 2 倍かかるわけではない。だから、この部分については、2倍もらってはダメということ）。

300万円× 4 %＋ 2 万円＝ 14万円

14万円× 2（代理だから **2 倍**）＋ 4 万円（現地調査等の費用 注意！ この部分については、2 倍にしては**ダメ**）＝ 32万円

この 32万円に、消費税分の 10%を上乗せした 35万 2,000 円（32万円× 1.1）が、AがCから受け取ることができる限度額だ。

341 頁 (2)

ウ **誤**。空家等の特例を適用できるのは、**400万円**以下の物件の場合だ。本肢は 500万円なので、適用できない（本来の報酬の他に現地調査等の費用を受け取ることはできない）。

500万× 3 %＋ 6 万＝ 21万円。

この 21万円に、消費税分の 10%を上乗せした 23万 1,000 円（21万円× 1.1）が、AがDから受け取ることができる限度額だ。

341 頁 1

エ **誤**。貸借の場合は、空家等の特例を適用できない（現地調査等の費用を受け取ることはできない）。だから、AがEから受け取ることができる限度額は、**1 カ月分**の借賃額である 16万円に消費税分の 10%を上乗せした 17万 6,000 円（16万円× 1.1）だ。なお、住宅 (居住用建物) なので、Eの承諾がない場合は、8 万 8,000 円 (半月分の 8 万円× 1.1) が限度額となる。 341 頁 4.

以上により、正しいものはないので、正解は肢 4 となる。

空家等の売買の媒介

1 **400万円**以下の宅地・建物が対象だ（肢ウ）。

2 報酬と現地調査等の費用の合計で18万円が限度額となる（消費税分の10%を上乗せすると19万8,000円が限度額となる）。

3 **あらかじめ**説明し、合意する必要がある。

4 現地調査等の費用は**売主**から受け取る（買主から受け取ってはダメ）（肢ア）。

注意！ 代理の場合でも、現地調査等の費用の部分ついては、媒介の２倍もらっては**ダメ**だ（肢イ）。

問 31 正解 1 媒介契約 難度 普通

ア **誤**。書式を統一するために、国土交通大臣が定めた標準媒介契約約款というヒナ型がある。第34条の２第１項に規定に基づく書面（媒介契約書のこと）には、締結した媒介契約が「標準媒介契約約款に**基づくものであるか否かの別**」を記載しなければならない。 337頁 2 5

イ **誤**。業者は、売買価額について意見を述べる場合は、その**根拠**を明らかにしなければならないが、書面で行う必要はない。口頭でOKだ。 338頁 ポイント1

ウ **誤**。媒介契約書には、**業者**が記名押印しなければならない。必要なのは業者の記名押印であって、宅地建物取引士の記名押印ではないので、本肢は×だ。 336頁 ポイント2

エ **正**。一般媒介契約においては、他の業者にも媒介を重ねて依頼できる。そして、重ねて依頼する業者の明示が義務付けられている場合（明示義務あり型の場合）は、媒介契約書には、「**明示していない業者**によって**契約を成立させたときの措置**」を記載しなければならない。

333頁(1)、337頁 2 4

以上により、正しいものはエだけなので、正解は肢１となる。

誰の記名または記名押印が必要か？

1 媒介契約書（第34条の２第１項の書面）	→	業者の記名押印（肢ア）
2 重要事項説明書	→	宅地建物取引士の記名
3 37条書面	→	宅地建物取引士の記名

問 32	正解　2	重要事項の説明　難度 カンターン

1　**誤**。住宅性能評価を受けた新築住宅であるときは、その旨を説明しなければならないのは、建物の**売買**と交換の場合だけだ。建物の貸借の場合は、説明不要だ。　376頁 7 注1 ①

2　**正**。上下水道、電気、ガスの整備状況は、説明しなければならない。そして、これらの施設が未整備のときは、整備の**見通し**と整備についての**特別の負担**に関する事項を説明しなければならない。　376頁 6

3　**誤**。建物（昭和56年6月1日以降に新築の工事に着手したものを除く）が、**耐震診断**を受けているならその内容を説明しなければならない。ただし、耐震診断を受けていない場合、自ら耐震診断を実施する**義務はない**ので、本肢は×だ。　377頁 14 注2

4　**誤**。物件の引渡しの時期は、説明不要だ(物件の引渡しの時期は、**37条書面**の記載事項だ。混同しないように注意しよう)。　378頁 ㋐

業者が自ら実施する義務があるか？

1 石綿使用の有無 → なし
2 **耐震診断** → なし（肢3）
3 建物状況調査 → なし

問 33	正解　3	従業者名簿・帳簿　難度 普通

ア　**正**。業者は、事務所ごとに従業者名簿を備えなければならない。そして、この名簿には、住所、氏名、従業者証明書の番号、生年月日、主たる職務内容、**宅地建物取引士であるか否か**の別、従業者となった年月日、従業者でなくなった年月日を記載する必要がある。　292頁 (3)

イ　**正**。業者は、事務所ごとに業務に関する帳簿を備えなければならない。そして、この帳簿には、取引態様の別、相手方等の氏名及び住所、**取引に関与した他の業者の商号等**、宅地の場合の地目、位置等、建物の場合の構造、用途等、代金または賃料、報酬額、特約等を記載する必要がある。　292頁 (4)

ウ　**誤**。業者は、従業者名簿を最終の記載をした日から「**10年間**」は保存しなければならない。だから、保存期間を「５年間」とする本肢の記述は誤りだ。　292頁 (3)

エ　**正**。業者は、業務に関する帳簿を各事業年度の末日をもって閉鎖する。つまり、帳簿は、１年単位のものとして作成されるわけだ。そして、閉鎖した帳簿は、閉鎖後**5年間**（業者が自ら売主

となる新築住宅に係るものは10年間）は保存しなければならない。 292頁(4)

以上により、正しいものはアとイとエなので、正解は肢3となる。

従業者名簿の保存期間 → 10年間
帳簿の保存期間 → 5年間（業者が自ら売主となる新築住宅に係るものは10年間）（肢エ）

問 34	正解 1	37条書面	難度 普通

ア **違反しない**。「建物の構造耐力上主要な部分等の状況について当事者双方が確認した事項」は、既存（中古）建物の**売買**・交換の場合の必要的記載事項だ。だから、既存建物の貸借の媒介の場合は、記載は不要だ。 383頁6

イ **違反する**。**物件の引渡時期**は、37条書面の必要的記載事項だ（必ず記載しなければならない事項だ）。だから、記載しなかったら違反だ（重要事項説明書と37条書面は、別の書面だ。重要事項説明書に記載したからといって、37条書面の記載を省略することはできない）。ちなみに、物件の引渡時期は、重要事項説明書の記載事項ではない。 383頁4

ウ **違反しない**。物件の表示（物件を特定するために必要な表示）は、37条書面の必要的記載事項だ。そして、物件を特定するために必要な表示について書面で交付する際、未完成（工事完了前）の建物については、**重要事項の説明**の時に使用した図書を交付することにより行うことになっている。 383頁2

エ **違反しない**。宅地建物取引士は、重要事項の説明をするときは、請求がなくても、宅地建物取引士証を提示しなければならない。そして、重要事項の説明をするとき以外は、**請求があった**ら、提示しなければならない（請求がなかったら、提示は不要だ）。本肢は37条書面の交付だから、重要事項の説明をするとき以外だ。したがって、請求がなかったら（提示を求められなかったら）、提示は不要だ。 304頁(1)1

以上により、違反するものはイだけなので、正解は肢1となる。

重要事項説明書と37条書面は、**別の書面**だ。
→ だから、「○○について重要事項説明書に記載して説明を行ったので、37条書面には記載しなかった」とあったら、○○の部分が何であっても違反と判断してOK（肢イ）。

問 35 | 正解 1 | 手付金等保全措置 難度 普通

ア **誤**。指定保管機関に手付金等保全措置を依頼できるのは、完成物件の場合だけだ。**未完成物件**の場合は依頼**できない**。
362頁 注!

イ **誤**。買主は、業者が手付金等保全措置を講じない限り、手付金等を**支払わなくていい**（支払わなくても債務不履行に**ならない**）。だから、AはBの行為が債務不履行に当たるとして契約を解除できない。
362頁 (3)

ウ **正**。手付金の250万円＋中間金の250万円＝500万円となり、代金の**5％**（250万円）を超えるから、中間金を受領するためには保全措置を講じなければならない。そして、保全措置は、限度額を超える部分である250万円だけに講じるのではなく、500万円**全額**に講じなければならない。
363頁 1、364頁 よく出るポイント②

エ **誤**。未完成物件なのか、それとも、完成物件なのかについては、**契約**時の状態で判断する。だから、本肢のように、契約時に未完成だったなら、完成後に中間金を支払う場合でも、**未完成**物件のルールが適用される。だから、手付金等が代金の**5％**（250万円）を超えるなら保全措置を講じなければならない。500万円（手付金250万円＋中間金250万円＝500万円）という金額は、代金の５％である250万円を超えるから、Aは保全措置を講じなければならない。
363頁 1. 注!

以上により、正しいものはウだけなので、正解は肢(1)となる。

未完成物件なのか、それとも、完成物件なのかについては、
→ **契約**時の状態で判断する。だから、契約時に未完成だったなら、完成後に中間金を支払う場合でも、**未完成**物件のルールが適用される（肢エ）。

問 36 | 正解 3 | 広告 難度 普通

1 **誤**。建築確認（建築基準法第６条第１項の確認）を実際に得た後でないと、広告できない。だから、建築確認の**申請中**の建物については、広告**できない**。
330頁 (1)、331頁 (3)

2 **誤**。インターネットによる広告も規制の対象になる。そして、「契約成立後に継続して広告を掲載すること」は、**おとり広告**にあたる。おとり広告も誇大広告になるので、本肢は誇大広告等の禁止に違反する。
327頁 5、注!

3 **正**。誤認させる方法には**限定がない**。だから、「一部を表示しないことにより」誤認させることも禁止されている。
327頁6.

第2回 模擬試験 解答・解説

4　**誤**。建物の価格について、実際のものよりも著しく優良であると人を誤認させる表示をしたのだから、誇大広告だ。本肢のように、**実害**が発生しなかった（契約が成立しなかった）としてもアウトだ（誇大広告等の禁止に違反する）。　327頁6. ③、4

誤認させる方法には**限定がない**。
→　だから、「一部を表示しないことにより」誤認させることも禁止されている（肢3）。

問 37　正解 2　8つの制限その他　難度 カンターン

1　**誤**。業者が媒介・代理する場合であっても、売主が業者で買主がシロートなら、8つの制限は適用される。売主が業者で買主がシロートの場合、契約不適合担保責任について、民法の規定より買主に不利な特約をしても、原則として無効だ。ただし、例外として契約不適合担保責任の通知期間を「**引き渡し**の日から**2年**以上」の期間内とする特約は、民法の規定より買主に不利だが有効だ。本肢の特約は「引き渡しの日から1年」だからダメだ（無効だ）。　369頁 例外

2　**正**。割賦販売でない売買契約の場合、代金の額自体は重要事項の説明対象ではない。しかし、割賦販売の場合、**現金販売価格**（即金ならいくらか）および**割賦販売価格**（ローンの合計額はいくらか）の双方を説明しなければならない。　378頁 17

3　**誤**。業者が自ら売主となって、シロートに割賦販売を行う場合には、受け取る金額が代金の**30%**以下なら所有権の留保をしてもよい（登記を買主に移転しなくてもよい）が、その後はダメだ。ただし、業者が代金の30%を超える支払いを受けても、買主が残代金を担保するための抵当権・先取特権の登記を申請する見込み、または、**保証人**を立てる見込みがないときは、所有権を留保してもよい。だから、「必ず～移転しなければならない」とある本肢は×だ。
371頁 注!

4　**誤**。シロートの買主が賦払金を支払ってくれない場合、売主である業者は、シロートの買主に対して、1 **30日**以上の相当の期間を定めて、2 書面で催告し、それでも支払いがないときに限って、契約の解除や、残金の一括返済請求ができる。　370頁 第7節

割賦販売の場合に必要となる説明事項
1　現金販売価格（肢2）
2　割賦販売価格（肢2）
3　物件の引渡しまでに支払う金銭の額・賦払金の額、その支払いの時期・方法

問 38 正解 3 宅建業とは？ 難度 普通

1　**誤**。業者に代理や媒介を依頼したとしても、本人が**自ら売買**という取引を反復継続して行っていることには変わりがなく、免許を受ける必要がある。　275 頁 (2)

2　**誤**。都市計画区域及び準都市計画区域外だから用途地域は定められていない。また、家庭菜園としての利用であり、**建物を建てる目的**がないから、宅地にあたらない。よって、宅建業にあたらないから、免許を受ける必要はない。　272 頁 1.、404 頁 (2)

3　**正**。**今現在**、建物が建っている土地は宅地だ。本肢の土地は倉庫の用に供されているから（つまり、**今現在**、建物が建っているから）、宅地だ。　272 頁 1、273 頁 1

4　**誤**。工業地域は**用途地域**だ。用途地域内の土地は道路・公園等以外は、すべて宅地だ（建物が建ってなくても宅地だ）。本肢の土地は用途地域内にあり、建築資材置き場の用に供されているから（つまり、道路・公園等以外だから）、宅地だ。　272 頁 3、403 頁 7

肢 2 の追求

用途地域内の土地については、次のように考えるべし。
1 現在、建物が建っている土地、2 建物を建てる目的で取引する土地、このどちらかにあたれば、すべて宅地だ。そして、1 2 にあたらない場合でも、用途地域については特別扱いしましょうという発想なのだ。だから、1 か 2 にあたってしまえば、その時点で宅地なので、用途地域のことは何も考えなくて OK だ。

問 39 正解 4 保証協会 難度 カンターン

1　**誤**。保証協会は、業者から弁済業務保証金分担金の納付を受けたときは、その日から **1 週間**以内に、納付を受けた額に相当する額の弁済業務保証金を供託しなければならない。　319 頁 (5)

2　**誤**。還付充当金の納付の通知を受けた業者は、2 週間以内に、その通知された額の還付充当金を「**保証協会**に納付」しなければならない。「主たる事務所の最寄りの供託所に供託」ではないので、本肢は×だ。　321 頁 図 12

3　**誤**。お客さんは、還付を受ける前に保証協会の**認証**（債権額の確認）を受けなければならない。そして、認証を受けたお客さんは、**供託所**に還付請求をしなければならない。「保証協会に還付請求」ではないので、本肢は×だ。　320 頁 (1)、321 頁 図の 4 ～ 7

4　**正**。保証協会の社員は、保証協会から特別弁済業務保証金分担金を納付すべき旨の通知を受けた日から **1 カ月**以内に納付しなければならない。この通知を受けた日から 1 カ月以内に納付しな

かったら、制裁として社員の地位を失うことになる。 322頁(5)

お客さんは、**保証協会**に認証の申出をする→そして、認証を受けたら**供託所**に還付請求をする（肢3）。

問 40	正解 1	重要事項の説明 難度 難しい

ア **違反しない**。防火・準防火地域の制限は、**建物の貸借**の場合だけは説明不要だ。それ以外（宅地の売買・交換・貸借と建物の売買・交換）の場合に説明が必要だ。

375頁 例5、376頁 一番上の 注！

イ **違反する**。津波災害警戒区域内にあるときは、その旨は、**すべての取引**（宅地の売買・交換・貸借と建物の売買・交換・貸借）に説明が必要だ。 375頁 例3

ウ **違反する**。建物の場合、**石綿**使用の有無の調査の結果が記録されているなら、その内容を説明しなければならない（**貸借**の場合も説明が**必要だ**）。 377頁 14 ①

エ **違反する**。土砂災害警戒区域内にあるときは、その旨は、**すべての取引**（宅地の売買・交換・貸借と建物の売買・交換・貸借）において、説明が必要だ。 375頁 例2

以上により、違反しないものはアだけなので、正解は肢1となる。

次の1～4は建物の貸借の場合は説明不要だ。

1 建蔽率・容積率の制限

2 斜線制限

3 用途規制

4 **防火地域・準防火地域**の制限（肢ア）

コメント 1建蔽率・容積率の制限も2斜線制限も3用途規制も4防火地域・準防火地域の制限も、建築基準法の規制だ。だから、「建築基準法の規制→建物の貸借の場合は説明不要」と覚えておけばよい。

問　41	正解　4	営業保証金　難度 普　通

1　**正**。営業保証金を供託した旨の届出をしないで営業を開始したら、6カ月以下の**懲役**もしくは100万円以下の罰金または両者の併科だ。だから、Aは懲役に処せられることもある。

309頁(3)①

2　**正**。Aは、3つの支店を設けようとするのだから、1,500万円の営業保証金を供託する必要がある。そして、**国債**証券は、額面金額の**100％**の金額に評価される。だから、1,500万円の国債証券を供託すればOKだ。

308頁(1)、309頁(2)①

3　**正**。業者が、不足額を追加供託しなければならないタイムリミットは、免許権者から**不足通知**を受けてから（不足額を供託すべき旨の通知書の送付を受けた日から）**2週間**以内だ。

313頁(3)

4　**誤**。業者は、取引の相手方（業者を除く）に、契約が成立する前に、**どこの供託所**に営業保証金を供託しているかを、説明するようにしなければならない。しかし、「営業保証金の額」を説明する必要はないので、本肢は×だ（営業保証金を供託した供託所とその**所在地**を説明する必要はあるが、額を説明する必要はない）。

381頁 第2節上の①

業者は、取引の相手方（業者を除く）に、契約が成立する前に、
→　**どこの供託所**に営業保証金を供託しているか等を、説明するようにしなければならない。

注意！　「営業保証金の額」を説明する必要はない（肢4）。

第2回 模擬試験　解答・解説

問　42	正解　3	37条書面	難度 難しい

ア　**違反しない**。業者は、宅地建物取引士に37条書面に記名させなければならない。ただし、交付については、宅地建物取引士**以外**の者に行わせてもOKだ。 382頁1.

イ　**違反しない**。**登記された権利**の種類・内容は、**重要事項説明書**の記載事項だ。37条書面の記載事項ではない。 375頁3

ウ　**違反しない**。業者は、37条書面の交付に代えて、相手方の**承諾**を得て、電磁的方法(電子メール等)であって宅地建物取引士の記名に代わる措置を講じたものにより提供することができる。

382頁1.

エ　**違反する**。**代金**の額は、37条書面の記載事項だ。そして、消費税についても記載しなければならないので、本肢は業法違反だ。 383頁3

以上により、違反しないものはアとイとウなので、正解は肢3となる。

宅地建物取引士でなくてもできるか？

1　37条書面の作成　→　できる。

2　37条書面への**記名**　→　できない（肢ア）。

3　37条書面の交付　→　できる（肢ア）。

問　43	正解　2	クーリング・オフ	難度 カンターン

1　**誤**。買主が1宅地建物の**引渡し**を受け、かつ、2代金**全額**を支払うと、クーリング・オフができなくなる。だから、Bは解除ができない（Aは解除を拒むことができる）。 355頁1 2

2　**正**。クーリング・オフについて告げる書面には、1売主の商号または名称・住所・**免許証番号**、2買主の氏名（法人の場合は商号または名称）・住所が記載されていなければならない。

3　**誤**。クーリング・オフに関する特約で、買主に不利なものは無効になる。ところで、クーリング・オフの効力は、買主が書面を**発した時**に生じる（発信主義）。だから、Bは解除するためには8日以内に書面を発信すればよい。だから、本肢の「Bは8日以内に到達させなければ解除できない」という特約は、Bに不利だ。よって、無効になる。 355頁4.、356頁 注!

4　**誤**。クーリング・オフによる解除の結果、たとえ業者が損害を受けたとしても、業者は、**損害賠償**や違約金の支払いを請求**できない**。だから、本肢の「AからBに損害賠償を請求できる」

という特約は、Ｂに不利だ。よって、無効になる。  356頁5.

クーリング・オフに関する特約
→ 買主に不利なものは**無効**になる（肢３、４）。

問 44	正解 4	重要事項の説明	難度 普通

1 **誤**。**すべての取引**において、テレビ会議等のＩＴを活用して重要事項の説明を行うことができる。だから、建物の売買の媒介の場合も建物の貸借の媒介の場合も、テレビ会議等のＩＴを活用して説明を行うことができる。 373頁(4) 注!

2 **誤**。**すべての取引**において、水害ハザードマップ（市町村の長が提供する図面）に取引の対象となる宅地建物の位置が表示されているときは、水害ハザードマップにおける宅地建物の位置を説明しなければならない。だから、建物の売買の媒介の場合も建物の貸借の媒介の場合も、説明しなければならない。 375頁 4 例4

3 **誤**。**すべての取引**において、造成宅地防災区域内にあるときはその旨を説明しなければならない。だから、宅地の貸借の媒介の場合も建物の貸借の媒介の場合も、説明しなければならない。 375頁 4 例1

4 **正**。建蔽率・容積率の制限は、**建物の貸借**の場合だけは説明する必要はない（建物の貸借以外の場合に説明しなければならない）。だから、宅地の貸借の媒介の場合は、説明しなければならないが、建物の貸借の媒介の場合は、説明する必要はない。 375頁 4 例5

建物の貸借の場合だけ説明不要なもの

1 **建蔽率・容積率**の制限（肢４）
2 斜線制限
3 用途規制
4 防火地域・準防火地域の制限
5 私道負担の有無

問 45　正解 4　住宅瑕疵担保履行法　難度 

1　**正**。業者が住宅販売瑕疵担保保証金の供託または住宅販売瑕疵担保責任保険契約の締結を行う義務を負うのは、業者が「自ら売主」で、買主が「**シロート**」の場合だ（業者間取引の場合は義務を負わない）。本肢は買主が業者だから（業者間取引だから）、義務を**負わない**。

391 頁 (2) 1

2　**正**。「自ら売主」ではない**媒介**業者・代理業者は、住宅販売瑕疵担保保証金の供託または住宅販売瑕疵担保責任保険契約の締結を行う義務を**負わない**。　391 頁 (2) 1

3　**正**。宅建業法の営業保証金の保管替えと同じに考えればよい。主たる事務所を移転したためその最寄りの供託所が変更した場合において、**金銭のみ**をもって住宅販売瑕疵担保保証金を供託しているときは、遅滞なく、費用を予納して、変更前の供託所に対し、移転後の主たる事務所の最寄りの供託所への**保管替え**を請求しなければならない。　392 頁 (4) 3

4　**誤**。保険契約は、**売主**である**業者**が保険法人と締結する契約だ。買主であるシロートが締結するのではない。　391 頁 下の 注!

住宅販売瑕疵担保責任保険契約
→　保険をかける（保険契約を締結する）のは、**売主**である**業者**だ（買主であるシロートではない）（肢 4）。

問 46　正解 4　住宅金融支援機構　難度 普通

1　**正**。機構は、**団体信用生命保険**に関する業務を行っている。ちなみに、団体信用生命保険とは、住宅ローンを組んだ人が、ローンの返済中に死亡したり、**重度障害**の状態になった場合に、生命保険会社が本人の代わりに残ったローンを支払うという保険のことだ（死亡した場合だけでなく、重度障害の状態になった場合も対象となる）。　495 頁 4. 2

2　**正**。機構は、高齢者の死亡時に一括償還をする方法（「毎月の返済は利息だけで OK。元金については死亡時に一括して返済する」という方法）により貸付金の償還を受けるときは、抵当権の効力の及ぶ範囲を超えて、**弁済の請求をしない**ことができる。たとえば、本来の請求額は 1,100 万円だが、抵当権の効力の及ぶ範囲だと 1,000万円にしかならないときは、1,000万円を超えて、弁済の請求をしないことができる（1,000万円で勘弁してあげるということ）。　494 頁 (4) 1

3　**正**。1 債務者が**自ら**居住する住宅、2 債務者の**親族**が居住する住宅の建設・購入に必要な資金の貸付債権については、譲受けの対象になる（前半は○）。しかし、**賃貸**住宅の建設・購入に必要な資金の貸付債権については、譲受けの対象にならない（後半も○）。

4　**誤**。機構は、**災害**復興建築物（災害により住宅等が滅失した場合におけるその住宅等のこと）の建設または購入に係る貸付金について、一定の**元金据置期間**（元金の返済をしないで、利息だけを返済する期間のこと）を設けることができる。

証券化支援事業（買取型）において、住宅の建設・購入に必要な資金の貸付債権が譲受けの対象になるか？（肢３）。

1　債務者が**自ら**居住する住宅　→　なる。
2　債務者の**親族**が居住する住宅　→　なる。
3　**賃貸**住宅　→　ならない。

問 47	正解 3	不当景品類及び不当表示防止法　難度 普通

1　**誤**。マンションの管理費が住戸によって異なる場合において、すべての住戸の管理費を示すことが困難なときは、**最低額**と**最高額**を表示すれば OK だ。全住戸の平均額のみの表示ではダメなので、本肢は×だ。

504 頁 (3) 2 注!

2　**誤**。登記簿に記載されている地目と現況の地目が異なる場合は、登記簿に記載されている地目と現況の地目を**併記**する必要がある。現況の地目のみの表示ではダメなので、本肢は×だ。

3　**正**。販売しようとしている土地が、都市計画法の告示が行われた**都市計画施設の区域**に含まれている場合は、その旨を明示しなければならない（工事が未着手であっても、明示しなければならない）。

4　**誤**。路地状部分のみで道路に接する土地を取引する場合は、路地状部分の面積が土地面積のおおむね**30%**以上を占めるときは、路地状部分を含む旨と路地状部分の割合または面積を明示しなければならない。おおむね**30%**以上のときは、明示する必要があるので「50%以下であれば、明示しないで OK」と言い切っている本肢は×だ。

管理費・共益費・修繕積立金
→　すべての住戸について示すことが困難であるときは、**最低額**と**最高額**を表示すれば OK（肢１）。

問 48　正解 1　統　計　難度 普通

1　**正**。令和5年の貸家の新設着工戸数は約34.4万戸となっており（前半は○）、3年ぶりの**減少**となった（後半も○）。

2　**誤**。令和5年1月以降の1年間の地価の変動を見ると、全国平均の用途別では、住宅地は3年連続の**上昇**となった（前半は○）。また、商業地も3年連続の**上昇**となった（後半が×）。

3　**誤**。令和4年度における不動産業の売上高営業利益率は10.1%であり（前半は○）、3年ぶりに**減少**した（後半が×）。肢3（売上高営業利益率）は、3年ぶりに減少、肢4（売上高経常利益率）は3年連続で上昇だ。違いに注意しよう。

4　**誤**。令和4年度における不動産業の売上高経常利益率は12.8%であり（前半は○）、3年連続で**上昇**した（後半が×）。肢3（売上高営業利益率）は、3年ぶりに減少、肢4（売上高経常利益率）は3年連続で上昇だ。違いに注意しよう。

売上高営業利益率と売上高経常利益率

1　売上高営業利益率　→　3年ぶりの**減少**（肢3）

2　売上高経常利益率　→　3年連続の**上昇**（肢4）

問 49　正解 3　土　地　難度 普通

1　**適　当**。山頂に向かって高い方に**弧**を描いている部分は**谷**で、山頂から見て等高線が**張り出している**部分は**尾根**だ。

2　**適　当**。扇状地は、文字通り、**扇の形**をしている。扇の形なのだから、その等高線は、トーゼン**同心円状**になる。

3　**不適当**。等高線の密度が**高い**所は斜面の傾斜が**急**だ。ちなみに、等高線の密度が低い所は斜面の傾斜が**緩やか**だ。

4　**適　当**。等高線の間隔が不ぞろいで大きく乱れているような場所は、過去に**地すべり**が起きた可能性がある。そして、一度地すべりを起こした場所は、再び地すべりが発生する危険性があるので、注意が必要だ。

以上全体につき、506頁以下

等高線

1 密度が高い（等高線の間隔が小さい） → 傾斜が**急**（肢3）

2 密度が低い（等高線の間隔が大きい） → 傾斜が**緩やか**

注意！ 等高線の間隔が小さいことを「間隔が密」、等高線の間隔が大きいことを「間隔が疎」と表現することもある（この言い回しで出題されることもある）。

問 50	正解 2	建 物 難度 カンターン

1 **適 当**。コンクリートの引張強度は、圧縮強度より**小さい**（「引張強度＜圧縮強度」と覚えておこう）。要するに、コンクリートは、引張りには弱いが、圧縮には強いということ。

2 **不適当**。鉄筋は、炭素含有量が**多い**ほど、引張強度が増大する傾向がある。

3 **適 当**。常温、常圧において、鉄筋と普通コンクリートを比較すると、熱膨張率（温度上昇に伴う体積の膨張の程度のこと）は、**ほぼ等しい**。

4 **適 当**。鉄骨造は、自重が**小さく**、靭性（粘り強さのこと）が**大きい**。だから、大空間の建築や高層建築に使用される。

鉄筋 → 炭素含有量が**多い**ほど、引張強度が増大する（肢2）。

［第２回］模擬試験

わたしの弱点一覧表

番号	出題項目	正解	難度	自己採点
問１	相続	1	B	
問２	制限行為能力者	1	B	
問３	物権変動の対抗要件	2	B	
問４	無権代理（判決文問題）	4	A	
問５	委任	4	B	
問６	相殺	3	C	
問７	債務不履行	1	B	
問８	不法行為	4	C	
問９	賃貸借	3	B	
問10	抵当権	4	C	
問11	借地借家法（借地）	3	B	
問12	借地借家法（借家）	4	B	
問13	区分所有法	1	B	
問14	不動産登記法	1	C	
問15	都市計画全般（都市計画法）	3	B	
問16	開発許可（都市計画法）	2	B	
問17	総合問題（建築基準法）	3	B	
問18	総合問題（建築基準法）	3	C	
問19	盛土規制法	1	B	
問20	土地区画整理法	4	C	
問21	農地法	1	A	
問22	国土利用計画法	4	B	
問23	印紙税	2	B	
問24	不動産取得税	4	B	
問25	公示価格	3	B	

番号	出題項目	正解	難度	自己採点
問26	免許その他	2	A	
問27	業務上の規制	4	B	
問28	総合問題（宅建業法）	2	B	
問29	監督処分	4	B	
問30	報酬額の制限	4	C	
問31	媒介契約	1	B	
問32	重要事項の説明	2	A	
問33	従業者名簿・帳簿	3	B	
問34	37条書面	1	B	
問35	手付金等保全措置	1	B	
問36	広告	3	B	
問37	８つの制限その他	2	A	
問38	宅建業とは？	3	B	
問39	保証協会	4	A	
問40	重要事項の説明	1	C	
問41	営業保証金	4	B	
問42	37条書面	3	C	
問43	クーリング・オフ	2	A	
問44	重要事項の説明	4	B	
問45	住宅瑕疵担保履行法	4	B	
問46	住宅金融支援機構	4	B	
問47	不当景品類及び不当表示防止法	3	B	
問48	統計	1	B	
問49	土地	3	B	
問50	建物	2	A	

難度＝A：カンターン　B：普通　C：難しい

A目標点（合格ライン）	B私の得点	恐怖の引算
36／50	／50	B－A=

《第３回模擬試験について》

解答・解説

・権利関係について（問１～14）

カンターンな問題がなかった。その一方で難しい問題は４問あった。また、普通レベルの問題であっても難しい肢が含まれているものが多かった（問１、問３、問５、問７）。しっかり勉強していた人でも相当苦戦したはずだ。ただし、不在者の財産の管理や選択債権などの超マイナーな分野からの出題がなかった。そして、民法以外の権利関係（問11～14）においては難しい問題がなかった（ここで点数を稼ぐことが可能だ）。全体的な難度はやや高いが、８点は獲得したい。

・法令上の制限について（問15～22）

カンターンな問題がなかった。また、問20の土地区画整理法がかなり難しい問題であった。ただし、普通レベルの問題は素直な選択肢が多かった（意地悪なヒッカケは少なかった）。キチンと勉強していた人は普通レベルの問題は全問正解することも可能である。そして、個数問題の出題もなかった。したがって、全体的な難度は標準といえる。６点は獲得したい。

・宅建業法について（問26～45）

難しい問題が１問しかなかった。カンターンな問題は４問で宅建業法にしては少なかったが、普通レベルの問題が、キチンと勉強していれば正解できる問題ばかりなので、全体的な難度はやや低いといえる。ただし、個数問題が８問出題されているので、タイムオーバーに注意だ（個数問題は四肢択一問題より時間がかかる）。宅建業法において難度が低い（やや低い）場合、多くの人が高得点を獲得する。17点以上は獲得したい。今回の模擬試験はここで点数を稼げないと厳しい。

・その他の分野について（問23～25、問46～50）

税法において難しい問題が出題されなかった。問49の土地と問50の建物は常識と最低限の知識があれば正解できる問題だ。免除科目（問46～50）は全問正解も狙える。問23の鑑定評価は難しかったが、全体的な難度は低いといえる。６点（できれば７点）は獲得したい。

問 1	正解 3	不法行為	難度 普通

1 **正**。契約の一方当事者が、契約の締結に先立ち、信義則上の説明義務に違反して、契約を締結するか否かに関する判断に影響を及ぼすべき情報を相手方に提供しなかった場合、**不法行為**による損害賠償責任を負うことはある。しかし、債務不履行による賠償責任を負うことはない。例えば、売主Ａが買主Ｂと売買契約を締結する前に、重要な情報をＢに提供しなかった場合、Ａは、不法行為による賠償責任を負うことはあるが、債務不履行による賠償責任を負うことはない。

2 **正**。たとえば、Ａが４月１日に土地の不法占拠を始めたとする。そうすると４月１日に損害が発生する。そして、翌日の４月２日も不法占拠を続けていれば、４月２日にも損害が発生する。これが、不法占拠により日々発生する損害だ。不法占拠により日々発生する損害については、被害者が日々発生する損害を知った時から**別個**に消滅時効が進行する。

3 **誤**。共同不法行為者は、被害者に対して**連帯債務**を負うことになる（つまり、連帯債務のルールが適用される）。だから、被害者が加害者の１人に履行を請求しても、他の加害者に対してはその効力を**有しない**（他の加害者に対しては請求したことに**ならない**）。 265頁Ｑ８

4 **正**。被害者が損害を知った時とは、被害者が損害の発生を**現実に認識**した時をいう。たとえば、Ａについて滅茶苦茶なウソの記事が雑誌に掲載されたとする（Ａは被害者だ）。この場合、Ａが損害を知った時とは、Ａが雑誌にウソが掲載されているということ現実に認識した時だ（雑誌の発売日が４月１日で、Ａがその雑誌にウソが掲載されていることを知ったのが５月１日である場合、損害を知った時は５月１日になるということ）。

不法占拠により日々発生する損害
→ 被害者が日々発生する損害につき、その各々を知った時から**別個**に消滅時効が進行する（加害行為が終わった時から一括して消滅時効が進行するのではない）（肢２）。

問 2	正解 3	保証債務	難度 難しい

一定の範囲に属する不特定の債務を保証するものを、根保証という。ケース②は根保証だ。なお、ケース①は単なる保証だ（根保証ではない保証ということ）。

1 **誤**。ケース①（単なる保証）でも、ケース②（根保証）でも、**連帯保証**の場合は、保証人に検索の抗弁権は**ない**。だから、C（連帯保証人）もE（連帯根保証人）も、請求を拒むことができない。

204頁(1)

2　**誤**。ケース①（単なる保証）でも、ケース②（根保証）でも、保証契約は、**書面**（または電磁的記録）でしなければ効力を生じない（口頭で契約しても無効だ）。　194頁(1)

3　**正**。**根保証**契約は、保証人が**個人**の場合は、極度額を定めなければ効力を生じない。つまり、1単なる保証で保証人が個人、2単なる保証で保証人が法人、3**根保証**で保証人が**個人**、4根保証で保証人が法人の4パターンがあるが、極度額を定める必要があるのは、3の**根保証**で保証人が**個人**のパターンだけだ。1 2 4のパターンは、極度額を定める必要はない。

4　**誤**。「経営者、経営者に準ずる者」以外の個人（要するに、単なる個人）が、1**事業**用の貸金等債務を保証しようとする場合や2**事業**用の貸金等債務が含まれる根保証をしようとする場合は、その保証契約の締結に先立ち、その締結の日前1箇月以内に作成された**公正証書**で保証債務を履行する意思を表示していなければ、保証契約は効力を生じない。ケース①の個人CはAと共同して事業を行う者だから、「経営者、経営者に準ずる者」だ（単なる個人ではない）。だから、公正証書で保証債務を履行する意思を表示していなくても、保証契約は効力を生じる（前半が×）。そして、ケース②はそもそも事業用の貸金等ではない。だから、公正証書で保証債務を履行する意思を表示していなくても、保証契約は効力を生じる（後半は○）。注意！ 要するに、「単なる個人」が「**事業**用の貸金等債務を保証（根保証）」しようとする場合は、公正証書で保証債務を履行する意思が必要だということ。

極度額を定める必要があるか？（肢3）

保証の種類	保証人となる者	極度額を定める必要があるか？
単なる保証	個人	ない
単なる保証	法人	ない
根保証	**個人**	**ある**
根保証	法人	ない

問3　正解 4　共　有　難度 普通

1　**正**。共有者は、**善良な管理者の注意**をもって、共有物を使用をしなければならない（共有者は、共有物に対して善管注意義務を負う）。　122頁 3～4行目

2　**正**。共有物を使用する共有者は、別段の合意がある場合を除き、他の共有者に対し、自己の持分を超える使用の対価を**償還**する義務を負う。

3　**正**。変更（その形状又は効用の著しい変更を伴わないものを除く。）とは重大変更のことだ。重大変更には**全員**の同意が必要だ。しかし、Bの所在が分からないときは、Bの同意を得ること

ができない。そこで、裁判所は、Aの請求により、「Bの所在を知ることができないときは、AはもうC一人の共有者であるCの同意を得て甲建物に重大変更を加えてOKですよ」という裁判をすることができる。 121頁③

4　**誤**。軽微変更（形状又は効用の著しい変更を伴わない変更）は、**持分の過半数**の賛成があればできる。全員の同意が必要なのは重大変更をする場合だ。 121頁③ 注！

事例－共有者がＡＢＣの３人だとする。

共有者Ａが他の共有者Ｂを知ることができず、またはその所在を知ることができないとき

→　裁判所は、Ａの請求により、Ｂ以外の他の共有者であるＣの同意を得て共有物に重大変更を加えることができる旨の裁判をすることができる（肢３）。

問　4　正解　3　売買契約　難度　普通

1　**正**。引き渡された目的物が種類・品質・数量に関して契約の内容に適合しないものであるときは、買主は、売主に対して、①**目的物の修補**（修理）、②代替物の引渡し、③不足分の引渡しによる履行の追完を請求できる。本肢の甲自動車には、エンジン（つまり、品質）に関して契約の内容に適合しない欠陥があるので、ＢはＡに対して、甲自動車の修理を請求できる。

180頁 条文 ① ①

2　**正**。売主は、買主に**不相当な負担**を課するもので**ない**ときは、買主が請求した方法と**異なる**方法で履行の追完ができる。だから、Ａは、Ｂに不相当な負担を課するものでないときは、Ｂが請求した方法（別の自動車の引渡し）と異なる方法（甲自動車の修理）で履行の追完ができる。

181頁(2)

3　**誤**。代金減額請求をするには、相当の期間を定めて履行の追完をしてくれと**催告**する**必要**がある。そして、その期間内に追完がない場合に、はじめて代金減額請求できる。ただし、催告をしても無意味な場合（例 追完**不能**）は、催告せずに、**直ちに**代金減額請求できるが、本肢の甲自動車は修理可能（追完可能）なので、直ちに代金減額請求はできない。 182頁(1)(2)

4　**正**。売買の目的について権利を主張する者がいて、買主が権利を取得できず、または**失う**おそれがある場合は、買主は、その危険の程度に応じて、代金の支払を**拒むことができる**。

代金減額請求をするには？

①　相当の期間を定めて履行の追完の**催告**をし、それでも、その期間内に履行の追

完がない場合は、買主は、その不適合の程度に応じて代金減額請求できる（原則 催告必要）（肢３）。

[2] ただし、催告をしても無意味な場合（例追完**不能**）は、催告せずに、**直ちに**代金減額請求できる（例外 催告不要）。

問 5	正解 1	代 理	難度 普 通

1 **誤**。制限行為能力者が**他の制限行為能力者**の**法定代理人**としてした法律行為（契約等のこと）は、取り消すことができる。たとえば、被保佐人Ａに未成年者の子Ｂがいたとする。ＡはＢの親だから、Ｂの法定代理人だ。この場合において、ＡがＢの代理人として、Ｂの土地を売ったときは、取り消すことができる。

40頁 注!

2 **正**。売買契約を締結する代理権を授与された者は、特段の事情がない限り、相手方から契約を**取り消す旨の意思表示**を受ける権限を有する。たとえば、本人Ａから甲土地を売却する権限を与えられた代理人Ｂが、相手方Ｃと売買契約を締結したとする。この場合、Ｂは、Ｃからの「売買契約を取り消します」という意思表示を受ける権限を有する。

3 **正**。夫婦の一方は、個別に代理権の授権がなくとも、**日常家事**に関する事項（たとえば、日用品の購入）について、他の一方を代理して法律行為をすることができる。たとえば、妻は、夫からの代理権の授権がなくとも、夫を代理して日用品を購入することができる。

4 **正**。法定代理人は、自己の責任で復代理人を選任することができる（前半は○）。そして、やむを得ない事由があるとき（やむを得ない事由により、復代理人を選任したとき）は、本人に対してその**選任**及び**監督**についての責任のみを負う（後半も○）。ちなみに、やむを得ない事由がないときは、**全責任**を負う。

46頁 表、(2)

制限行為能力者が他の制限行為能力者の法定代理人として契約した場合

たとえば、被保佐人Ａに未成年者の子Ｂがいたとする。

・被保佐人Ａ（親） → 制限行為能力者であると同時にＢの法定代理人（Ｂの親だから、Ｂの法定代理人だ）。

・未成年者Ｂ（子） → 制限行為能力者。

制限行為能力者（Ａのこと）が**他の制限行為能力者**（Ｂのこと）の**法定代理人**としてした契約は、取り消すことができる（肢１）。

問 6 | 正解 1 | 弁 済 | 難度 普 通

1 **誤**。弁済者は、原則として、受取証書（領収書のこと）の交付に代えて、その内容を記録した電磁的記録の提供を請求できる。ただし、例外として、弁済を受領する者に**不相当な負担**を課するものであるときは、請求できない。

2 **正**。弁済者が、債権者との間で、債務者の負担した給付に代えて他の給付をすること（**代物弁済**をすること。たとえば、お金の代わりにダイヤの指輪で弁済すること）により債務を消滅させる旨の契約をした場合において、その弁済者が当該他の給付をしたときは、その給付は、弁済と同一の効力を有する。

256頁 Q7

3 **正**。借地上の建物の賃借人は、地代の弁済に関し、正当な利益を**有する**第三者だ。だから、敷地の借地人（債務者）の意思に**反しても**弁済できる。

255頁 Q2下の㊑

4 **正**。弁済者（建物の賃借人）が、弁済（地代）の提供をした場合において、債権者（敷地の賃貸人）がその受領を**拒んだとき**は、弁済者は**供託**できる。

次の場合、弁済者は、債権者のために弁済の目的物を**供託**できる。

1 弁済の提供をした場合において、債権者がその受領を**拒んだとき**（肢4）。

2 債権者が弁済を受領できないとき。

3 弁済者が過失なく債権者を**確知**できないとき（債権者が誰であるか分からないとき）。

問 7 | 正解 4 | 債権譲渡 | 難度 難しい

1 **正**。**将来**発生する債権（現在は発生していない債権）であっても有効に譲渡**できる**。そして、譲受人は発生した債権を当然に取得**する**。たとえば、将来発生する債権をCが譲り受けたとする。そして、1カ月後にその債権が発生した場合、Cは発生した債権を当然に取得する。

98頁(1) 注!

2 **正**。譲受人のCが、悪意でも（譲渡禁止特約の存在を知っていても）、Cから債権を譲り受けたDが、**善意無重過失**であるなら（譲渡禁止特約の存在を知らないことに重大な不注意がないなら)、BはDに対抗することができない。

98頁 条文①

3　**正**。**確定日付のある証書**(内容証明郵便などのことだ)と確定日付のない証書がケンカをした場合、確定日付のある証書の方が勝つ。到達の前後は関係ない。だから、確定日付のある証書で通知を受けたEがCに優先して権利を行使することができる。

100頁 (3)

4　**誤**。両者に確定日付のある証書で通知をした場合、両者の優劣は、通知の**到達**の先後(前後)によって決まる。しかし、本肢の場合は、同時に到達している。だから、優劣はない。つまり、CとFの勝負は引き分けだ。引き分けの場合は、C・Fは**全額**を請求することができる。

100頁 (3)

将来発生する債権(つまり、現在は発生していない債権)
→　譲渡**できる**。
注意!　譲受人は発生した債権を当然に取得**する**(肢1)。

問 8	正解 3	未成年者　難度 難しい

1　**誤**。公正証書遺言をする場合には、証人2人以上の立会いが必要だが、**未成年者**は、証人になることができない。

79頁 (2) 1

2　**誤**。未成年者であっても、**15歳**になると遺言ができる(ちなみに、法定代理人の同意は不要だ)。

77頁 1 ①

3　**正**。養親になれるのは、**20歳**以上の者だ。たとえ、成年者であっても、20歳未満なら、養親になることができない(18歳、19歳の者は成年者だが、養親になることはできないのだ)。

4　**誤**。**18歳**(成年者)になると婚姻ができる(ちなみに、父母の同意は不要だ)。

養親になれるのは、
→　**20歳**以上の者だ(肢3)。

問 9 | 正解 3 | 地 役 権 | 難度 難しい

1　**正**。メリットを受ける土地のことを要役地といい、負担の受ける土地のことを承役地という。本問では、甲地が要役地で、乙地が承役地だ。要役地が数人の共有に属する場合において、そのうちの1人に消滅時効の完成猶予・**更新**があると、その完成猶予・**更新**は、他の共有者にも、効力が**生じる**。だから、共有者Aの地役権の消滅時効が更新すると、他の共有者Bの地役権の消滅時効も更新する（Bに対しても効力が生じる）。

2　**正**。地役権の付従性という性質だ。地役権は、**要役地**の所有権に付き従うので、抵当権実行により要役地の所有権を取得した者は、地役権も取得する。263頁Q4

3　**誤**。地役権は、要役地の便益のために設定する権利なので、まさに要役地にくっ付いた権利であり、常に要役地と一心同体だ。だから、要役地から分離して、地役権のみを譲渡**できない**。

263頁Q4

4　**正**。要役地または承役地の共有者の1人は、自分の持分についてだけ、地役権を消滅させることは**できない**。264頁Q5

次はここが出る

地役権は、継続的に行使され、かつ、外形上認識することができるものに限り、時効によって取得できる。

問 10 | 正解 3 | 遺言（判決文問題） | 難度 普 通

2人以上の者が同一の証書で遺言することを共同遺言という。共同遺言はダメだ（**無効**になる）。

1　共同遺言に当たる　→　無効な遺言

2　共同遺言に当たらない　→　有効な遺言

判決文の7～8行目を見て欲しい。「本件遺言は～共同遺言に当たらないとした原審の判断は、正当として是認することができる」とある。つまり、判決文の中に出てくる遺言は、「共同遺言に**当たらない**」と言っているわけだ。

まとめ

本件遺言（判決文に出てくる遺言（書））は→共同遺言に**当たらない**→だから、**有効**。

1　**誤**。自筆証書遺言は、遺言者が、全文・日付・氏名を自書し、これに印を押さなければならない。ただし、**財産目録**については、自書でなくてもOKだ（自書することを要しない）。

2　**誤**。2人以上の者が同一の証書で、遺言をすることはできない。たとえ、夫婦であっても**共同**

遺言はダメだ。

3　**正**。２人の遺言が同じ証書に書かれている場合でも、両者の遺言が完全に独立していて、切り離せば、２通の遺言書となるようなときは、共同遺言に**当たらない**。だから、**有効**な遺言となる。ちなみに、本肢は判決文を言い換えただけである。

4　**誤**。２人の遺言が同じ証書に書かれている場合に、そのうちの一方につき氏名を自書しない方式の違背（違反）があるときでも、その遺言は、共同遺言に当たるので**無効**となる。たとえば、ＡとＢが同じ紙に共同で遺言した。そして、Ｂは氏名を自書していなかった。この場合、「Ｂの遺言は無効だから、Ａだけの遺言書となり、その結果として、共同遺言に当たらない」と考えることもできるが、そう考えてはダメ、この場合も、共同遺言に当たるので無効になる。

以上全体につき、79頁 注1 注2

２人以上の者が同一の証書で遺言することを共同遺言という。**共同遺言**は**無効**だ(肢２)。

1 肢３は共同遺言に当たらないから　→　有効だ。

2 肢４は共同遺言に当たるから　→　無効だ。

問 11　正解 2　借地借家法（借地）　難度 普通

1　**正**。存続期間が50年だから、一般定期借地権を設定することができる（一般定期借地権は目的が限定されていない。だから、目的が事業用でもよい）。一般定期借地権は**書面**（公正証書以外の書面でもOK）または電磁的記録によってしなければならない。だから、**書面**で合意すれば、公正証書で合意しなくてもOKだ。ちなみに、電磁的記録によってされたときは、書面によってされたものとみなされる。

241頁 2 A B

2　**誤**。「建物の所有権を相当の対価で移転する」とあるから、本肢は建物譲渡特約付借地権だ。建物譲渡特約付借地権は、存続期間が**30年**以上であることが必要だ。だから、本肢のような借地権（存続期間が20年の建物譲渡特約付借地権）は定めることはできない。

241頁 3

3　**正**。存続期間が10年でも、**事業用**定期借地権なら設定することができる。（ちなみに、事業用定期借地権は公正証書によってしなければならない）。しかし、事業用定期借地権は、文字どおり、事業用（非居住用）の建物（事務所や店舗等）を所有することを目的とするタイプの借地権だ。本肢のように居住用の建物を所有することを目的とする場合は定めることはできない。

241頁 1 A B

4　**正**。臨時設備の設置等**一時使用**のために借地権を設定したことが明らかな場合は、借地借家法の存続期間・契約の更新・建物の再築による期間の延長等の規定は適用**されない**。だから、期間を１年と定め、契約の更新や建物の築造による存続期間の延長がない旨を定めることができる。

222頁 下の条文①

存続期間

① 事業用定期借地権→ **10**年以上**50**年未満（肢３）

② 一般定期借地権 → **50**年以上（肢１）

③ 建物譲渡特約付借地権 → **30**年以上（肢２）

注意！ 肢１は、問題中に「事業の用」とあるが、存続期間が50年以上だから、②の話だ。①の話ではない。だまされてはダメ。事業用定期借地権の存続期間は**10**年以上**50**年未満だから、存続期間が50年の事業用定期借地権というのはないのだ。

問 12　正解 2　借地借家法（借家）　難度 普通

1 **正**。賃貸人の同意を得て建物に付加した造作（畳とか雨戸のこと）を、建物**転借人**は、賃貸借終了時に、賃貸人に時価で買い取らせることができる。 251頁(5)

2 **誤**。定期建物賃貸借の場合、建物が**居住用**で床面積が**200㎡未満**なら、転勤等のやむを得ない事情により、賃借人が建物を自己の生活の本拠として使用することが困難となったときは、賃借人は、解約を申し入れることができる。そして、解約の申入れの日から１カ月を経過すると賃貸借は終了する。 254頁(3)

3 **正**。期間が**1年以上**の定期建物賃貸借の場合、賃貸人は、期間の満了の**1年**前から**6カ月**前までの間に、賃借人に対して、「期間の満了により賃貸借契約が終了しますよ」と通知しなければ、期間満了による終了を賃借人に対抗することができない。 254頁(3)

4 **正**。賃借権の登記がなくても、ＡがＢから建物の**引渡し**を受けていれば、それだけで、賃借権をＤに対抗できる（主張できる）。 212頁 それは次の２つ②

定期建物賃貸借

「**居住用**」で床面積が「**200㎡未満**」の場合

→ 転勤等やむを得ない事情により、賃借人が建物を自己の生活の本拠として使用することが困難となったときは、賃借人は、解約を申し入れることができる。そして、解約の申入れの日から**1カ月**を経過すると、賃貸借は終了する（肢２）。

問 13　正解 3　区分所有法　難度 普通

1　**正**。管理者は、規約に特別の定めがあるときは、共用部分を所有することができる。たとえば、階段は共用部分だ。だから、階段は区分所有者全員の共有に属することになっているが、規約で「階段は管理者が所有する」と定めることができる（この定めがあれば、階段は区分所有者全員の共有ではなく、**管理者**の所有となる）。ちなみに、この制度のことを**管理所有**という。

130 頁 注4

2　**正**。一部共用部分は、これを共用すべき区分所有者の共有に属することになっているが、規約で「一部共用部分は、区分所有者全員の共有に属する」と定めることができる（この定めがあれば、一部共用部分は、**区分所有者全員**の共有となる）。たとえば、1階と2階が店舗で、3階以上が住居となっているマンションがあるとする。この場合、店舗用のエレベーターは、一部共用部分であり、店舗の区分所有者だけの共有に属する。しかし、規約で別段の定めをすることにより、店舗用のエレベーター（一部共用部分）を**区分所有者全員**の共有に属するとすることもできる。

3　**誤**。占有者（賃借人等のこと）は、利害関係を有する場合は、集会に出席して**意見**を述べることができる。ただし、占有者は、区分所有者ではないから議決権を行使することはできない。

130 頁 出席・意見

4　**正**。共用部分の管理に要した各区分所有者の費用の負担については、規約に別段の定めがない限り、共用部分の**持分**に応じて決まる（たとえば、Aの共用部分の持分が10分の1である場合、規約に別段の定めがない限り、Aは10分の1の管理費用を負担することになる）。

占有者（賃借人等のこと）は、
→1　利害関係を有する場合は、集会に出席して**意見**を述べることができる。
　2　議決権を行使することはできない（肢3）。

問 14　正解 4　不動産登記法　難度 普通

1　**正**。建物が滅失したら、表題部の所有者または所有権の登記名義人は、滅失の日から**1カ月**以内に、滅失の登記を申請しなければならない。　103 頁 (3)、106 頁 キーポイント

2　**正**。共有物分割禁止の定めに係る権利の変更の登記の申請は、共有者である**すべて**の登記名義人が**共同**してしなければならない。例えば、共有者A・B・Cが共有物の不分割特約をしたとする。この不分割特約の登記（共有物分割禁止の定めに係る権利の変更の登記）の申請は、A・B・Cの全員が共同してしなければならないということ。

113 頁 注2

3　**正**。信託の登記の申請は、信託に係る権利の登記の申請と**同時**にしなければならない。

113頁 注3

4　**誤**。賃借権の登記事項は、①賃料 ②賃料の支払時期の定めがあるときは、その定め、③存続期間の定めがあるときは、その定め、④**譲渡・転貸を許す**旨の定めがあるときは、その定め、⑤敷金があるときは、その旨等だ。だから、譲渡・転貸を許す旨の定めがあるときは、その定めは登記事項になるので、本肢は×だ。

信託の登記

① 信託に係る権利の登記の申請と**同時**にしなければならない（肢3）。

② 受託者が単独で申請できる。

③ **受益者**または**委託者**は、受託者に代わって申請できる。

問 15　正解 1　都市計画全般（都市計画法）　難度 普通

1　**誤**。高層住居誘導地区を定めることができるのは、①第一種住居地域、②第二種住居地域、③準住居地域、④近隣商業地域、⑤準工業地域だけだ。第一種・第二種**中高層住居専用地域**には定めることが**できない**。

405頁 表

2　**正**。届出を受けた市町村長は、不適当な行為なら、変更しろと**勧告**できる（ちなみに、命令はできない）。

411頁 5

3　**正**。準都市計画区域には、**高度利用地区**を定めることは**できない**。

406頁 2

4　**正**。都市計画は都市計画区域内で定めるのが原則だ。ただし、都市施設については、特に必要があるときは、都市計画区域**外**にも定めることが**できる**（山奥や無人島にも道路などが必要なことがあるから）。

407頁 3

準都市計画区域に定めることができるか？

①	区域区分（線引きのこと）	×
②	用途地域	○
③	特別用途地区	○
④	特定用途制限地域	○
⑤	高度地区	○ 注意！
⑥	景観地区・風致地区	○

7	特定街区	×
8	高度利用地区	×（肢3）
9	高層住居誘導地区	×
10	防火地域・準防火地域	×
11	都市施設	○
12	市街地開発事業	×
13	地区計画	×

注意！ 建物の高さの最高限だけ定めることができる。

○→定めることができる、×→定めることができない。

問 16 正解 4 開発許可（都市計画法） 難度 普通

1 **正**。申請書の記載事項（申請書に書く必要があるもの）は、1開発区域、2予定建築物の用途、3設計図書、4**工事施行者**などだ。 415頁 ポイント3

2 **正**。許可または不許可の処分に関して不服のある者は、**開発審査会**に対して審査請求ができる。なお、不作為についての審査請求は、開発審査会に代えて知事に対してもできる。

416頁 不許可の場合、417頁 注1

3 **正**。開発行為を**廃止**したら（やめたら）、知事に**届け出**なければならない。 418頁 2

4 **誤**。「資力及び信用についての基準が適用される」とは、要するに、「資力・信用がない場合は、開発許可を受けることができない」ということだ（たとえば、大規模な開発行為をしている途中でお金がなくなり、工事がストップすると、世の中に大迷惑を掛けることになる。だから、こういう基準がある）。しかし、**自宅**を建築するための開発行為の場合は、資力・信用がない場合でも、開発許可を受けることができる（**資力・信用**についての基準が**適用されない**）。

申請書の記載事項（申請書に書く必要があるもの）

1 開発区域

2 予定建築物の用途 注意！

3 設計図書

4 **工事施行者**（肢1）

注意！ 予定建築物の「用途」は記載事項だが、予定建築物の 「高さ・構造・設備・建築価額」は記載事項ではない。

問 17　正解 2　総合問題（建築基準法）　難度 普通

1　**誤**。延べ面積が 1,000㎡を超える建築物は、原則として、内部を防火壁または防火床で区切り、各スペースを 1,000㎡以内としなければならない。ただし、例外として、建築物が**耐火**建築物等・**準耐火**建築物等の場合は、1,000㎡を超えるときでも、内部を防火壁または防火床で区切り、各スペースを 1,000㎡以内とする必要はない。　450 頁 (6)

2　**正**。地方公共団体は、**条例**で、津波、高潮、出水等による危険の著しい区域を災害危険区域として指定することができる（前半は○）。そして、災害危険区域内における住居の用に供する建築物の建築の禁止その他建築物の建築に関する制限で**災害**防止上必要なものは、当該**条例**で定めることになっている（後半も○）。

3　**誤**。「防火・準防火地域」以外なら、10㎡以下の増改築・移転については、建築確認は不要だ。しかし、**防火・準防火**地域では、10㎡以下の増改築・移転であっても、建築確認が必要だ。本肢は準防火地域の話なので、建築確認が必要だ。　452 頁 C 2

4　**誤**。日影規制の対象区域とならないのは、**商業地域**・工業地域・工業専用地域だ。準工業地域は対象区域となるので、本肢は×だ。楽勝ゴロ合せ「名古屋は日影でかまわない」を覚えていれば解ける問題だ。　444 頁 上の楽勝ゴロ合せ

災害危険区域（肢 2）

1　地方公共団体は、**条例**で、津波、高潮、出水等による危険の著しい区域を災害危険区域として指定することができる。

2　災害危険区域内における住居の用に供する建築物の建築の禁止その他建築物の建築に関する制限で**災害**防止上必要なものは、1の**条例**で定める。

問 18　正解 1　総合問題（建築基準法）　難度 普通

1　**誤**。居室には、原則として、換気のための窓その他の開口部を設け、その換気に有効な部分の面積は、その居室の床面積に対して、**20**分の 1 以上としなければならない。25分の 1 以上ではないので、本肢は×だ。　450 頁 (7) 3

2　**正**。周囲に広い空地があれば、火災時の消火活動や避難に支障はない。だから、敷地が道路に 2 m以上接していなくても、周囲に広い空地があって、**特定行政庁**が交通や安全等支障がないと認めて建築審査会の同意を得て**許可**したものについては、建築できる。　427 頁 (2) 2

3　**正**。1 昇降機 (エレベーター) の昇降路（シャフト）の部分と、2 共同住宅や**老人ホーム**等の共用の廊下・階段の部分と、3 住宅または老人ホーム等に設ける**機械室**等の建築物の部分（給湯設備等一定の建築設備を設置するためのものであって、一定の基準に適合するもの）で特定行

政庁が交通上・安全上・防火上・衛生上支障がないと認めるものは、**ノーカウント**だ（容積率を計算する場合の基礎となる延べ面積に参入しない）。 436 頁 ノーカウント

4　**正**。防火地域または準防火地域にある建物で、外壁が防火構造のものについては、外壁を隣地境界線に**接して**建ててよい。 431 頁 表 4

次の1～3は、容積率を計算する場合の基礎となる延べ面積に参入しない（肢３）。

1　昇降機（エレベーター）の昇降路（シャフト）の部分。

2　共同住宅や**老人ホーム**等の共用の廊下・階段の部分。

3　住宅または老人ホーム等に設ける**機械室**等の建築物の部分（給湯設備等一定の建築設備を設置するためのものであって、一定の基準に適合するもの）で特定行政庁が交通上・安全上・防火上・衛生上支障がないと認めるもの。

問 19　正解 2　盛土規制法　難度 普通

1　**正**。宅地造成等工事規制区域の指定の時に、すでに工事を行っている者は、指定があった日から21 日以内に知事に**届け出**なければならない。届け出をする必要はあるが、許可をする必要はないので、本肢は○だ。

2　**誤**。盛土をする前の地盤面が水平面に対し 20 度以上の角度をなし、かつ、盛土の高さが**5 m**以上である場合は、知事は、造成宅地防災区域として指定することができる。だから、盛土をした土地の面積が 3,000㎡未満であっても、盛土をする前の地盤面が水平面に対し 20 度以上の角度をなし、かつ、盛土の高さが５ｍ以上であるなら、指定することができる。したがって、「指定することができない」とある本肢は×だ。 475 頁 7.

3　**正**。宅地造成工事規制区域内の宅地の**所有者**・管理者・占有者は、宅地を常時安全な状態に維持するように努めなければならない。本肢のように工事主と現在の所有者が**異なる**場合でも同じだ。だから、工事主と異なる現在の宅地の所有者は、宅地を常時安全な状態に維持するよう努めなければならない。 472 頁 5. 1 注!

4　**正**。工事主は、３カ月ごとに、宅地造成等に関する工事の実施の状況等を知事に**報告**しなければならない。この定期報告が必要となるのは、一定規模以上の盛土・切土と一定規模以上の土石の堆積だ。1一定規模以上の盛土・切土とは、①盛土で高さが２ｍを超えるがけを生じるもの、②切土で高さが**5 m**を超えるがけを生じるもの、③盛土と切土を同時に行い、高さが５ｍを超えるがけを生じるもの、④盛土で高さが５ｍを超えるもの（がけが生じない場合だ）、⑤①から④以外で盛土または切土をする面積が**3,000㎡**を超えるものだ。また、2一定規模以上の土石の堆積とは①堆積の高さが５ｍを超え、かつ面積が 1,500㎡を超えるもの、②堆積する面積が 3,000㎡を超えるものだ。本肢の場合、どれにも当たらないので報告する必要はない。 475 頁 8. 表、476 頁 Ⓓ

第3回 模擬試験 解答・解説

宅地造成等工事規制区域の指定の時に、すでに工事を行っている場合
→ 指定があった日から 21 日以内に知事に**届け出**なければならない（許可は不要、届出でよい）（肢１）。

問　20	正解　4	土地区画整理法　難度 難しい

1　**正**。**公的**な機関（地方公共団体や都市再生機構など）が施行する土地区画整理事業（公的施行）は、**都市計画事業**として施行される。

2　**正**。**民間**の機関（土地区画整理組合や区画整理会社など）が施行する土地区画整理事業（民間施行）は、**市街化調整区域**において施行されることがある。

3　**正**。個人施行者について相続があった場合、その**相続人**が**施行者**となる（例えば、個人施行者であるＡが死亡した場合は、Ａの相続人が施行者となる）。

4　**誤**。施行後の宅地の総価額が、施行前の宅地の総価額を上回る範囲内においてしか、保留地を定めることができないのは、公的な機関が施行する場合（公的施行の場合）だ。**区画整理会社**は**民間**の機関なので、本肢は×だ。

以上全体につき、[テ] 481 頁以下

施行者（区画整理を実施する主体）の具体例
1 個人
2 土地区画整理組合
3 区画整理会社
4 都道府県・市町村
5 国土交通大臣
6 都市再生機構・地方住宅供給公社

注意！ 1 2 3 が**民間**施行であり、4 5 6が**公的**施行だ（1 2 3 が行う区画整理が**民間**施行で、4 5 6 が行う区画整理が**公的**施行だ）。

問　21	正解　4	農　地　法　難度 普　通

1　**誤**。農地法上の農地とは、耕作の目的に供される土地のことだ。登記簿の**地目は全く無関係**だ。だから、本肢の土地は農地法上の農地だ。したがって、本肢の土地（農地）を資材置場にするため

に取得する場合は、5条の許可を受ける必要がある。 477頁 キーワード、478頁 表の下段

2 **誤**。**競売**による場合も、権利が移転する。だから、許可（権利移動なら3条の許可、転用目的権利移動なら5条の許可）を受ける必要がある。 478頁 注！

3 **誤**。市街化区域内の農地・採草放牧地については、どんどん市街化した方いいから、転用（4条）と転用目的権利移動（5条）の場合は、農業委員会に届け出れば許可を受ける必要はない。しかし、**権利移動**（3条）の場合は、市街化に役立たないから、許可を受ける必要が**ある**。 479頁 例外②

4 **正**。遺産分割により農地を取得する場合は、許可を受ける必要はない（3条の許可は不要）。しかし、遺産分割によって取得した農地を**転用**する場合は、許可を受ける必要がある（4条の許可が必要）。 478頁 表の中段、479頁 例外①

競売による取得
→ 許可を受ける必要がある。
注意！ 耕作が目的（権利移動）なら3条の許可、転用が目的（転用目的権利移動なら）5条の許可を受ける必要がある。

問 22	正解 2	国土利用計画法	難度 普通

1 **誤**。土地に抵当権を設定しても、それだけでは所有権は**移転しない**。移転しないのだから、届出は不要だ。 463頁 7

2 **正**。土地の共有者の1人から、持分を購入した場合、**持分**の面積（土地全体の面積に持分の割合をかけたもの）が届出対象面積以上（本肢は市街化区域だから**2,000㎡**以上）なら、届出が必要だ。A・B・Cの持分は均一だから、Aの持分の面積は6,000㎡× 1/3 = 2,000㎡となる。だから、Aから持分を購入した場合、届出が必要だ。 461頁 3

3 **誤**。保留地の取得は、**売買**によって行われる。売買は届出が必要な取引だ。だから、取得する面積によっては届出が必要だ（たとえば、市街化区域内で2,000㎡以上の保留地を取得する場合は届出が必要になる）。 462頁 1

4 **誤**。契約当事者の一方または双方が国または地方公共団体であるときは、届出そのものが**不要**だ。届出そのものが不要なのだから、届出の代わりに知事と協議をする必要もない。 463頁 1

土地の共有者の1人から、持分を購入した場合、
→ **持分**の面積（土地全体の面積に持分の割合をかけたもの）が届出対象面積以上なら、届出が必要だ（肢2）。

問　23	正解　3	登録免許税	難度 普　通

1　**正**。住宅用家屋の税率の軽減措置は、**何回でも**受けられる。だから、以前に適用を受けたことがある者でも受けられる（軽減措置が適用される）。　526頁 5

2　**正**。住宅用家屋の税率の軽減措置は、個人が、**自分で住むため**の家屋にしか適用されない。だから、社宅として使用する場合は、適用されない。　526頁 2

3　**誤**。住宅用家屋の税率の軽減措置は、住宅用の**家屋**についてだけのものであり、住宅用の土地には適用されない。　526頁 4

4　**正**。住宅用家屋の税率の軽減措置は、**売買**や競売の場合は適用されるが、贈与の場合は適用されない。　525頁(1) 注!

住宅用家屋の税率の軽減措置を受けられるか？

1　売買　→　○
2　競売　→　○
3　贈与　→　×（肢4）
4　交換　→　×
5　相続・法人の合併　→　×

○→受けられる、×→受けられない

問　24	正解　1	固定資産税	難度 普　通

1　**正**。**総務大臣**は、固定資産評価基準を定め、告示しなければならない（このお仕事をするのは、総務大臣だ。知事ではない）。　515頁 6. 1

2　**誤**。区分所有家屋の土地に対して課される固定資産税は、各区分所有者が共有持分の割合で独立して（**連帯せずに**）納税義務を負う。　514頁 1. 区分所有建物の敷地

3　**誤**。固定資産税の納税者は、固定資産課税台帳に登録された「**価格**」について不服がある場合は、一定の場合を除いて、文書で、固定資産評価審査委員会に審査の申出ができる。登録事項の「すべて」について審査の申出ができるわけではないので、本肢は×だ。

4　**誤**。土地価格等縦覧帳簿・家屋価格等縦覧帳簿を縦覧することができるのは、４月１日～**4月20日**または最初の納期限の日のいずれか遅い日以後の日までの間だ（①例えば、最初の納期

限の日が4月10日だったら → 4月20日の方が遅いから、「4月1日～4月20日以後の日」が、②例えば、最初の納期限の日が4月30日だったら → 4月30日の方が遅いから、「4月1日～4月30日以後の日」が縦覧期間となる)。「いつでも」縦覧できるわけではないので、本肢は×だ。

定めるのは誰？

1 固定資産評価基準を定めるのは → **総務大臣**（肢1）

2 固定資産評価基準に基づき、固定資産の価格を定めるのは → 市町村長

問 25	正解 2	鑑定評価	難度 難しい

1 **誤**。売り急ぎ、買い進み等の特殊な事情が存在する事例であっても、正常なものに**補正**できるなら、用いることができる。ちなみに、特殊な事情の事例を正常なものに補正することを**事情補正**という。

2 **正**。不動産の価格は、その不動産の効用が最高度に発揮される可能性に最も富む使用を前提として把握される価格を標準として形成される（これを**最有効使用の原則**という)。前半は○だ。なお、不動産についての現実の使用方法は当該不動産が十分な効用を発揮していない場合があることに留意すべきである。後半も○だ。

3 **誤**。限定価格とは、市場性を**有する**不動産で、市場が相対的に**限定**される場合の価格のことだ（例土地を借りている借地権者が、その借りている土地を買い取る場合の価格)。本肢は**特殊価格**についての説明になっているので×だ。

4 **誤**。収益還元法は、賃貸用不動産または賃貸以外の事業の用に供する不動産の価格を求める場合に特に有効な手法だ。前半は○だ。なお、**自用の不動産**（例自分の住宅）であっても、賃料を想定することによって適用できる。後半が×だ。

500頁 3.

収益還元法（肢4）

1 賃貸用不動産または賃貸以外の事業の用に供する不動産の価格を求める場合に特に有効。

2 **自用の不動産**であっても、賃料を想定することによって適用できる。

問 26　正解　1　重要事項の説明　難度 普通

1　**正**。重要事項の説明は、テレビ会議等のＩＴを活用して行うことができる。この場合、宅地建物取引士の記名のある**重要事項説明書**と添付書類を、説明を受けようとする者に**あらかじめ送付**しておかなければならない。　373頁(4) 注！

2　**誤**。重要事項の説明は、テレビ会議等のＩＴを活用して行うことができる。この場合も、**宅地建物取引士証**の**提示**は必要だ（宅地建物取引士がカメラに宅地建物取引士証をかざして、相手方は画面上で確認する）。　373頁(4) 注！

3　**誤**。中古（既存）の建物の売買・交換の場合は、「建物の建築・維持保全の状況に関する書類の**保存の状況**」を説明しなければならない。しかし、貸借の場合は、この説明は不要だ。ちなみに、建設住宅性能評価書は、建物の建築・維持保全の状況に関する書類だ。　377頁⑭ 注1

4　**誤**。中古（既存）の建物の場合は、**建物状況調査**（実施後１年（鉄筋コンクリート造または鉄骨鉄筋コンクリート造の共同住宅等にあっては、２年を経過していないものに限る）を①実施しているかどうかと②実施している場合は、**結果**の概要を説明しなければならない。　377頁⑭③ⓐ

既存（中古）の建物の場合は、次の事項を説明しなければならない。

1　**建物状況調査**（実施後１年を経過していないものに限る）を①実施しているかどうかと②実施している場合は、**結果**の概要（肢４）。

2　建物の建築・維持保全の状況に関する書類の**保存の状況**。

注意！　1については既存（中古）の建物の**すべて**の取引において説明しなければならないが、2については貸借なら説明不要だ（肢３）。

問 27　正解　4　欠格事由（業者）　難度 普通

1　**正**。免許の申請前**５年**以内に宅建業に関し**不正**または**著しく不当**な行為をした者は、免許を受けることができない（この場合、刑に処せられてなくても、免許を受けることができない）。　289頁⑪

2　**正**。営業に関し成年者と同一の行為能力を有しない未成年者（一般の未成年者のこと）は、法定代理人（法定代理人が法人の場合は、法人の**役員**）が欠格者の場合は、免許を受けることができない。本肢の役員は、**宅建業法**違反で**罰金**に処せられ、執行終了後５年を経過していないから欠格者だ。だから、Ｂは免許を受けることができない。　285頁①、286頁⑤

3　**正**。役員（取締役等）か、政令で定める使用人（各事務所の代表者）の中に、欠格者がいる場合は、その会社も免許を受けることができない。**暴力団員**でなくなった日から**５年**を経過していない者（要するに、元暴力団員）は欠格者だ。だから、C社は免許を受けることができない。

288頁 ⑩、289頁 ⑭

4　**誤**。免許換えをする必要があるのに、免許換えをしていなかったことが判明した場合、免許権者は、**免許取消処分**をしなければならない。業務停止処分ではダメなので、本肢は×だ（重大な違反なので、業務停止処分で済む話ではない）。 280頁 ①、386頁 ⑥

免許の申請前**5年**以内に宅建業に関し**不正**または著しく**不当な行為**をした者は、免許を受けることができない。

注意！　刑に処せられていなかったとしても、免許を受けることができない（肢1）。

問 28　正解 1　免　許　難度 普　通

ア　**誤**。罰金刑に処せられた者が、その刑の執行が終わり、または執行を受けることがなくなった日から５年間は免許を受けることができないのは、**宅建業法**違反と傷害罪等の**暴力団系**の犯罪の場合だ。業務上過失致傷罪は不注意で人にけがをさせた場合の犯罪であり、暴力団系の犯罪にはあたらない。 286頁 ⑥

イ　**正**。宅地建物取引業に関し不正または**不誠実**なことをすることが明らかな者は免許を受けることができない。 289頁 ⑫

ウ　**誤**。営業に関し成年者と同一の行為能力を有しない未成年者（一般の未成年者のこと）は、法定代理人（法人である場合は、その役員も含む）が欠格者でなければ、免許を受けることが**できる**。だから、免許を受けることができないと言い切っている本肢は×だ。 285頁 (1)

エ　**誤**。心身の故障により**宅建業**を**適正**に営むことができない者（精神の機能の障害により宅建業を適正に営むに当たって必要な認知、判断及び意思疎通を適切に行うことができない者）は、免許を受けることができない。だから、成年被後見人や被保佐人であっても、宅建業を適正に営むことができる（宅建業を適正に営むに当たって必要な認知、判断及び意思疎通を適切に行うことができる）のであれば、免許を受けることができる。 286頁 ②

以上により、正しいものはイだけなので、正解は肢１となる。

禁錮以上の刑（禁固刑、懲役刑）　→　犯罪の種類に関係なく欠格事由にあたる（免許がもらえない）。

罰金刑　→　**宅建業法**違反と**暴力団系**の犯罪の場合は欠格事由にあたる。

注意！　暴力団系の犯罪とは、暴行、傷害、現場助勢、脅迫、背任、凶器準備集合・結集、暴力団新法違反等のことだ（肢ア）。

問 29	正解 3	宅地建物取引士 難度 普通

1 **誤**。「**心身の故障**により宅地建物取引士の事務を適正に行うことができない者として国土交通省令で定める者」は、登録を受けることができない。成年被後見人または被保佐人であっても「心身の故障により宅地建物取引士の事務を適正に行うことができない者として国土交通省令で定める者」に該当しなければ登録を受けることが**できる**ので、本肢は×だ。 299頁 2

2 **誤**。重要事項の説明をするときは、請求の有無にかかわらず、宅地建物取引士証を提示しなければならない。そして、「重要事項の説明をするとき」以外は、請求があったら、提示しなければならない。ところで、相手方が**業者**の場合は、重要事項の説明は**不要**で、重要事項説明書を**交付**するだけでよい。この重要事項説明書の交付だけをするとき（「重要事項の説明をするとき」以外だ）は、請求があったら、提示しなければならないが、請求がなければ、提示する必要はない。だから、「請求の有無にかかわらず～提示しなければならない」とある本肢は×だ。

304頁 (1)

3 **正**。勤務先の業者名（名称または商号、**免許証番号**）に変更が生じた場合、遅滞なく変更の登録を申請しなければならない。業者が免許換えをすると**免許証番号**に変更が生じる。だから、勤務先の業者が新たに支店を設置したため、国土交通大臣の免許を取得した場合（つまり、免許換えをした場合）、変更の登録を申請しなければならない。業者が免許換えをすると→免許証番号に変更が生じる→だから、変更の登録を申請しなければならないということ。 301頁 (1) 2

4 **誤**。宅地建物取引士が、登録の移転の申請とともに宅地建物取引士証の交付の申請をした場合、移転後の知事は、旧宅地建物取引士証の有効期間が経過するまでの期間を有効期間とする新宅地建物取引士証を交付しなければならない（新宅地建物取引士証の有効期間は、旧宅地建物取引士証の有効期間の**残りの期間**だということ）。５年ではないので、本肢は×だ。

303頁 よく出るポイント④

登録の欠格事由

次の者は、登録を受けることができない。

心身の故障により宅地建物取引士の事務を適正に行うことができない者として国土交通省令で定める者（肢１）。

注意！ 国土交通省令で定める者とは、精神の機能の障害により宅地建物取引士の事務を適正に行うに当たって必要な認知、判断及び意思疎通を適切に行うことができない者のことだ。

問 30	正解 4	広　告	難度 普通

1 **誤**。公法上の制限（お上の制限のこと。たとえば、都市計画法、建築基準法、農地法の制限等）だけでなく、**私法上の制限**（民間の制限のこと。たとえば、借地権、定期借地権、地上権等の有無及びその内容等）も広告の表示項目の中に、**含まれる**。要するに、公法上の制限だけでなく、私法上の制限についても、1著しく事実に相違する表示、2実際より著しく優良・有利と誤解されるような表示をしてはならないということ。 327頁②

2 **誤**。業者は、取引態様を1**広告**するときに明示し、かつ、2**注文**を受けたら遅滞なく明示しなければならない。注文を受けた際にも取引態様を明示する必要があるので、本肢は×だ。

328頁Ⓐ、Ⓑ

3 **誤**。業者は、取引態様を**広告**するときに明示しなければならない。本肢のように、数回に分けて広告をするときは、すべての広告において取引態様を明示しなければならない。 329頁6

4 **正**。宅地の形質について、実際のものよりも**著しく優良**であると人を誤認させる表示をしたのだから、誇大広告だ。そして、本肢のように、誰も信じなかったため、実害が発生しなかった（注文がなく、売買が成立しなかった）としても、アウトだ（誇大広告だ）。だから、監督処分の対象となるほか、6月以下の**懲役**または100万円以下の**罰金**に処せられることがある。

327頁①、4、385頁6、388頁2

現在または将来の**利用の制限**について、
→1著しく事実に相違する表示、2実際より著しく優良・有利と誤解されるような表示をしてはならない。

注意！ 利用の制限には、公法上の制限（都市計画法、建築基準法、農地法の制限等）だけでなく、**私法上の制限**（借地権、定期借地権、地上権等の有無及びその内容等）も**含まれる**（肢1）。

問 31	正解 2	報酬額の制限	難度 普通

ア **正**。**不当に高額**の報酬を要求したら、受け取らなくても、アウトだ（要求しただけで業法違反となる）。だから、不当に高額の報酬を要求したら、受け取らなくても、業務停止処分を受けることがある。

349頁(2)

イ **誤**。1依頼者から頼まれてやった**広告**の料金や2依頼者から特別に頼まれてやった支出を要する**特別の費用**で、事前に依頼者の承諾があるものについては、報酬とは別に受け取ることができる。しかし、建物状況調査を実施する者をあっせんした場合のあっせん料金については、報酬

第3回 模擬試験 解答・解説

とは別に受け取ることはできない。 349頁(1)

ウ　**誤**。依頼者から**頼まれて**やった広告の料金なら、報酬とは別に、受け取ることができる。しかし、本肢の業者は依頼者から頼まれていない。だから、報酬とは別に、広告の料金を受け取ることはできない。 349頁(1) 1

エ　**正**。**居住用建物**の場合だけは、双方（貸主と借主）から借賃の0.5カ月分（消費税を含めると0.55カ月分）ずつ受け取ることになっている。本肢は店舗用建物なので（居住用建物ではないので）、貸主と借主の負担の割合については特段の規制はない。合計で借賃の1カ月分（消費税を含めると1.1カ月分）以内であれば、どのような割合で受け取ってもOKだ。 345頁(1)

以上により、正しいものはアとエなので、正解は肢2となる。

「**不当に高額**の報酬を要求」するとどーなる？

1　要求しただけで業法違反となる（肢ア）。

2　監督処分として　→　**業務停止処分**（肢ア）。

3　罰則として　→　1年以下の**懲役**もしくは100万円以下の**罰金**または両者の併科。

問　32	正解　2	37条書面　難度　普　通

ア　**誤**。37条書面には、**宅地建物取引士**の**記名**は必要だ。しかし、内容を説明する必要は**ない**ので、本肢は×だ。 382頁 上の3

イ　**正**。37条書面は、**両**当事者（貸借の代理の場合は、貸主と借主）に交付しなければならない。だから、AはBとCに対して37条書面を交付しなければならない。 382頁 表 2

ウ　**正**。解除に関する事項は、**すべて**の取引（売買・交換・貸借）の場合の任意的記載事項だ。だから、売買の媒介の場合も貸借の媒介の場合も、定めがあるときは、記載しなければならない。

383頁 7

エ　**誤**。37条に揚げる事項が記載された契約書であれば、契約書を**37条書面**とすることが**できる**（契約書に、37条書面の記載事項が記載されているなら、その契約書を37条書面として使用してOK）。だから、「必ず契約書とは別に当該書面を作成し、交付しなければならない」とある本肢は×だ。

以上により、正しいものはイとウなので、正解は肢2となる。

37条に掲げる事項が記載された契約書

→　契約書を37条書面とすることが**できる**（肢エ）。

問 33	正解 2	重要事項の説明 難度 普通

ア **正**。重要事項の説明、重要事項説明書の交付については、「どこで行わなければならない」といった場所に関する規制は**ない**。だから、事務所以外の場所で行ってもOKだ(どこで行ってもOKだ)。

382頁 注2

イ **誤**。重要事項の説明は、契約するかどうかの判断材料を提供するために行う。だから、物件を入手する当事者(売買なら**買主**、貸借なら借主、交換なら両当事者)に対して行う必要がある。したがって、売主に対しては説明する必要はないので、本肢は×だ。 374頁(7)

ウ **誤**。斜線制限は、「建物の貸借」以外の場合(宅地の売買・交換・貸借と建物の売買・交換の場合)に説明しなければならない(**建物の貸借**の場合は、説明する必要はない)。本肢は、建物の貸借の媒介だから、説明する必要はない。 375頁④ 例5、376頁の1行目 注!

エ **正**。代金は重要事項の説明の後で決めることだ。だから、代金については説明する必要はない(前半は○)。しかし、代金**以外**に授受される金銭があるときは、その金銭の**額**と授受の**目的**について説明しなければならない(後半も○)。 376頁⑩

以上により、正しいものはアとエなので、正解は肢2となる。

建物の貸借の場合だけ説明不要なもの

1. 建蔽率・容積率の制限
2. **斜線制限**(肢ウ)
3. 用途規制
4. 防火地域・準防火地域の制限
5. 私道負担の有無

問 34	正解 3	重要事項説明書と37条書面 難度 普通

1 **誤**。移転登記の申請時期は、重要事項として説明する必要はない。だから、前半部分が×だ。また、売買の場合、移転登記の申請時期は、37条書面の**必要的記載事項**だ(必ず記載しなければならない、ということ)。だから、後半部分は○だ。 378頁㋑、383頁⑤

2 **誤**。重要事項の説明は、買主がシロート(非業者)の場合は省略**できない**(承諾があってもダメだ。省略できない)。本肢の買主Bはシロートだ。だから、省略できない。ちなみに、買主が業者の場合は省略できる。また、37条書面の交付は、買主がシロートの場合も業者の場合も省略**できない**。 374頁(8)(9)、382頁 注1

3 **正**。宅地建物取引士は、重要事項の説明の際は、宅地建物取引士証を提示しなければならない。

相手方からの請求がなくても、**自主的**に提示する義務がある。違反すると（提示しないと）、10万円以下の**過料**だ。
テ 373 頁 (4)、388 頁 5

4　**誤**。重要事項説明書にも、37 条書面にも**宅地建物取引士**の記名は必要だが、同一人物が行う必要はない。
テ 382 表 3

宅地建物取引士は、重要事項の説明の際は、宅地建物取引士証を提示しなければならない。相手方からの請求がなくても、**自主的**に提示する義務がある。

注意！　提示しなかったら、10万円以下の**過料**だ（肢３）。

問 35　正解 2　宅地建物取引士証　難度 カンターン

1　**誤**。重要事項の説明をするときは、**宅地建物取引士証**を**提示**しなければならない。再交付申請書の写しを提示してもダメだ（再交付申請書は宅地建物取引士証の代わりにならない）。
テ 373 頁 (4)

2　**正**。登録簿には、登録を受けた者の住所が登載されている。また、宅地建物取引士証には、宅地建物取引士の住所が記載されている。だから、宅地建物取引士は住所を変更したら、遅滞なく**変更の登録**の申請をするとともに、**宅地建物取引士証の書換え交付**を申請しなければならない。
テ 301 頁 (1) 1、306 頁 上の (3)

3　**誤**。「有効期間満了の日の 90 日前から 30 日前までに」やらなければならないのは、**免許**の更新の申請だ。宅地建物取引士証の更新には、このような規定はない。
テ 281 頁 (1)

4　**誤**。宅地建物取引士は、重要事項の説明をするときは、**請求がなくても**（つまり、請求の有無にかかわらず）宅地建物取引士証を提示しなければならない（前半は○）。この提示をしなかったら、10万円以下の**過料**だ。50万円以下の罰金ではない（後半が×）。
テ 373 頁 (4)

	変更の登録の申請	宅地建物取引士証の書換え交付申請
住所を変更（肢２）	○	○
氏名を変更	○	○
本籍を変更	○	×

○ → 必要、× → 不要

注意！　宅地建物取引士は、住所・氏名を変更したときは、遅滞なく、変更の登録の申請とあわせて、宅地建物取引士証の書換え交付を申請しなければならない。

問　36　正解　3　保証協会　難度 普　通

1　**正**。現に宅建業に従事している者、または、これから従事しようとする者に対する**研修**は、保証協会が、必ずやらなければならない業務（**必須業務**）だ。
323頁(1)3

2　**正**。**苦情の解決**は、必須業務だ。保証協会は、業者の相手方等から取引に関する苦情について解決の申出があったときは、その**相談**に応じ、申出人に必要な助言をし、苦情に係る事情を調査するとともに、社員に対し苦情の内容を**通知**してその迅速な処理を求めなければならない。
323頁(1)2

3　**誤**。保証協会は、業者の業界団体（全国の業者を直接または間接の社員とする一般社団法人）に対して、宅地建物取引士等に対する研修の実施に要する費用の助成を行うことが**できる**。この業務は、**任意業務**なので、本肢は×だ（「行うことができる（任意）」であって、「行わなければない（必須）」ではない）。
323頁(2)4

4　**正**。**保証協会**は、新たに社員が加入し、または社員がその地位を失ったときは、直ちに、その社員の免許権者に報告しなければならない。
318頁 注2

保証協会が必ずやらなければならない業務（必須業務）

1　**弁済業務**

2　**苦情の解決** 注意！

3　**研修**（肢1）

注意！　保証協会は、業者の相手方等から社員の取り扱った宅建業に係る取引に関する苦情について解決の申出があったときは、その**相談**に応じ、申出人に必要な助言をし、当該苦情に係る事情を調査するとともに、当該社員に対し当該苦情の内容を**通知**してその迅速な処理を求めなければならない（肢2）。

問　37　正解　3　媒介契約　難度 カンターン

1　**誤**。専任媒介契約の場合、業者は**2週間**に1回以上、業務の処理状況を報告しなければならない(前半は○)。この業務の処理状況の報告は書面でする必要はない。**電子メール**でもOKだ（後半が×）。
333頁 4 2

2　**誤**。登録した物件が売れた暁には、業者は、「どれが・いくらで・いつ」(1登録**番号**、2取引**価格**、3売買契約成立**年月日**）を遅滞なく、指定流通機構に通知しなければならない。しかし、売主と買主の氏名を通知する必要はない。
335頁 よく出るポイント 3

3　**正**。業者は、売買価額または評価額について意見を述べるときは、**根拠**を明らかにしなければ

ならない（根拠を明らかにしないで、意見だけを述べるのは違法だ）。 338頁 ポイント 1

4 **誤**。専任媒介契約の場合、業者は**7日**以内に一定の事項を指定流通機構に登録しなければならないが、期間の計算については、休業日数を算入**しない**ことになっている。 333頁 5 2

指定流通機構への登録義務

1 一般媒介契約 → なし。

2 専任媒介契約 → 媒介契約締結の日から**7日**以内に登録しなければならない。注意！

3 専属専任媒介契約 → 媒介契約締結の日から**5日**以内に登録しなければならない。注意！

注意！ 期間の計算については、休業日数を算入**しない**（肢4）。

問 38　正解 3　クーリング・オフ　難度 普通

ア **誤**。買主が指定した**自宅・勤務先**は、クーリング・オフができなくなる場所だ。本肢は、買主が指定した**喫茶店**なので、クーリング・オフができる場所だ。ただし、クーリング・オフができる場所であっても、買主が1宅地建物の**引渡し**を受け、かつ、2代金全額を支払うとクーリング・オフができなくなる。本肢は、代金の全額が支払われているが、宅地の引渡しを受けていないので、クーリング・オフができる。だから、Aは契約の解除を拒むことができない。

352頁 5 注!、355頁 1、2

イ **誤**。自ら売主である業者Aが、他の業者Cに売買の媒介を依頼した場合、他の業者Cの**事務所**はクーリング・オフが**できなくなる**場所だ。BはCの事務所で申込みをしているのでクーリング・オフができない。 352頁 4

ウ **誤**。クーリング・オフの結果、契約はなかったことになるのだから、業者は、手付金等を受け取っていた場合は、すみやかに**返還**しなければならない。だから、Aは手付金の返還を拒むことができない（Bが手付放棄による解除をした場合は、もちろん、手付金を返還する必要はないが、本肢は、クーリング・オフによる解除だ。だから、返還する必要がある）。 356頁 5.

エ **正**。クーリング・オフの特約は、買主にとって**不利**なものは**無効**となる。「クーリング・オフの結果、たとえ業者が損害を受けたとしても、業者は、損害賠償を請求**できない**」というのがクーリング・オフの規定だ。本肢の特約は、この規定より、買主にとって不利だから無効となる。

356頁 5. 注!

以上により、誤っているものはアとイとウなので、正解は肢3となる。

クーリング・オフの特約

1 買主に有利 → 有効

2 買主に**不利** → **無効**（肢エ）

問 39	正解 4	業務上の規制 難度 カンターン

ア **違反しない**。業者は、業務上知った秘密を他に漏らしてはならない。ただし、税務署等の職員から質問検査権の規定に基づき質問を受けたときは、**正当な理由**があるので、秘密を漏らしてよい。

324頁 ③、注！

イ **違反しない**。業者は、手付金をお客さんに**貸し付けて**、契約の勧誘をしてはならない。ただし、手付金の減額は単なるサービスだから、OK だ（手付金を貸し付けて、契約の勧誘をすることはダメだが、手付金を減額して、契約の勧誘をすることは OK だ）。

327頁 ちなみに

ウ **違反しない**。業者は、自ら売主となって、**他人の物件**をシロート（非業者）の買主に売ってはならない。買主のCは業者だ。だから、Aは、自ら売主となって、他人の物件（Bの宅地）をCに売って OK だ。

357頁 原則

エ **違反しない**。**重要事項の説明**なら、宅地建物取引士であることが必要だ。しかし、本肢は重要事項の説明ではない（そもそも、交通等の利便は重要事項の説明事由ではない）。だから、宅地建物取引士以外の者に説明させても OK だ。

372頁 (1)

以上により、違反しないものはアとイとウとエなので（全部が違反しないので）、正解は肢4となる。

正当な理由があれば、秘密を漏らしてよい。次の２つは、正当な理由になる。

1 **裁判の証人**として証言を求められたとき。

2 **税務署**等の職員から質問検査権の規定に基づき**質問**を受けたとき（肢１）。

問　40	正解　2	37条書面　難度 普　通

ア　**違反しない**。借賃以外に授受される金銭（たとえば、敷金）の「額・授受の**時期**・授受の**目的**」は、37条書面の任意的記載事項だ（定めがある場合は記載しなければならない事項だ）。しかし、借賃以外に授受される金銭の「授受の方法」は、37条書面の記載事項ではない。　383頁 8

イ　**違反しない**。**自ら貸借**は取引に当たらない。だから、Aは37条書面を交付する必要はない（貸借の代理・貸借の媒介は取引に当たるから、37条書面を交付する必要がある。しかし、自ら貸借は取引に当たらないから、37条書面を交付する必要はないのだ）。　273頁 3. 注！

ウ　**違反する**。37条書面は、**両**当事者（売買の媒介の場合は売主と買主）に交付しなければならない。　382頁 表 2

エ　**違反する**。代金以外に授受される金銭（たとえば、手付金）の「額・授受の**時期**・授受の**目的**」は、37条書面の任意的記載事項だ（定めがある場合は記載しなければならない事項だ）。たとえ、その金銭の額が代金の５％未満であっても、定めがある場合は記載しなければならない。　383頁 8

以上により、違反するものはウとエなので、正解は肢２となる。

「代金・交換差金・借賃」以外の金銭（肢ア、エ）

1　額　→　任意的記載事項
2　授受の**時期**　→　任意的記載事項
3　授受の**目的**　→　任意的記載事項
4　授受の方法　→　記載事項ではない

問　41	正解　1	帳簿・証明書その他　難度 普　通

1　**誤**。そもそも、業者は、取引の関係者から請求があっても、**帳簿を見せる必要はない**。だから、ディスプレイの画面を見せる必要もない。　292頁 (4)

2　**正**。業者は、事務所**ごと**に、業務に関する帳簿（取引のあったつど、取引内容を記載する）を置かなければならない（主たる事務所に一括して置くのはダメ）。　292頁 (4)

3　**正**。たしかに業者です、ということを示すために、業者は、事務所ごとの見やすい場所に標識を掲示しなければならない。しかし、**免許証**は掲示する**必要はない**ので、本肢は○だ（掲示しなければならないのは標識であって、免許証ではない）。　290頁 (1)

4　**正**。従業者証明書は、取引の関係者から**請求があったとき**は、提示しなければならない。そして、宅建士証には本人の住所は記載されているが勤務先までは記載されていないから、従業者証明書の**代わりにはならない**。

305 頁 (2)

請求があった場合、閲覧させる必要があるか？

1 従業者名簿 → ある

2 帳簿 → ない（肢1）

問 42	正解 1	8つの制限 難度 カンターン

1 **正**。業者が自ら売主となり、シロートの買主と契約する場合、原則として、種類・品質に関しての担保責任について、民法の規定より買主に不利な特約をしても無効だ。ただし、例外として、担保責任の**通知期間**を「**引渡しの日から2年以上**の期間内」とする特約は、民法の規定より買主に不利だが、有効だ。

369 頁 例外

2 **誤**。業者は、自ら売主となる割賦販売契約において、シロートの買主からの賦払金が支払期日までに支払われなかった場合、買主に対して1 **30日**以上の相当の期間を定めて、2**書面**で催告し、それでも支払いがないときに限って、契約の解除や残金の一括請求ができる。この規定より買主に不利な特約をしても無効だ。本肢の「催告なしに～できる」という特約は買主に不利だ。だから、無効だ。

370 頁 第7節

3 **誤**。業者が自ら売主となり、シロートの買主から手付を受け取る場合、買主にとって**不利**な特約をしても**無効**だ。本肢の「Aが契約の履行に着手した後であっても、Bは手付を放棄して、契約の解除をすることができる」という特約は、Bにとって**有利**だ。だから、有効だ。

366 頁 第4節

4 **誤**。業者が自ら売主となり、シロートの買主との間で、債務不履行による契約解除について、1損害賠償の予定2違約金の約定をする場合、1 2の合計額は、代金の20%（本肢の場合は400万円）が限度だ。しかし、20%を超えても、特約そのもの（特約全体）が無効になるのではなく、**20%を超える部分**について**無効**になる。

367 頁 第5節

損害賠償額の予定等の制限

業者が自ら売主となり、シロートの買主との間で、債務不履行による契約解除について、1損害賠償の予定2違約金の約定をする場合、1 2の合計額は →代金の20%が限度だ。

注意！ ただし、20%を超える特約をしても、特約そのもの（特約全体）が無効になるのではなく、**20%を超える部分**について**無効**になる（肢4）。

問　43	正解　1	営業保証金　難度 普　通

1　**正**。営業保証金の供託の方法を変えることを営業保証金の**変換**という。業者は、営業保証金の変換のため新たに供託したときは、遅滞なく、その旨を免許権者に**届け出**なければならない。なお、国債証券は額面金額の100％の金額に評価される（1,000万円の国債証券は1,000万円として評価される）。それに対して、地方債証券は額面金額90％の金額に評価される（1,000万円の地方債証券は900万円として評価される）。だから、「1,000万円の国債証券（＝1,000万円）」を「1,000万円の地方債証券（＝900万円）＋100万円の金銭」に変換することができる。

309頁(2)①②注!

2　**誤**。営業保証金は、**本店（主たる事務所）**の最寄りの供託所に供託する。支店（従たる事務所）を新設したときにおいても、営業保証金の供託先は、**本店（主たる事務所）**の最寄りの供託所だ。なお、「供託した後に、その旨を免許権者である甲県知事に届け出なければならない」という点は正しい。 311頁(5)

3　**誤**。業者が不足額を追加供託しなければならないタイムリミットは、免許権者から不足通知を受けてから**2週間**以内だ。ただし、このルールに違反しても（2週間以内に不足額を供託しなかったとしても）、罰則は**ない**。 313頁(3)

4　**誤**。業者は、廃業の場合だけでなく、**支店の廃止**の場合も、6カ月を下らない一定の期間を定めて、「債権をお持ちの方はお申し出下さい」と**公告**しなければならない。 315頁4.

営業保証金の変換のため新たに供託したとき
→　遅滞なく、その旨を免許権者に**届け出**なければならない（肢1）。

問　44	正解　3	案内所　難度 難しい

ア　**誤**。案内所で契約を締結したり、申込みを受けるときは、免許権者および現地の知事に、業務を開始する10日前までに届出（法第50条第2項の届出）をしなければならない。そして、免許権者が**国土交通大臣**の場合は、免許権者への届出は現地の知事を**経由**して行うが、免許権者が**知事**の場合は、免許権者への届出は**直接**行う（現地の知事を経由しない）。本肢は「甲県知事を経由して乙県知事に」という部分が×だ。 294頁②②、注2

イ　**正**。本肢の案内所は、一時的かつ移動が容易な施設だ（つまり、土地に定着して**いない**）。土地に定着していないから、クーリング・オフが**できる**案内所だ。そして、クーリング・オフができる案内所の標識には、クーリング・オフ制度の適用がある旨を記載しなければならない。

293頁 1 ①、294頁 3、352頁 3 注!

ウ　**正**。案内所で契約を締結したり、申込みを受けるときは、専任の宅地建物取引士を**1人**以上設置しなければならない（1人でOK。5人に1人以上ではない）。そして、この案内所の標識には、専任の宅地建物取引士の氏名を記載しなければならない（設置する専任の宅地建物取引士の氏名を記載しなさい、ということ）。

294頁 2 ③

エ　**正**。Bが案内所を設置したのだから、Bが標識を掲示しなければならない。そして、この案内所の標識には、売主であるAの**業者名**（名称又は称号と免許証番号）を記載しなければならない。

293頁 1 ①、294頁 注6

以上により、正しいものはイとウとエなので、正解は肢3となる。

クーリング・オフができる案内所の標識
→　クーリング・オフ制度の適用がある旨を記載しなければならない（肢イ）。

問　45	正解　2	住宅瑕疵担保履行法	難度 

1　**正**。業者は、基準日ごとに、基準日から3週間以内に免許権者に供託状況等を届け出なければならない。そして、この届出をしなかったら、**指示処分**を受けることがある。　391頁 (3) 2

2　**誤**。供託所の説明は、宅地建物取引士**でなくても**できる（重要事項の説明とは違う）。だから、「宅地建物取引士をして〜説明をさせなければならない」とある本肢は×だ。　392頁 5

3　**正**。業者は、**主たる事務所**の最寄りの供託所に、全額まとめて供託しなければならない（営業保証金の供託と同じ）。

392頁 上の2

4　**正**。業者は必ず金銭で供託しなければいけないかというと、そうではない。金銭で供託してもOKだし、一定の有価証券（**国債証券**・地方債証券・政府保証債券等）で供託してもOKだ。

392頁 上の1

供託所の説明は、
→　1 **契約成立前**に 2 書面を交付して説明しなければならない。
注意！　この説明は、宅地建物取引士**でなくても**できる（肢2）。

問 46	正解 3	住宅金融支援機構	難度 普通

1 **正**。たとえば、Aが、B銀行からお金を借りたとする（Aは住宅ローンを組んだ）。その後、Aが、B銀行に住宅ローンを払えなくなったら、機構が、A銀行に保険金を支払う、という制度が**住宅融資保険**だ。機構は、住宅融資保険を業務として行っている。 495頁 4. 1

2 **正**。住宅ローン金利は、取扱金融機関がそれぞれ独自に決める。だから、金融機関によって**異なる**場合が**ある**。 491頁 (1) 注!

3 **誤**。住宅の建設・購入のための貸付債権は、買取りの対象だ。そして、住宅の建設・購入に**付随する土地・借地権**の取得のための貸付債権も買取りの対象だ（例えば、土地とその土地上に建っている住宅をセットで購入したら、両方の貸付債権が買取りの対象となるということ）。 492頁 注! ①

4 **正**。機構は、証券化支援事業（買取型）において、「○○年かけて○○○○万円を弁済してもらえる権利」と表示した証券（**資産担保証券**、通称MBS）を発行することにより、債券市場（投資家）から資金を調達している（MBSを作り、売り出す。そして、投資家がMBSを買うという仕組みだ。この仕組みによって資金を調達している）。 491頁 (2)

機構は、次の２つの保険を業務として行っている。

1 **住宅融資保険**（肢１）

2 **団体信用生命保険**

問 47	正解 2	不当景品類及び不当表示防止法 難度 普通

1 **誤**。増築・改築・改装・改修したことを表示する義務は**ない**。だから、「必ず表示しなければならない」とある本肢は×だ。なお、増築・改築・改装・改修したことを表示する場合は、増築・改築・改装・改修の**内容**と**時期**を明示しなければならない。増築・改築・改装・改修したことは、表示してもよいし、表示しなくてもよい。ただし、表示する場合は、増築・改築・改装・改修の内容と時期を明示しなければならない、ということ。

2 **正**。①建築工事完了後**1年**未満で、かつ、②**未使用**なら新築と表示できる。本肢の建物は①②の要件を満たしているから、新築と表示できる。

503頁 (2) ②

3 **誤**。学校、**病院**、官公署、公園等の公共・公益施設については、物件からの**道路距離**または徒**歩所要時間**を明示することが必要だ。「病院近し」という表示ではダメだ。

4 **誤**。デパート、スーパーマーケット、コンビニエンスストア、商店等の商業施設は、現に利用できるものでなくても（現在は利用できなくても）、工事中である等その施設が将来確実に利用できると認められるものであれば、その**整備予定時期**を明示して表示できる。だから、現に利用できるものでなくても、一定の要件を満たせば表示できるので、本肢は×だ。

①建築工事完了後**1年**未満で、かつ、②**未使用**なら新築と表示できる。

注意！ 住宅の購入者から買い取って再度販売する場合でも、①②の要件を満たせば、新築と表示できる（肢２）。

第3回 模擬試験 解答・解説

問　48	正解　4	統　　計	難度 普　通

1　**誤**。令和５年の貸家の新設着工戸数は約 34.4 万戸となっており、３年ぶりの「**減少**」となった。

2　**誤**。令和５年の新設住宅着工戸数は前年比 4.6％の「減少」となった。また、分譲住宅の着工戸数は前年比 3.6％の「**減少**」となった。

3　**誤**。不動産業の売上高経常利益率は、平成 30 年度から令和４年度までの５年間は、いずれも **10%以上**となっている。

4　**正**。令和５年１月以降の１年間の地価変動率は、全国平均では住宅地、商業地のいずれも３年連続で**上昇**し、上昇率も**拡大**した。

新設住宅着工戸数

1　総戸数　→　前年比「**減少**」で「３年ぶりの**減少**」(肢 2)。

2　持家　→　前年比「**減少**」で「２年連続の**減少**」。

3　貸家　→　前年比「**減少**」で「３年ぶりの**減少**」(肢 1)。

4　分譲住宅　→　前年比「**減少**」で「３年ぶりの**減少**」。ちなみに、分譲住宅のうちのマンションは前年比「**減少**」で「昨年の増加から再びの**減少**」、一戸建住宅は前年比「**減少**」で「３年ぶりの**減少**」。

問　49	正解　2	土　　地	難度 カンターン

1　**不適当**。干拓地は、水面より低いし、地盤も弱いから、地震や洪水に弱い。そして、埋立地は、水面より高いから造成工事がしっかりしていれば、干拓地よりはましだ。したがって、**埋立地の方**が干拓地より災害に対して**安全**なので、本肢は×だ。　507 頁 5 6

2　**適　当**。崩壊跡地は、一度**崩壊**しているので安定した土地とはいえない。常識とカンで解ける問題だ。

3　**不適当**。旧河道は昔は**河川だった**場所だ。だから、軟弱で水はけの悪い土が堆積していることが多い。したがって、宅地に**向かない**。

4　**不適当**。自然堤防は、砂礫質で地震や洪水に強いから、宅地に向く。しかし、自然堤防の**背後の低地**は、地震や洪水に弱いから、宅地に**向かない**。　506 頁 3

	宅地に向くか？
[1] 干拓地	×（肢１）
[2] 埋立地	△（肢１）
[3] 自然堤防	○（肢４）
[4] 自然堤防の**背後の低地**	×（肢４）

問 50　正解 1　建　物　難度 カンターン

1　**不適当**。鉄骨構造は、不燃構造だ。しかし、耐火構造ではない（熱には弱い）。だから、耐火構造にするためには、**耐火材料**による**耐火被覆**が必要だ。

2　**適　当**。鉄筋コンクリート構造は、**耐火性**・耐久性が大きく、**耐震性**・耐風性にも優れた構造だ。

3　**適　当**。木材の強度・耐久性は、含水率が**小さい**（つまり、乾燥している）方が大きい。だから、木造建物を造る場合は、できるだけ含水率が**小さい**状態の木材を使用するのが好ましい。

4　**適　当**。集成木材構造は、集成木材で骨組を構成したもので、体育館等の**大規模な建物**にも使用されている。

以上全体につき、507 頁 以下

木材の含水率と強度・耐久性（肢３）

含水率		強度・耐久性
大きい	→	小さい（低い）
小さい	→	大きい（高い）

［第3回］模擬試験

わたしの弱点一覧表

番号	出題項目	正解	難度	自己採点
問1	不法行為	3	B	
問2	保証債務	3	C	
問3	共有	4	B	
問4	売買契約	3	B	
問5	代理	1	B	
問6	弁済	1	B	
問7	債権譲渡	4	C	
問8	未成年者	3	C	
問9	地役権	3	C	
問10	遺言（判決文問題）	3	B	
問11	借地借家法（借地）	2	B	
問12	借地借家法（借家）	2	B	
問13	区分所有法	3	B	
問14	不動産登記法	4	B	
問15	都市計画全般（都市計画法）	1	B	
問16	開発許可（都市計画法）	4	B	
問17	総合問題（建築基準法）	2	B	
問18	総合問題（建築基準法）	1	B	
問19	盛土規制法	2	B	
問20	土地区画整理法	4	C	
問21	農地法	4	B	
問22	国土利用計画法	2	B	
問23	登録免許税	3	B	
問24	固定資産税	1	B	
問25	鑑定評価	2	C	

番号	出題項目	正解	難度	自己採点
問26	重要事項の説明	1	B	
問27	欠格事由（業者）	4	B	
問28	免許	1	B	
問29	宅地建物取引士	3	B	
問30	広告	4	B	
問31	報酬額の制限	2	B	
問32	37条書面	2	B	
問33	重要事項の説明	2	B	
問34	重要事項説明書と37条書面	3	B	
問35	宅地建物取引士証	2	A	
問36	保証協会	3	B	
問37	媒介契約	3	A	
問38	クーリンング・オフ	3	B	
問39	業務上の規制	4	A	
問40	37条書面	2	B	
問41	帳簿・証明書その他	1	B	
問42	8つの制限	1	A	
問43	営業保証金	1	B	
問44	案内所	3	C	
問45	住宅瑕疵担保履行法	2	B	
問46	住宅金融支援機構	3	B	
問47	不当景品類及び不当表示防止法	2	B	
問48	統計	4	B	
問49	土地	2	A	
問50	建物	1	A	

難度＝A：カンターン　B：普通　C：難しい

A目標点（合格ライン）	B私の得点	恐怖の引算
37／50	／50	B－A＝

本書に関する正誤のお問合せは、お手数ですが文書（郵便、FAX）にて、弊社までご送付ください。
また電話でのお問合せ及び本書の記載の範囲を超えるご質問にはお答えしかねます。
なお、追録（法令改正）、正誤表などの情報に関しましては、弊社ホームページをご覧ください。
https://www.takkengakuin.com/

2024年版　ズバ予想宅建塾［直前模試編］

2017年　7月19日　初版発行
2018年　8月　2日　改訂第2版発行
2019年　8月　1日　改訂第3版発行
2020年10月　2日　改訂第4版発行
2021年　9月22日　改訂第5版発行
2022年　9月28日　改訂第6版発行
2023年　7月23日　改訂第7版発行
2024年　7月29日　改訂第8版発行

著　　者　宅建学院
発行人　小林信行
印　　刷　株式会社太洋社
発行所　**宅建学院**
〒359-1111　埼玉県所沢市緑町2-7-11
アーガスヒルズ50　5F
☎04-2939-0335　FAX04-2924-5940
https://www.takkengakuin.com/

乱丁・落丁はお取り替えいたします。

ISBN978-4-909084-80-4